Renate Schernus

Die Kunst des Indirekten

W0189612

Paranus Verlag

Renate Schernus

Die Kunst des Indirekten

Plädoyer gegen den Machbarkeitswahn
in Psychiatrie und Gesellschaft

Die Deutsche Bibliothek – CIP-Einheitsaufnahme:
Ein Titeldatensatz für diese Publikation ist bei der
Deutschen Bibliothek erhältlich.

© 2000 Paranus Verlag der Brücke Neumünster gGmbH
Postfach 12 64, 24502 Neumünster, Telefon (0 43 21) 6 93 87

Lektorat: Hartwig Hansen, Hamburg
Satz und Umschlaggestaltung: drei·satz, die Brücke Neumünster gGmbH

Umschlaggestaltung unter Verwendung einer Zeichnung des von Daniel
Gottlieb Moritz Schreber (1808–1861) erfundenen Kopfhalters. Mit
Kopfhalter, Geradehalter, Schlafgurt wollte er eine jederzeit straffe
Körperhaltung schon bei kleinen Kindern erzielen. Seine Erziehungslehre,
geprägt von Zurichtungs- und Machbarkeitswahn, ist als Wegbereiter
faschistischer Erziehungsziele und -methoden zu betrachten. Seine Bücher
erreichten in Deutschland eine erstaunlich große Verbreitung. Schreber
erprobte seine Methoden an seinen beiden Söhnen. Der eine konnte später
nicht anders als sich zu erschießen. Der andere, Daniel Paul Schreber
(1842–1911), erkrankte an Paranoia und beschäftigte die psychiatrische
und psychoanalytische Fachwelt mit seinem berühmten Buch
»Denkwürdigkeiten eines Nervenkranken«, dem wohl ersten autobiographischen Bericht über das Erleben einer Psychose.
(FRITZ BREMER)

Druck und Bindung: Offset-Druck, die Brücke Neumünster gGmbH

ISBN 3-926200-43-X

Inhalt

**Umweg vor Zielgenauigkeit –
Effektivitätsdogmen hinterfragen**

Einleitung

Mut zur präzisen Undeutlichkeit

> »Ohne Zweifel war er ein gläubiger Mensch,
> der bloß nichts glaubte: seiner größten Hin-
> gabe an die Wissenschaft war es niemals
> gelungen, ihn vergessen zu machen, daß die
> Schönheit und Güte der Menschen von dem
> kommen, was sie glauben, und nicht von
> dem, was sie wissen.« (ROBERT MUSIL[9])

»Die nackte Vernunft trägt das Feigenblatt dort, wo das Herz schlägt.«[8] So lautet einer der unfrisierten Gedanken von STANISLAW JERZY LEC. Das Feigenblatt etwas zu verrücken, ist Anliegen aller Beiträge dieses Buches. Sie sind in den letzten elf Jahren, begleitend zur eigenen beruflichen Tätigkeit in der Psychiatrie und inspiriert von letzterer, entstanden.

Das Herz unter dem Feigenblatt, dessen die Vernunft sich zu Unrecht schämt, hat es zwar auch mit Gefühl zu tun, aber die Metapher deutet noch andere, im Geltungsbereich der sogenannten exakten Naturwissenschaften häufig nicht zugelassene, Erkenntnismöglichkeiten an, die die Nacktheit reiner Rationalität erweitern könnten.

Während die Physiker der Heisenberg-Generation noch ein sehr lebendiges Bewußtsein von dem Gemeinten hatten, scheint mir heutzutage von wissenschaftlicher Seite eher wenig Neigung zu einer die Grenzen der empirischen Vernunft überwindenden Nachdenklichkeit zu bestehen.

In dem 1969 erschienenen Buch »Der Teil und das Ganze« kreist das Denken HEISENBERGS immer wieder um das Thema, was geschehen könnte, wenn den Menschen der Bezug zu einer »zentralen Ordnung« abhanden kommt, wenn Partialwissen dominiert und absolut gesetzt wird.

1927 formulierte HEISENBERG: »Daher entstehen große Gefahren, wenn das neue Wissen [...] die alte geistige Form zu sprengen droht [...] Im westlichen Kulturkreis z. B. könnte in nicht zu ferner Zukunft der Zeitpunkt kommen, zu dem die Gleichnisse und Bilder der bisherigen Religion auch für das einfache Volk keine Überzeugungskraft mehr besitzen; dann wird, so fürchte ich, auch die bisherige Ethik in kürzester Frist zusammenbrechen, und es werden Dinge geschehen von einer Schrecklichkeit, von der wir uns jetzt noch gar keine Vorstellung machen können.«[5] Dies war vor 1933 gesprochen. 1952 denkt HEISENBERG diesen Gedanken gleichsam weiter: »Wenn einmal die magnetische Kraft ganz erloschen ist, die diesen Kompaß gelenkt hat – und die Kraft kann doch nur von der zentralen Ordnung herkommen – so fürchte ich, daß sehr schreckliche Dinge passieren können, die über die Konzentrationslager und Atombomben noch hinausgehen.«[5]

Der Kern der Gefährdung liegt nicht darin, daß Wissenschaftler messen, was sich messen läßt, daß sie beobachten und experimentieren – warum sollte man das nicht tun – sondern darin, daß erfolgstrunken vergessen wird, daß das, was sich messen und rational fassen läßt, nicht *die* Wirklichkeit ist, daß auf umfassende Wirklichkeitszusammenhänge Rücksicht zu nehmen ist, die sich eher erspüren, erahnen, erschließen und bestenfalls umschreiben lassen. Dies gilt für den Bereich der lebendigen Natur immer und wird umso unverzichtbarer, je komplexer die Lebewesen, auf die sich Wissenschaft beziehen möchte, organisiert sind.

Von Wirklichkeitsvergessenheit in dem gemeinten Sinne zeugt ein Zitat des Genetikers und Nobelpreisträgers LEDERBERG 1962: »Jetzt können wir den Menschen definieren. Genotypisch wenigstens, ist er sechs Fuß einer Reihenfolge von Kohlenstoff-, Wasserstoff-, Sauerstoff-, Stickstoff- und

Phosphoratomen – die Länge von DNA, gewickelt in den Kern eines sich entwickelnden Eis.«[4]

Auf derselben Linie liegt JAMES WATSON, der Direktor des »Cold Spring Harbor Laboratory« und Koordinator aller Aktivitäten, die sich auf die Entzifferung des menschlichen Genoms beziehen, wenn er sagt: »Ich glaube, daß wir nicht Besseres tun können als herauszufinden, wer wir sind.« (GEO, 10/1989, S. 92)

Natürlich ist es wissenschaftlich legitim, nach dem stofflichen Korrelat der milliarden- und abermilliardenfachen Erscheinungsformen der lebendigen Natur zu suchen. Der zweite Schritt jedoch, die Ebene der Moleküle als technisch faßbare, kausale und damit ausreichende Erklärung für komplexe biologische und psychosoziale Erscheinungen anzusehen, ist der m. E. fatale. Er liegt als Irrtum auch jenen positivistischen Philosophien von BENTHAM bis SINGER zu Grunde, die angeblich rational und weltanschauungsfrei den Naturwissenschaften zu Munde denken und reden. Als Laie hatte ich bis vor dem Boom an Ethikkommissionen und Ethikdiskussionen, der in den letzten Jahren ausgebrochen ist, die naive Vorstellung, daß die ethische Reflexion dazu da sei, sich gegen die jeweiligen Denkgötzen ihres Zeitalters mit kritisch-klärender kompensatorischer Kraft zu richten und uns so zu helfen, einigermaßen anständig zu bleiben. Nicht zuletzt durch SINGERS praktische Ethik bin ich inzwischen eines Besseren belehrt worden. Auch jene Denkbewegungen heißen Ethik, die sich ohne Probleme in vorherrschende einseitig technische Handlungsmodelle einfügen und keine Distanz gegenüber dem ausschließlich zweckrational bestimmten Denken einnehmen.

Aus der Eigenart der Denkbewegungen neuzeitlicher Wissenschaften, denen wir vieles, insbesondere was Lebensstandard und Gesundheit betrifft, verdanken, ergibt sich als Nebenwirkung mindestens ein Problem: unserem Bewußtsein geht zunehmend mehr die Ahnung von einer Gesamtwirklichkeit verloren. Dies ist der Schatten, der die von uns so geschätzten Fortschritte begleitet. Dieser Schatten bewirkt, daß der Mensch sich in seinem sozialen Sein, d. h. in seinem Sein mit anderen sowie in seinem Sein mit der Natur gefährdet. Die Ambivalenz jeglichen Fortschritts hat C. G. JUNG treffend 1931 formuliert. Es sei längst offenbar geworden, »daß jeder Fortschritt im Äußeren auch eine sich stetig steigernde Möglichkeit einer noch größeren Katastrophe erzeugt.«[7]

Das, was wir bisweilen als Hybris empfinden, scheint mir mit dem Problem des Verwechselns der Gesamtwirklichkeit mit unseren partiellen Beschreibungsmodellen von Aspekten derselben zusammenzuhängen, bisweilen auch mit dem Verwechseln von Wirklichkeitsebenen und den ihnen angemessenen rationalen Annäherungsmöglichkeiten.

Wer in der gekennzeichneten Weise zu wissen meint, was der Mensch ist, für den mag es dann auch in der Anwendung keine Grenzen geben und die Deiche, die durch Gesetze mühsam errichtet werden, werden nicht halten, insbesondere dann nicht, wenn auch die Deicharchitekten und Deichbauer den Unterschied zwischen begrenzten Aspekten der Wirklichkeit und dieser selbst nicht erkennen.

Fatalismus? Dies wäre eine mögliche Haltung. Aber vielleicht können wir auch mit dem verrückt gewordenen HÖLDERLIN – der Gott sei Dank mangels bekannter genetischer Markierung nicht verhütet werden konnte – sagen: »Wo aber Gefahr ist, wächst das Rettende auch.« Vielleicht leben wir in einer Zeit, in der die Anwendung reduktionistischer Wissenschaftsmodelle auf zu komplexe Wirklichkeitsausschnitte zu so qualitativ neuen und unübersehbaren Gefährdungen führt, daß eine grundsätzliche Besinnung möglich wird.

Bisweilen allerdings werde ich von einem Alptraum heimgesucht, in diesem wird mein Blick auf ein bedrohliches Bermudadreieck gelenkt, das in seinen Sog zieht, was sich ihm nähert, und es verschlingt. Ich sehe ein zartes, verletzliches Gebilde, die Menschenwürde, die in den Sog geraten ist und sich rasend schnell dem schwarzen Schlund nähert. Über den drei Seiten des Bermudadreiecks stehen drei Überschriften.

Die erste Überschrift:»Wir sind die Schöpfer des besseren Lebens und wir bestimmen seinen Beginn.« Ich sehe, wie sich unter dieser Leuchtschrift Gentechnologen gemeinsam mit Reproduktionstechnologen tummeln.

Die zweite Überschrift:»Heiliger Hirntod, du erlaubst uns zu handeln.« Hier ist viel technisches Gerät zu sehen. Mit Herzen, Lebern, Nieren wird hantiert. In meinem Alptraum kann ich nicht erkennen, ob mit Lebenden oder Toten, mit Menschen oder Tieren umgegangen wird. Alles schiebt sich ineinander.

Die dritte Überschrift trägt ein rotes Ausrufezeichen:»Das Erlösungswerk liegt im Erkennen von Wert und Unwert!«

Erst am Ende des Traumes wird mir deutlich, daß der Sog, die beschleunigte Bewegung in die Tiefe des Dreiecks, durch eine unter Wasser liegende Mechanik zustande kommt. Ich sehe, daß sie virtuos von Wissenschaftlern und Ökonomen bedient wird. Sie erzeugen durch fein abgestimmte Zusammenarbeit einen magischen Strudel, dem nichts und niemand widerstehen kann.

Von diesem Alptraum erwachend, stelle ich mir die Frage: Was wird geschehen, wenn sich Wissenschaftsgläubigkeit in dem anfangs angedeuteten, reduktionistischen Sinne mit Folgendem verbindet: mit der extremen Erweiterung technischer, wissenschaftlicher, industrieller, bürokratischer, logistischer und datenerfassender Möglichkeiten, mit einer ökonomischen Ethik, für die Konjunktur und Profitmaximierung das ausschlaggebende Prinzip sind, mit einer medizinischen Ethik, für die dies die Leidensfreiheit ist, bzw. mit einer utilitaristischen Ethik, die sich zur willfährigen Dienerin all dieser Strömungen macht, sie legitimiert und Glücksmaximierung als höchstes ethisches Ziel proklamiert?

Ist es nicht denkbar, daß sich Menschen, in deren Händen Macht liegt, dazu verführen lassen werden, die beschriebenen Strömungen zu nutzen, um im globalen Maßstab an einer noch perfekter geplanten sozialen Endlösung zu arbeiten, als sie von Deutschland einst ausging?

Für mich ist unbestritten, daß es bisher in der menschlichen Geschichte nichts dem Holocaust Vergleichbares gab. Offen scheint mir jedoch, was kommen wird, falls die Hypothese stimmt, daß der Holocaust nicht als einmaliger geschichtlicher Unfall anzusehen ist, der im Grunde der Hauptströmung der technischen, zivilisierten, industriellen Gesellschaft ganz gegenläufig ist, sondern als ihr Symptom.

Eine sorgfältige Untersuchung dieser Thematik nimmt der polnisch-jüdische Soziologe ZYGMUND BAUMAN in dem Buch »Dialektik der Ordnung« vor. BAUMAN richtet folgende Frage an die soziologische Disziplin: »Wann endlich wird die Soziologie jene ernst nehmen, die im Holocaust ›die Signatur des zivilisatorischen Fortschritts‹ erkennen und sehen, daß ›die Todeslager und Muselmänner zu den materiellen und geistigen Hervorbringungen der Zivilisation‹ zählen.«[1]

Daß wir mit dem wissenschaftlichen und technischen Fortschritt vielleicht nur dann fertig werden können, wenn es uns gelingt, eine ethische Orientierung zu gewinnen, die eine unabhängige, kritische Position gegenüber dem positivistischen Wissenschaftsideal und dessen Ausweitung auf inadäquate Zusammenhänge beinhaltet, hat vielleicht niemand schärfer gesehen als DOSTOJEWSKIJ, in dessen Lebenszeit die Verbreitung des utilitaristischen Gedankengutes J. BENTHAMS fällt. FÜR DOSTOJEWSKIJ liegt die Antwort im Religiösen.

So formuliert er z. B. in den Brüdern Karamasoff: »Gibt es keine Unsterblichkeit der Seele, so gibt es auch keine Tugend, folglich ist alles erlaubt.«[2] Der Begriff »Unsterblichkeit der Seele« ist möglicherweise unbekömmlich für Zeitgenossen, die gewohnt sind, Seele – im Rahmen von Psychologie als Wissenschaft – säkular zu interpretieren. DOSTOJEWSKIJ deutet meines Erachtens mit dieser Wendung zumindest die Bezogenheit des Menschen auf etwas an, das ihn sich selbst und anderen gegenüber in absoluter Weise verpflichtet.

Prinzipiell alles erlaubt, jenseits der Kategorien von Gut und Böse, ist dann, wenn die Stimme des Gewissens nicht mehr als absolut verbindlich erlebt wird. Wenn sie durch logisches Kalkül willkürlich ersetzbar ist und wenn in diesem logischen Kalkül sogar der höhere Wert gesehen wird.

Wenn alles erlaubt ist, könnte das Gesicht des zukünftigen Menschen dem des Enver Pascha gleichen, wie FRANZ WERFEL es in seinem Roman »Die 40 Tage des Musa Dagh« beschreibt. In diesem Roman schildert FRANZ WERFEL die Vernichtung der armenischen Christen durch die Türken. Der Protestant Lepsius versucht verzweifelt, den Diktator Enver Pascha von der Vernichtung der Armenier abzubringen. Zitat: »Doch jetzt bekommt Lepsius etwas zu sehen und zu hören, was er bisher noch nicht erlebt hat. Es ist keine spöttische Grausamkeit, kein Zynismus, was den so knabenhaften Gesichtsausdruck des Generals verändert. Nein, Lepsius sieht jetzt das arktische Antlitz eines Menschen, der ›alle Sentimentalitäten überwunden‹ hat, das Antlitz des Menschen, der außerhalb der Schuld und ihrer Qualen steht, er sieht das hübsche Präzisionsgesicht einer ihm unbekannten, aber atemberaubenden Gattung, er sieht die unheimliche, ja fast unschuldige Naivität der vollkommenen Gottlosigkeit. Und welche Kraft besitzt sie, daß man sie nicht hassen kann.«[10] Der Roman wurde 1933 vollendet.

Immer wieder mache ich an mir eine eigenartige Entdeckung: Ich habe den Anspruch an mich selbst, mit rationalen, logischen Argumenten positivistische Wissenschaftsideale oder Folgerungen, die sich aus einer utilitaristischen Ethik ergeben, zu kritisieren, und dabei fühle ich mich in hohem Maße gerade jenen rationalen Denkgesetzen verpflichtet, also jenem Instrumentarium, dessen Angemessenheit ich bezweifle. Ich merke, mir stehen keine leicht zu handhabenden alternativen Argumentationsmöglichkeiten zur Verfügung, mit Hilfe derer ich die Ebenen wechseln und mich gleichzeitig noch meinen rationalen Gesprächspartnern verständlich machen könnte. Ich bin also nicht nur in der Nutzung der vielen bequemen Vorteile unserer technisch zivilisierten Welt ein Kind meiner Zeit, sondern auch in der Prägung meines Denkens.

»Leicht aber fanget sich / in der Kette, die es losgerissen / das Kälblein.« (HÖLDERLIN)

Nachdem ich genügend in den Ketten meiner Denkgewohnheiten gezappelt hatte, fiel mir ferner auf, daß ich nach rationalen Argumenten suchte (z. B. in der Abwehr einer Ethik, die vernünftige Argumente für die Zulassung der Möglichkeit, Kinder bis zum ersten Lebensjahr zu töten, findet), um meine Position zu begründen, die – wie mir bewußt wurde – eindeutig nicht auf rationalem Wege entstanden war.

Allerdings – waren denn die Gegenpositionen auf rationalem Wege entstanden?

Gibt es nicht bei jeder Position Quellen, deren Herkunft obskur ist und die erst im Nachhinein blendend logisch begründet werden?

Große Wissenschaftler haben bisweilen selbst auf den obskuren Nährboden ihrer späteren Theorien hingewiesen. So ist bekannt, daß der Chemiker KEKULÉ VON STRADONITZ die ringförmige Struktur des Benzol-Moleküls in einem hypnoti-

schen Zustand durch eine Art visueller Imagination entdeck-
te, daß dem Physiologen LOEWI der Versuchsplan für das entscheidende Experiment über die Arbeitsweise der Nerven,
das ihm den Nobelpreis einbrachte, während des Schlafes
kam und daß HEISENBERG die mathematische Lösung für die
Probleme der Quantenphysik quasi als bildhaften Einfall
gefunden hat.

Immer sicherer wurde ich mir, daß Fragen der Moral, des
Gewissens, der Verantwortung, die uns ja alle mit Blick
auf das Bermudadreieck bewegen, auf eine das Zwischenmenschliche umfassende Ebene gehören, die anderen Gesetzen folgt, als die auf der Subjekt-Objekt-Spaltung beruhende
Sprache der Wissenschaft. In diesem Sinne sagt ZYGMUND
BAUMAN: »Analytisch gesehen gehört Moral voll und ganz in
den Bereich des Irrationalen. Wird das ›Sein mit Anderen‹
nach zweckrationalen Mitteln organisiert, ist die Moral ein
Störenfried.«[1]

»In jedem System, in dem Rationalität und Ethik in entge-
gengesetzte Richtungen weisen, bleibt die Humanität auf der
Strecke. Das Böse kann nun ungehindert seinen Lauf nehmen
und darauf bauen, daß die Menschen im Normalfall von
spontanem, leichtsinnigem Handeln Abstand nehmen – und
der Widerstand gegen das Böse ist nun einmal leichtsinnig
und spontan.«[1]

Mir scheint es sehr wichtig zu sein, daß wir verfolgen, was im
Bereich des Bermudadreiecks passiert, daß wir auf Transparenz dringen und auf schützende Gesetze, die regeln, was sich
regeln läßt, auch, was mir sehr vernünftig scheint, auf Verlangsamung. Die »Entdeckung der Langsamkeit« für die
Wissenschaft steht noch aus. Keine Generation vor uns war
einem solchen rasanten Veränderungstempo ausgesetzt wie
die unsere. Und wem es gelänge, Wissenschaft, auch medizi-

nische Wissenschaft von der Not-wendigkeit der Verlangsamung des Fortschritts zu überzeugen, hätte heutzutage den Nobelpreis sicher mehr verdient als derjenige, der das Fortschrittstempo weiterhin beschleunigt.

Eine schon jedem einigermaßen gewitzten Kind zur Verfügung stehende Methode zur Verlangsamung des Handelns – beispielsweise von Eltern oder Lehrern – ist das Verwickeln in Dialoge und das Ausweiten des Themas. Vielleicht ist dies auch eine brauchbare Methode für uns, um in dem beschriebenen Dilemma etwas Terrain zu gewinnen. Dafür scheint mir aber – wegen der Erfahrungen mit dem Funktionieren meines eigenen Geistes – so etwas wie der Mut zur Undeutlichkeit wichtig. Ich sage bewußt und provozierend Undeutlichkeit. PETER SINGER, einer der gegenwärtigen Bahnbrecher der utilitaristischen Denkrichtung, läuft ja bekanntlich wie ein Stier gegen ein rotes Tuch, wenn der verschwommene Begriff »Heiligkeit des Lebens« den heiligen rationalen Diskurs beschmutzt. Mir scheint, wir brauchen solche Begriffe, wenn wir denn weiter zu den Störenfrieden gehören wollen. »Würde«, »Ehrfurcht«, »Liebe«, »Treue« und ähnliche Begriffe gehören auch dazu. Allerdings werden sie abgeschmackt und leer, wenn die dazugehörigen menschlichen Geschichten verloren gehen und das einzelne menschliche Antlitz. Denn Moral geschieht im Gegenüber. Je weiter weg – auch sprachlich weiter weg – Menschen sind oder sprachlich wegdefiniert werden, desto mehr werden wir von den guten Geistern verlassen werden.

Die Art zu sprechen, die ich meine, kann vielleicht gelingen, wenn wir ein Gefühl dafür entwickeln, welche Geheimnisse sich hinter Sprache an sich – Sprache als dem Vehikel unseres Denkens – verbergen. Sprechen ist eine Art Übersetzung. Übersetzungen sind immer nur Annäherungen. Dem, was ich meine, kommt GÜNTER EICH in seiner Georg-Büchner Preisrede von 1959 sehr nahe: »Als die eigentliche Sprache erscheint mir die, in der das Wort und das Ding zusammenfallen. Aus dieser Sprache, die sich rings um uns befindet, zugleich aber nicht vorhanden ist, gilt es zu übersetzen. Wir übersetzen, ohne den Urtext zu haben. Die gelungenste Übersetzung kommt ihm am nächsten und erreicht den höchsten Grad an Wirklichkeit.«[3]

Mit Mut zur Undeutlichkeit meine ich allerdings nicht, daß wir nicht immer wieder versuchen sollten, uns, was Fragen der Moral betrifft, verständlich zu machen, zu umschreiben und zu umkreisen, was sich nur annäherungsweise bestimmen läßt. Hierzu gehört eine bestimmte Art von Präzision. Ich nenne sie die Präzision der Undeutlichkeit. Sie bewahrt den Dialog davor, zum bloßen Geschwätz zu werden. Die Präzision der Undeutlichkeit ist nicht die Präzision der technischen Denkweise. Letztere erwächst aus logischem Kalkül und Experiment. Die Präzision der Undeutlichkeit erwächst aus zwischenmenschlicher Begegnung, Kontemplation, Meditation, Poesie und religiöser Erfahrung. Sehr präzise undeutlich finde ich z. B. manche Aphorismen aus STANISLAW JERZY LECS »Unfrisierten Gedanken«[8]. Den Satz »Die Technik ist auf dem Wege, eine solche Perfektion zu erreichen, daß der Mensch bald ohne sich selbst auskommt« versteht, glaube ich, auf Anhieb jeder. Wir wissen genau, was LEC meint. Er trifft es präzise. Er wagt es aber gleichzeitig, undeutlich im Sinne des technischen Denkens zu sein, denn er benutzt den Begriff »der Mensch« in einem umfassenden Sinn, der Definition nicht verträgt. Wir sind von unserer Grundhaltung her – scheint mir – häufig verschreckt und fasziniert durch die – wie C. G. JUNG formuliert – »Tüchtigkeit der so scharfen Nasen«[7]. Denn von Kindheit an ist vielen von uns gelehrt worden, Denken mit wissenschaftlich-technischem Denken gleichzusetzen. So haben wir zum Teil selbst diese scharfen Nasen bekommen und wagen kaum mehr auf das zu horchen und das zu bedenken, was wir ganz ursprünglich aus unseren zwischenmenschlichen Beziehungen wissen, nämlich z. B. daß jeder Mensch, den man liebt, für einen heilig ist. Mit der präzisen Genauigkeit der technisch-wissenschaftlichen Sprache treffen wir Teilaspekte und können uns Elemente der Wirklichkeit handhabbarer machen. Sätze aus dieser Sphäre sind wiederholbar. Wenn es um anderes, also z. B. um Zwischenmenschliches, Moralisches geht, sind wir, wenn wir menschlich bleiben wollen, darauf angewiesen, präzise ungenau zu sprechen. In diesem Bereich lassen sich die Sätze nicht ohne weiteres wiederholen. Auch wenn ihr Grundtenor keineswegs beliebig ist – und dies ist er nicht, denn Gewissen haben ist für den Menschen nicht beliebig – muß man darauf achten, daß sie zur jeweiligen Situation und zum Gegenüber passen. Sie gehören zur kommunikativen Sphäre. Sie müssen jeweils nachgeeicht werden, um präzise zu bleiben. Das gilt ja für moralische Sätze überhaupt.

Moral braucht sicher auch einen verbindlichen, normativen Teil, der aus dem Prinzip Verantwortung folgt, bis hin zu Regelungen in Gesetzen. Andererseits ist die moralische Haltung stets bedroht, durch Absolutsetzung des Normativen sich in ihr Gegenteil zu verkehren.

Warum sage ich dies alles? Ich sage es, um zu begründen, daß wir, die wir den meisten wissenschaftlichen Disziplinen gegenüber Laien sind, den Mut zur Moral – zu der spontanen Sprache unseres Gewissens – brauchen und nicht darauf verzichten sollten, durch dialogisches Einmischen auf die Klärung von Voraussetzungen und Konsequenzen zu drängen. Ich möchte, zur weiteren Ermutigung anderer und zur Rechtfertigung meiner eigenen Versuche, mit einem Zitat des Philosophen JONAS schließen, das vor präziser Undeutlichkeit nur so strotzt: »Unsere so völlig enttabuisierte Welt muß angesichts ihrer neuen Machtarten freiwillig neue Tabus aufrichten. Wir müssen wissen, daß wir uns weit vorgewagt haben, und wieder wissen lernen, daß es ein Zuweit gibt. Das Zuweit beginnt bei der Integrität des Menschenbildes, das für uns unantastbar sein sollte [...] Wir müssen wieder Furcht und Zittern lernen und, selbst ohne Gott, die Scheu vor dem Heiligen. Diesseits der Grenze, die es setzt, bleiben Aufgaben genug. Der menschliche Zustand ruft dauernd nach Verbesserung. Versuchen wir zu helfen. Versuchen wir zu verhüten, zu lindern und zu heilen. Aber versuchen wir nicht, an den Wurzeln unseres Dasein, am Ursitz seines Geheimnisses Schöpfer zu sein.«[6]

Literatur

1 BAUMAN, Z.: *Dialektik der Ordnung – Die Moderne und der Holocaust*, Hamburg 1992, S. 191 ff.
2 DOSTOJEWSKIJ, F.: *Sämtliche Werke*, München/Zürich 1977/80
3 EICH, G.: Georg-Büchner Preisrede 1959, aus: DS 13, 27.03.1992
4 GEBHARD, U. und JOHANNSEN, F. (Hg.): *Gentechnik als ethische Herausforderung*, Gütersloh 1990
5 HEISENBERG, W.: *Der Teil und das Ganze*, München 1969
6 JONAS, H.: zitiert nach GEBHARD, U. et al., s.o.
7 JUNG, C.G.: Aus: LEIBBRAND, W.: *Heilung durch den Schock*, in: Die Wandlung 1947
8 LEC, S. J.: *Unfrisierte Gedanken*, München 1964
9 MUSIL, R.: *Der Mann ohne Eigenschaften*, Reinbek 1987, S. 826
10 WERFEL, F.: *Die 40 Tage des Musa Dagh*, Frankfurt 1965, S. 138

Kranksein und Suche nach Sinn

Eine Annäherung

Gesundheit und Suche nach Sinn

Wenn ein Mensch sich gesund und glücklich fühlt, fragt er nicht viel nach Sinn. Er hat ihn. Er spürt ihn. Die Beobachtung, daß Sinnfragen ausdrücklich fast nur in »Grenzsituationen« gestellt werden, könnte zu der Folgerung verführen, solche Fragen seien an sich als etwas Morbides, als Krankheitsphänomen zu werten.

Ein chinesischer Ausdruck für ein volles Maß an Gesundheit ist folgender: »Geschmeidig wie ein Kind, stark wie ein Holzfäller, gelassen wie ein Weiser«.

Ein schönes Bild, jedoch Kinder sind gefährdet und schutzbedürftig, Holzfäller nur in extremen Ausnahmefällen weich und biegsam wie Kinder und Weisheit kann nur im Laufe eines Lebensweges, der unweigerlich Leiden beinhalten wird, gewonnen werden. Das Spüren von Sinn im Glücklichsein hat eher etwas mit ekstatischen Momenten zu tun. Das Leben ist aber keine Aufeinanderfolge solcher Momente. Lediglich den Menschen in der Manie gelingt zeitweilig diese Täuschung, die ihm die schwierige Aufgabe zu ersparen scheint, sich in ein angemessenes Verhältnis zu der Mühe des Lebens, zu Verlusten, zu Krankheit, zu Schwäche, zu nicht genützten Entwicklungsmöglichkeiten, zu moralischem Versagen, zu Behinderungen, Sterben und Tod zu setzen.

Gesundheit, definiert als Zustand des vollständigen körperlichen, geistigen und sozialen Wohlbefindens (Weltgesundheitsorganisation) scheint nicht umfassend genug definiert. Es fehlt die Beschreibung der Möglichkeit, sich in ein lebbares Verhältnis setzen zu können, zu den alltäglichen Schwankungen und – wichtiger noch – zu den einschneidenden Einschränkungen, die diesem mehrdimensionierten Wohlbefinden widerfahren können (z. B. durch eine schwere Erkrankung oder Behinderung).

Die Unterscheidung überhaupt von Krankheit und Gesundheit im Sinne von »Symptome haben« oder »keine Symptome haben« kann in manchen Fällen höchst fragwürdig werden.

Ironisch pointiert HEINRICH HEINE mit einer Spitze gegen die Tiroler diesen verzwickten Tatbestand: »Die Tiroler sind schön, heiter, ehrlich, brav und von unergründlicher Geistesbeschränktheit. Sie sind eine gesunde Menschenrasse, vielleicht, weil sie zu dumm sind, um krank sein zu können«.

Eine Begegnung mit jemandem, der nicht »zu dumm« war, um krank zu werden, möchte ich in diesem Zusammenhang erwähnen: Vor der psychiatrischen Abteilung, die ich seinerzeit leitete, hörte ich eines Abends gegen 20:00 Uhr ein durch Mark und Bein gehendes Gebrüll. Neben unartikulierten Lauten war zu verstehen: »Hilfe, Hilfe!« Draußen war es dunkel, die Temperatur einige Grade unter Null. Ein Kollege ging hinaus in der Annahme, es handele sich um einen Betrunkenen, da sich in der Nachbarschaft der Klinik häufig Betrunkene einfinden. Er kam zurück ins Haus mit einem halberfrorenen Mann, der verwirrt und gespannt aussah und zunächst die Fäuste in Bereitschaft hielt. Als er zu begreifen schien, daß Verteidigung nicht notwendig war, ließ er zwar die Fäuste sinken, sprach aber trotz aller Bemühungen von unserer

Seite kein einziges Wort. Wir öffneten vor den Augen des Mannes seinen Koffer und fanden einen Personalausweis, dem wir den Namen des Mannes entnehmen konnten. Nachdem verschiedene Nachforschungsversuche nichts ergaben, riefen wir die Pforte der psychiatrischen Akutklinik an, um den Mann dort unterzubringen. Die diensthabende Ärztin stutzte bei dem Namen des Mannes. Dieser sei mittags schon einmal bei ihr gewesen und habe wegen einer Ehekrise um Aufnahme gebeten. Er habe so ordentlich ausgesehen und sein Anliegen so vernünftig vorgetragen, daß sie ihn mit der Bemerkung »Wir können schließlich nicht alle Bürger mit Ehekrisen in der Psychiatrie aufnehmen« fortgeschickt habe. Am Abend des Tages sah nun der Mann nicht mehr ordentlich aus und trug auch nichts vernünftig vor, sondern stierte uns sprachlos und wirren Blickes an. Die einzigen Worte, die wir hörten, waren – wie anfangs erwähnt – »Hilfe, Hilfe«. Der Mann ließ sich willig von uns auf die psychiatrische Station bringen – wie nach der Auskunft der Pforte beinahe zu erwarten war. Wie wir später hörten, brauchte er längere Zeit, um eine akute psychotische Krise durchzustehen. Er hatte sich in einer völlig aussichtslosen Situation sowohl familiärer als auch beruflicher Art befunden. Jede Perspektive, jeder Lebenssinn war ihm verloren gegangen. Es war ihm nicht gelungen, diese Situation zum Ausdruck zu bringen, bzw. seine Versuche des Zur-Sprache-bringens hatten kein Gehör gefunden. Die Sackgasse, in der er steckte, wurde nicht erkannt. Wir haben natürlich nur einen kleinen, sozusagen letzten Ausschnitt seines vergeblichen Bemühens um Hilfe mitbekommen, bevor er unter dem Druck seiner Situation die Ausdrucksmittel recht radikal wechselte. Sein durch Mark und Bein gehendes Gebrüll war geeignet gewesen, Tote aufzuwecken und sein Irresein brachte uns psychiatrische Helfer auf den Plan. So hatte er sich die ihm mittags verweigerte Hilfe am Abend doch noch organisieren können. Seine psychotische Krise war so gesehen sinnvoll. Krank – gesund? Diese Krise zeigt, daß es sich dabei nicht um einfache Gegensätze handelt.

Lebensgeschichte und Suche nach Sinn

»Ein Zustand des vollständigen körperlichen, geistigen und sozialen Wohlbefindens«. Bei dieser Gesundheitsdefinition der WHO verdient das Wort »Befinden« besonderes Interesse. Wie ein Mensch sich »befindet«, das ist nicht nur, aber vor allem ihm selbst erschließbar. Von diesem Verständnis her gesehen, ist Gesundheit nur sehr bedingt ein objektiv feststellbarer Zustand, etwa in Form eines genau beschreibbaren »Krankheitsbildes«. – Der Mann, von dem ich erzählt habe, hatte sich krank gefühlt. Er war lebensgeschichtlich in eine Sackgasse geraten. Er fand keine Deutungsmuster mehr, zunehmende Sinnleere gähnte ihn an. Bei alledem hatte er kein eigentliches »Krankheitsbild« aufzuweisen. Es wäre jedoch absurd, anzunehmen, daß er erst dann »krank« war, als ihm – vielleicht als letzte Selbsthilfemaßnahme – eine halluzinatorische Psychose gelang. Wenn ein Mensch leidet, hängt dies immer mit seiner Biographie zusammen. Zum Teil leidet er an ihr. Zumindest ist das »Wie« seines Leidens von ihr mitbestimmt. Im Leben und im Sterben ist er niemals von seiner ganz persönlichen Geschichte zu trennen. Wenn dies so ist, dann müßte die Medizin dem Rechnung tragen. Sie müßte zur biographischen Medizin werden[7]. Wenn Störungen oder Krankheiten auf einer Ebene, z. B. der körperlichen, der sozialen oder wie bei dem erwähnten Mann vorrangig auf der seelischen sichtbar werden, so sagt dies noch nichts über den Grund, den Beginn, das Wachsen dieser Störung aus. Bevor der Mann seelisch krank im engeren Sinne wurde, gab es in Hülle und Fülle kränkende Ereignisse, kränkende Kommunikation in seinem sozialen Umfeld.

Außerordentlich leicht entstehen Irrtümer, wenn die Frage nach dem lebensgeschichtlichen Sinn von Störungen vorschnell durch Diagnosen ersetzt wird, z. B.: eine alte Frau beschuldigt zunehmend häufig ihre Hausgenossen, daß sie ihr allerlei stehlen: Knöpfe, Sicherheitsnadeln, Taschentücher u. ä. Sie wird immer mißtrauischer und zieht sich zurück. Die Diagnose des Psychiaters ist schnell bei der Hand: »Paranoide«, d. h. »wahnhafte Entwicklung«. Genaues Hinsehen macht deutlich, daß die Dame vergißt, wie bei alten Menschen häufig, wo sie etwas hinlegt. Sie ist eine stolze Natur, sie weiß nicht und will nicht wissen, daß die Vergeßlichkeit des Alters sie erreicht hat. So schafft sie sich zunächst einen Sinnzusammenhang, der uns allen ja leichter fällt, als das Erkennen der eigenen Schwäche, nämlich die Beschuldigung von anderen. Hilfe kann hier natürlich nicht die Behandlung einer Paranoia bringen, womöglich noch medikamentös, wodurch das Chaos im Kopf der alten Damen sicher komplett würde, sondern nur das Erkennen und Akzeptieren der Vergeßlichkeit. Dafür braucht die alte Frau Begleitung und Unterstützung. Mit dem »Krankheitsbild« und den Diagnosen ist es auch in der körperbezogenen Allgemeinmedizin so eine Sache. Auf die eindrücklichste Weise beschreibt LEO TOLSTOI in seiner Erzählung »Der Tod des Ivan Iljitsch« das völlig verrückte Mißverständnis, das zwischen dem an seinem sinnentleerten Leben leidenden Patienten und seinem symp-tom-zentrierten Arzt entsteht. Ich zitiere einige Passagen aus dieser Erzählung: »Die Frage nach dem Leben Ivan Iljitsch's existierte nicht, es gab nur einen Streit zwischen Wanderniere und Blinddarm, und zwar entschied der Arzt diesen Streit vor Ivan Iljitsch's Augen auf glänzende Weise zugunsten des Blinddarms, freilich mit der Einschränkung, daß eine Untersuchung des Harns neue Beweisstücke liefern könnte, und das dann der ganze Fall einer Revision unterzogen werden müßte.«[8]

Ivan Iljitsch hingegen interessierte nur die Frage, ob seine Lage gefährlich sei oder nicht.»[...] und dabei mußte er völlig einsam, so am Rande des Verderbens liegen, ohne einen einzigen Menschen, der ihn begreifen wollte oder bemitleidet hätte.«[8]

»Sein Herz ließ nach, seine Gedanken wurden wirr. ›– Blinddarm! Niere!‹ – sagte er sich. ›– Nicht um Blinddarm handelt es sich, nicht um Niere, sondern um Leben und... Tod!‹«[8]

Den eigentlichen Schrei des ehemals so unauffälligen und jetzt durch die Krankheit aus der Bahn geworfenen Beamten Ivan Iljitsch hörte in seiner oberflächlichen Umwelt niemand. TOLSTOI läßt Ivan Iljitsch folgendermaßen mit sich selbst sprechen: »Ja, was soll denn das? Das kann doch nicht sein! Das kann doch nicht sein, daß das Leben sinnlos und widerlich ist? Wenn es aber wirklich so sinnlos und widerlich ist, warum dann sterben und unter Leiden sterben? Da stimmt etwas nicht.«[8] Für Ivan Iljitsch bricht die Sinnfrage zum ersten Mal mit der Krankheit auf. In der Tat stimmte vieles nicht, mit ihm nicht und mit seinem sozialen Umfeld nicht.

TOLSTOI läßt die Geschichte mit dem völlig unangepaßten Tod des bisher so angepaßten Ivan Iljitsch enden. Ivan Iljitsch brüllt drei Tage lang entsetzlich. Die ungeheure Umwandlung, die sich während dieser Tage in seinem subjektiven Innenraum vollzieht, bekommt seine Umwelt nicht mit.

Ivan Iljitsch geling es buchstäblich in letzter Sekunde, die wahrhaftigen Fragen zu stellen und in sich hineinzuhorchen. Er ahnt, was das Leben hätte sein sollen. Er sieht plötzlich das Leiden seiner Frau und das Mitleiden seines jüngsten Sohnes. Er spürt dessen Hand. Die Überwindung der Todesangst gelingt ihm mit dem Sehen des Leidens der anderen. In letzter Sekunde wird sein Sterben zu einem menschlichen Akt der Hingabe. Er stimmt dem Tod zu, da er sieht, daß es nunmehr an der Zeit ist. Er will jetzt sterben. Er stirbt somit gleichsam »aktiv«. Den Schmerz, zu dem er zuvor kein Verhältnis gewinnen konnte, kann er einfach zulassen. Die Geschichte endet mit dem Satz: »Anstelle des Todes war ein Licht da.«

TOLSTOIS Erzählung macht schmerzhaft deutlich, daß ein Mensch, dem eine persönliche Sinndeutung nicht gelingt, am Abgrund der Verzweiflung lebt, auch wenn er es lange Zeit nicht merkt. Ivan Iljitsch hatte sein ganzes bisheriges Leben dazu benutzt, sich darüber hinwegzutäuschen. Er hatte so gelebt, wie seine Vorgesetzten es wünschten und wie die gesellschaftlichen Vorschriften es verlangten, ein erfolgreiches, langweiliges, vernünftiges, korrektes und angepaßtes Leben.

Übrigens soll ein Arzt sich natürlich um Blinddarm und Niere kümmern, wenn dies dran ist. Doch selbst hinsichtlich Blinddarm und Niere kann vieles schiefgehen, wenn der Arzt den sogenannten objektiven Befund zur Abwehr der Verzweiflung des Patienten benutzt, weil er diese nicht ertragen kann. Daran hatte wiederum Ivan Iljitsch einen erheblichen Anteil. Bevor die verzweiflungsvolle Frage nach dem Sinn seines Lebens angesichts des bevorstehenden Sterbens sich bis zu seinem Herzen hindurchgefressen hatte, hatte er alles nur Erdenkliche dazu getan, um den Arzt in seine Selbsttäuschungsmanöver einzubauen. Nach seinem bisherigen Lebenskonzept wollten er und seine Familie nichts anderes hören als das muntere ärztliche: Das kriegen wir schon wieder hin!

Kranksein als Panne

In der Geschichte des Ivan Iljitsch wurde Krankheit als äußerste Bedrohung des Lebenssinnes empfunden. Ivan

Iljitsch lebte in gesellschaftlichen Zusammenhängen, in denen unreflektiert und unhinterfragt vorausgesetzt wurde, daß sinnvolles Leben vor allem gesundes Leben sei; wobei gesund in diesem Zusammenhang eher so etwas wie reibungsloses Funktionieren bedeutet. Betrachten wir unsere gesellschaftlichen Zusammenhänge, so werden wir finden, daß die meisten Sinnentwürfe, die sich gesellschaftlich Gehör verschaffen, Leistungsfähigkeit, Durchsetzungskraft sowie körperliche und seelische Stabilität voraussetzen. »Fortschritt durch Leistung« – »damit Leistung wieder etwas gilt«, die Werte, die seinerzeit in diesen Wahlkampfslogans ihren Ausdruck fanden, scheinen sich in den letzten Jahren zu nicht mehr hinterfragbaren gesamtgesellschaftlichen Letztwerten entwickelt zu haben.

Je mehr Geltung solche Sinnentwürfe gewinnen, desto eher werden Krankheit, Verletzlichkeit und Schwäche als Bedrohung des Lebenssinnes bzw. als sinnlos erlebt werden. Jeder Sinnentwurf, den ein Mensch für sein Leben findet, wird sich auf die Art der Erfahrung auswirken, die er mit Gesundheit und Krankheit macht.

Daß es uns scheinbar schwerer fällt als früheren Generationen, dem Kranksein, der Behinderung, dem Alter, der Krise einen Sinn zu geben, scheint damit zusammenzuhängen, daß wir vor dem Hintergrund der erwähnten gesellschaftlichen Sinn- und Wertvorstellungen Krankheiten und Behinderungen vornehmlich als Pannen deuten können.
Pannen werden, wenn sich dies kostenmäßig lohnt, behoben, oder das pannenbehaftete Objekt wird aufgegeben. Dieses Pannendeutungsmodell wird, soweit ich sehe, durch mehrere moderne Denkströmungen und wissenschaftliche Entwicklungen genährt.

Mit Sicherheit steckt ein verkürzter biomedizinischer Ansatz dahinter, der der Gefahr unterliegt, Krankheit lediglich unter dem Blickwinkel des Feindes, der besiegt werden muß, zu verstehen. Unter diesem Blickwinkel sind medizinische Forschung und ärztliches Handeln letztlich nur dazu da, alle Krankheiten auszumerzen. Dieser verkürzte biomedizinische Ansatz holt sich seine ethische Rechtfertigung am ehesten aus der im 18. Jahrhundert entwickelten utilitaristischen Philosophie. Bei dieser geht es, vereinfacht ausgedrückt, darum, daß der Zweck die Mittel einer Handlung dann rechtfertigt, wenn vernünftigerweise zu erwarten ist, daß mit Hilfe dieser Handlung die Glücksumme der Menschheit vergrößert werden kann.

Neue erstaunliche Behandlungsmöglichkeiten in Medizin und Biotechnik rücken den Menschen immer selbstverständlicher in den Bereich des Machens und Verfügbarmachens. Insbesondere durch die Gentechnologie sind bisher völlig unbekannte Eingriffsmöglichkeiten im Entstehen begriffen.

Sehr leicht läßt sich alles dies rational und vernünftig mit dem ökonomischen Kalkül verbinden. Wenn dann noch das am Computermodell orientierte digitale Denken auf zwischenmenschliche Beziehungen übertragen wird, könnten einem die Ärzte des Ivan Iljitsch durchaus harmlos vorkommen, wäre nicht das Grundmuster der Herangehensweise im Prinzip das gleiche.

Dem Pannenmodell entspricht ein Therapiemodell, das Leiden ausschließlich »wegmachen« will. Da dies am einzelnen Individuum erfahrungsgemäß nur sehr bedingt gelingt, scheinen sich zwei Auswege anzubieten. Erster Ausweg: Das Individuum wird für überindividuelle Heilungszwecke instrumentalisiert.
Zweiter Ausweg: Das Individuum wird mit ärztlicher Hilfe durch aktive Sterbehilfe erlöst.

Zwar gibt es zwischen unserem politischen System und dem der NS-Zeit – Gott sei Dank – so fundamentale Unterschiede, daß ein Vergleich sich verbietet, dennoch kommt man nicht umhin festzustellen, daß die tausendfachen Sterilisationen und Morde an behinderten Menschen im Dritten Reich eine ihrer wesentlichen Wurzeln in einem therapeutischen Idealismus hatten, der in einem übersteigerten Krankheitsbeseitungsfanatismus endete. Daß die Euthanasiemorde unter Beteiligung so vieler Ärzte und anderer Mitarbeiter des Gesundheitswesen möglich wurden, hatte eine lange Vorgeschichte, bei der in den verschiedenen biologischen und medizinischen Disziplinen die Überwindung des sogenannten »therapeutischen Nihilismus« eine nicht geringe Rolle spielte.

Bereits 1920, also lange vor Hitler, bezeichnen der Jurist BINDING und der Psychiater HOCHE, zwei zu ihrer Zeit bekannte Persönlichkeiten, in ihrer grundlegenden Schrift über Euthanasie die Lebensvernichtung behinderter Menschen als »in Wahrheit eine reine Heilbehandlung« als »unverbotenes Heilwerk von segensreichster Wirkung«. Es spricht vieles dafür, daß es nicht so sehr Bösartigkeit, sondern viel mehr ein ungeheurer Allmachtsanspruch des Helfens war, der sich zu dem Gedanke zuspitzte: wenn wir schon das Individuum als einzelnes nicht heilen können, so wollen wir doch wenigstens den Volkskörper als ganzen gesund erhalten durch Beseitigung der kranken Glieder. Bösartigkeit ist gewöhnlich schnell zu erkennen, häufig zu spät erkannt werden die schädigenden Auswirkungen oder gar Verbrechen, die aus dem besinnungslosen Eifer resultieren, Gutes tun zu wollen (in Anlehnung an DÖRNER[3]).

Vermutlich muß man heute wachsam im Auge behalten, daß die extrem verfeinerten Möglichkeiten der Medizin- und Biotechnik und vor allem der Gentechnologie nicht zu Türen

werden, durch die sich eine solche übersteigerte Gesundheits-
ideologie wieder einschleichen könnte.

Übrigens bergen die erweiterten Möglichkeiten der Intensiv-
medizin immer noch erhebliche Probleme, auch wenn in den
letzten Jahren manche überforcierten, gegen den Menschen
gerichteten Anwendungen der Anfangszeit nicht mehr vorkommen dürften. Was ist hier sinnvoll? Lebensverlängerung
und Lebenserhaltung um jeden Preis? Und wenn in einigen
Fällen die Antwort »nein« lauten würde – z. B. bei alten Menschen, die sterben wollen, und dies in einem Klima menschlicher Nähe –, wer soll es dann entscheiden? Die Ärzte, die
Angehörigen, der Patient selbst? Auch der Respekt vor der
eigenen Entscheidung eines schwerkranken Menschen kann
für die Ärzte schwerste Konflikte heraufbeschwören.

Zum Beispiel: Ein Patient mit Nierenversagen bat seinen
Arzt flehentlich, ihn nicht mehr an die Dialyse anzuschließen,
sondern ihn aus Mitleid sterben zu lassen. Der Arzt kam nach
langem Zögern dieser Bitte nach. Als es dem Patienten jedoch
zunehmend schlechter ging, überkam ihn solche Todesangst,
daß er flehentlich bat, ihn zu retten. Da war es zu spät.

Wo finden wir Orientierung in dem Spannungsfeld zwischen
der extrem forcierten Lebenserhaltung und der aktiv herbei-
geführten Lebensverkürzung? Mir scheinen die Gedanken
des Theologen KARL BARTH zu dem, was er als umfassende
Gesundheit ansieht, in diesem Zusammenhang sehr wichtig
zu sein. Er sagt, Gesundheit sei die Kraft zum Menschsein,
und die Kraft, den Willen zum Menschsein aufrechtzuerhalten. Unser aller Aufgabe und insbesondere die Aufgabe der
Ärzte sowie aller therapeutisch arbeitenden Berufsgruppen
müßte es demnach sein, diese Kraft und diesen Willen zu
unterstützen. Dies allerdings immer – auch in den leidvollsten
Fällen. Danach ist der Therapeut nicht als der »Gesundma-

cher« anzusehen, und zwar weder so noch so – weder als
Wegbringer des Gesichtskrebses oder der schweren Depressi-
on um jeden Preis, noch als Erlöser von Leiden, wenn die
erste Form des Gesundmachens nicht gelingt.

Voraussetzung von Heilung

Kein Arzt und kein Psychologe kann einem Menschen die
Kraft zum Menschsein geben. Heilung kann sich nur vollziehen, wenn mit dieser Kraft im Menschen gerechnet wird,
wenn bei ihr angeknüpft wird.

Heilung ist sicher nicht nur Reparatur. Was kann Heilung
sein? Vielleicht zunächst ein genaues Hinhorchen und Hinsehen, sodann ein vorsichtiges Einwirken auf den Organismus,
genauso weit wie gerade notwendig, damit er den Heilungsprozeß von sich aus vollziehen kann. Solches Vorgehen setzt
das Wissen um die mögliche Selbstheilungskraft des Menschen und die Achtung vor ihr voraus. CAPRA spitzt diesen
Gedanken zu der Formulierung zu, der Patient sei ein verant-
wortliches Individuum, das den Gesundungsprozeß selbst in
Gang bringen könne.[1]

Damit ist vermutlich nicht gemeint, daß dies »Ingangsetzen«
immer ein bewußtes ist. Eher ist wohl gemeint, was ELIE
WIESEL in seinem Buch »Die Nacht zu begraben, Elischa«
den Chirurgen über lebensgefährdete Patienten, die er operieren muß, sagen läßt: »Das Leben will leben. Das Leben will
weiterleben. Es widersetzt sich dem Tod, es kämpft. Mein
Verbündeter ist der Kranke.«[10]
    Wenn der zu operierende Patient allerdings Auschwitz hin-
ter sich hat, dann stimmen, wie der Chirurg mit Zorn während
der Operation von ELIE WIESEL spürte, auch diese Sätze

nicht mehr. Der Lebenswille kann bis in die tiefsten unbewußten Winkel zerbrochen werden.

Meist jedoch scheint es mir angemessen, von der beschriebenen Haltung auszugehen, denn aus ihr folgt auch, daß Zeichen von Krankheit bisweilen als Teil des Genesungsprozesses selbst anzusehen sind. Zeichen von Krankheit, seien sie körperlicher, seelischer oder sozialer Art, sind oft schon Ausdruck der Selbsthilfe – Fieber zum Beispiel oder auch ein neurotisches Symptom. Manchmal scheint es sinnvoll, diese Selbsthilfetendenz durch medizinisches oder psychologisches Handeln zu unterstützen, insbesondere dann, wenn durch Symptome wichtige Lebensmöglichkeiten allzu sehr eingeengt werden.

Als Patienten könnten wir unsere Ärzte und Psychotherapeuten am ehesten vor den Machbarkeitsirrtümern bewahren, wenn wir wieder lernen würden, Gesundwerden als unsere persönliche Aufgabe anzusehen. Eine Aufgabe, deren Gelingen mit Selbsterkenntnis und bisweilen mit Selbstdisziplin mehr zu tun haben dürfte als mit der raschen Wendung zum Medikament oder zum Psychotrip; eine Aufgabe, die jedoch vor allem mit der Annahme von Kranksein als Bestandteil möglichen Gesundwerdens zusammenhängt.

Flucht vor der Gesundheit

So wie die Selbstheilungskräfte zum Menschen gehören, so gehören wohl auch die entsprechenden Gegenkräfte zu ihm. Jedenfalls lehrt die Erfahrung, daß ein Irrtum in der Annahme steckt, daß jeder Mensch so ohne weiteres gesund sein »will«. Viele von uns sind ja doch in dem umfassenden Sinne krank, daß sie den Willen zur Gesundheit nicht eindeutig aufbringen oder aufrechterhalten können. Gesundheit ist bisweilen anstrengend. Wer sieht schon gern seiner Zerspaltenheit, seinem Selbstwiderspruch, seinem maßlosen Egoismus, seiner Disziplinlosigkeit, seinem Leistungsehrgeiz und Geltungsanspruch ins Gesicht. Da werden wir doch häufig lieber krank, lassen unser Schulter-Nacken-Syndrom behandeln oder unsere Neurose, um bei dem Harmlosesten zu bleiben, und machen im übrigen weiter wie bisher. Krankheit als Entlastung von dem weit schmerzlicheren Prozeß der Gesundung – auch ein relativer, dabei aber sehr wichtiger Sinn von Kranksein, den wir alle kennen. Gut, wenn wir ihn noch erkennen.

Wie schmerzlich für manche Menschen Gesundheit ohne Verdrängung sein muß, erlebe ich manchmal in meiner Arbeit mit psychisch oder epileptisch kranken Menschen. Es gibt Persönlichkeiten, die auf alle Versuche, sie zu heilen, erst recht mit neuem Kranksein reagieren. Hilflos stehen wir dann da und müssen eine Lektion in Sachen Sinn lernen, die uns professionellen Helfern am allerschwersten runtergeht, nämlich: Manches Kranksein hat einen verborgenen Sinn, eine Bedeutung für den Betroffenen, die es anscheinend für ihn unbedingt notwendig macht, den leidvollen Zustand aufrechtzuerhalten. Vermutlich gelingt in manchen Notlagen eben nur so eine Antwort auf bestimmte Lebensprobleme. Dann noch mehr und noch mehr helfen zu wollen gleicht dem Bemühen, eine Tür nach der falschen Seite hin einrennen zu wollen, sie verschließt sich nur um so fester.

Erst wenn wir die Notwendigkeit des Krankseins für den Kranken respektieren, erst dann wird vielleicht der Kranke die Tür ein wenig öffnen. Vorsicht ist geboten, denn, falls wir dies zu rasch als Schritt in die Gesundheit bejubeln, wird er sie schnell wieder verschließen. Denn noch fürchtet er sich vor der unerprobten Gesundheit wie ein Kind, das zum ersten Mal allein zu Hause bleiben muß.

Für mich gehört es zu den schmerzlichsten Erfahrungen, in der Begegnung mit Menschen, die auf diese Art krank sind, den Sinn nicht aufspüren zu können oder ihn zwar zu ahnen, aber nicht so vermitteln zu können, daß es dem Betroffenen möglich wird, eine weniger schmerzhafte Anpassungsform an das Leben zu finden.

Gesundsein trotz sinnloser Krankheit?

Ein Mensch, der unheilbar krank oder behindert wird, muß oft alles aufgeben, was bisher Sinn und Inhalt seines Lebens war: Pläne, Arbeit, Hobbys, manchmal auch seine Beziehungen. Das ganze bisherige Lebens- und Sinngefüge gerät aus dem Lot. Gerade der lebenszugewandte, der sensible, der doch eigentlich gesunde Mensch kommt in tiefe Krisen. Wollen wir nun dem leidenden, verstörten, suchenden Menschen gegenübertreten und dem sich unaufhaltsam vorfressenden Krebs einen Sinn unterschieben? Nein, natürlich nicht, das wäre ein schlimmes Mißverständnis. Krebs in sich ist weder sinnvoll noch sinnlos. Dies alles ist zunächst jenseits von Sinn – ist wie es ist.

»Was soll ich mit dieser Krankheit machen?« schreibt MAXIE WANDER in ihrem letzten Brief, bevor sie nach einem langen Leiden an Krebs stirbt. Genau diese Frage, so einfach sie sich anhören mag, ist es, um die es geht. Dies scheint unsere menschliche Möglichkeit zu sein, die Wirklichkeit, so wie sie uns begegnet, zuzulassen, auch in ihren als brutal und entsetzlich erlebten Aspekten. Wir können sie als Herausforderung begreifen und erkennen, daß wir zwar zu weiten Teilen

nicht die äußere Gestalt unseres Geschicks bestimmen können, aber die Art, wie wir ihm begegnen.

Eine Ahnung davon, was sich unter Gesundheit im umfassenden Sinn verstehen ließe, können wir durch folgende Worte
von MAXIE WANDER bekommen: »Es sind keine verlorenen
Wochen, es ist mein Leben, das ich möglichst ehrlich und
intensiv zu leben habe. Ich habe angefangen, meine verschüt-
teten Quellen freizulegen ... einfach das Nächstliegende
tun.«[9] »War das alles eine Prüfung? Mir ist, als hätte ich neue
Augen mit einem ruhigen, tieferen, zärtlichen und brennen-
den Blick! Ich empfinde mich als einen Menschen, der in keiner Weise bemitleidenswert ist, jedenfalls nicht von den Lah-
men und Blinden.«[9] An einer anderen Stelle schreibt sie: »Ich
darf ein paar Tage Leben probieren! Jeden Tropfen Leben
werde ich auskosten, Leben tröpfelweise, aber sicherlich hab
ich mehr davon als viele andere Menschen, die nicht wissen,
was Leben eigentlich ist.«[9]

Die Sinnfrage, auf die wir unweigerlich stoßen, wenn uns
durch schwere Krankheit die zeitliche Grenze unseres
Lebens, der Tod, bewußt wird, wäre eigentlich in gesunden
und kranken Tagen gleichermaßen zu stellen. Nur stellen wir
sie uns gewöhnlich nicht. Damit lassen wir uns eine zur
umfassenden Gesundheit gehörende Weisheit entgehen, nämlich die Erkenntnis des Todes als Teil unseres Lebens. MAXIE
WANDER klagt über den Graben, der sie von den Menschen
trennt, »die leider auf der anderen Seite bleiben wollen. Die
nicht wissen wollen.«[9]

Durch MAXIE WANDERS Aussagen wird deutlich: Ein
Mensch kann an einer Krankheit leiden und erst recht gesund
sein oder werden im umfassenden Sinn.

Grenzen der Suche nach Sinn

Was wollen wir nicht wissen? Ist es vielleicht so, daß uns an den Grenzen des Lebens nichts eigentlich Neues aufdämmert, sondern daß unsere Chance darin besteht, daß Täuschungen wegfallen, Illusionen von der Unbegrenztheit unseres Lebens, von der Wichtigkeit unserer Person, von dem Anspruch auf Leidensfreiheit?

Ein sehr einfaches Wissen von menschlichem Leben, wie es nun einmal ist, spiegeln folgende Sätze EXUPÉRYS wider: »Denn die Dinge, die dich zerstören, lassen sich nicht von denen unterscheiden, die dich begründen, und es ist der gleiche Wind, der die Dünen meißelt und sie verweht, die gleiche Arbeit, die dich leben läßt und daran hindert, die gleiche … Liebe, die dich erfüllt und leer macht.«[4]

Leicht scheint uns diese Erkenntnis in der Poesie nachvollziehbar, schwer jedoch für die meisten von uns im Leben, im Kranksein und im Sterben. Wir würden diese Sätze am Lager eines sterbenskranken, um den Sinn seines Lebens und Todes ringenden Menschen nicht so ohne weiteres zu sprechen wagen.

Erschütternd tapfer und illusionslos buchstabiert der Schweizer Jurist PETER NOLL in der Zeit vor seinem Tod während des Erleidens seiner Blasenkrebserkrankung die menschliche Frage nach dem Sinn durch. PETER NOLL, der wußte, daß er so oder so in absehbarer Zeit sterben würde, wollte sich nicht operieren lassen, weil er nicht in die chirurgisch-urologisch-radiologische Maschine hineingehen wollte, weil er nicht seine Freiheit verlieren wollte, weil er selbst sterben wollte und sich nicht abgeben wollte an die Maschinerie des Medizinbetriebes. PETER NOLL wollte nicht, daß andere über ihn verfügen, indem sie ihn an eine Apparatur anschließen, die ihn beherrscht und der er sich nicht gewachsen fühlte. Er wußte, daß unerträgliche Schmerzen auf ihn zukommen würden, aber er wollte nicht, um den Schmerzen zu entrinnen, in eine Apparatur gehen, die, wie er selber formuliert, einem mit den Schmerzen zugleich die Freiheit nimmt. Er sagt: »Der Lebenszwang darf einfach nicht so stark sein, daß du all dies über dich ergehen läßt, der Lebenswille muß sich dem entgegensetzen.«[6]

Mit der Frage nach dem Sinn macht er es sich nicht leicht. Jede metaphysische Vertröstung lehnt er ab. So sagt er zum Beispiel: »Der unerträgliche Schmerz eines Krebskranken im Endstadium ist sinnlos« und weiter »Jesus und die Märtyrer haben für etwas gelitten. Leiden für nichts ist sinnlos. Also müßte man lernen, dem Schmerz einen Sinn abzugewinnen. Aber wie?!«.[6] Angesichts des Todes formuliert NOLL folgendermaßen: »Die Zeit wird wertvoller […] Je klarer das Wissen um die Grenze […] Du wirst gegenüber den zahllosen Möglichkeiten des Lebens selektiver […] (du fragst dich) was gebe mehr Sinn? Welche Momente habe ich zu wenig genützt? Welche sollte ich mehr nützen? Sehen wir das Leben vom Tode her, werden wir freier, vieles wird leichter, manches intensiver, etwas zum letzten Mal sehen ist fast so gut, wie etwas zum ersten Mal sehen […] Das Verhältnis zu den anderen wird anders […] Geduldiger werden, wo du ungeduldig warst, ruhiger, wo du zu unruhig warst, offener und härter, wo du zu nachgiebig und anpassungswillig warst.«[6] PETER NOLL, wenn wir ihm wirklich folgen, führt uns allerdings auch an eine Grenze, die wir bisher vielleicht gestreift, jedoch noch nicht eigentlich berührt haben. Findet PETER NOLL denn Sinn? Einen Sinn, der dem Zerfall seines Körpers, seinem qualvollen Sterben und seinem Tod standhält? Gerade er, der sich nichts vormachte, dessen Menschlichkeit und Größe unmittelbar bewirkt, daß wir seine Aufzeichnungen mit Ehrfurcht und Erschütterung lesen – gerade er schreibt während seiner letzten immer stärker mit Schmerz und Qual ausgefüllten Tage: »Ich wollte meinem Sterben und Tod einen Sinn geben, der auch für andere in der gleichen Situation Sinn sein kann. Das ist mir nicht gelungen.«[6] Sterbend dann die Frage: »Und wenn nun nichts wäre?«

Ihm, dem eine vorletzte Tröstung nicht genügte, er mußte die letzte durchleiden, er fand nach großer Verzweiflung Ruhe durch die Worte seiner Tochter: »Wenn sogar der Sohn Gottes fragen muß: ›Gott, warum hast du mich verlassen?‹ dann heißt das, daß wir alle das durchmachen müssen.«[6]

Sinn? Über die uns gesetzten Grenzen hinaus können wir nicht suchen. Spätestens beim Berühren dieser Grenzen dämmert uns, daß Sinn vielleicht ein »Tarnwort für Gott« ist. (TRAUGOTT GIESEN)

Literatur

1 CAPRA, F.: *Wendezeit – Bausteine für ein neues Leben*, Scherz Verlag, München 1983, S. 170
2 BARTH, K.: *Die Kirchliche Dogmatik III*, 4 *»Die Lehre von der Schöpfung«*, Zürich 1957
3 DÖRNER, K. et al (Hg.): *Der Krieg gegen die psychisch Kranken* Nach »Holocaust«: Erkennen – Trauern – Begegnen, Psychiatrie-Verlag, Rehburg-Loccum 1980
4 EXUPÉRY, A.: *Den Grund für die Liebe finden*, Peter Hammer Verlag, Wuppertal 1986, S. 10
5 ILLICH, I.: *Die Nemesis der Medizin* Von den Grenzen des Gesundheitswesens, Rowohlt Verlag, Reinbek 1984
5a MUSIL, R.: *Der Mann ohne Eigenschaften*, Reinbek 1987, S. 49
6 NOLL, P.: *Diktate über Sterben und Tod* – mit Totenrede von Max Frisch, pendo-Verlag, Zürich 1984, S. 28 / 41 / 71 ff / 237 / 277
7 PLANER-FRIEDRICH, G.: *Der Sinn des Lebens und die Gesundheit des Menschen,* Theologische Studienabteilung beim Bund der Evangelischen Kirchen in der DDR, Juni 1984 (unveröffentlichtes Manuskript), S. 9 ff.
8 TOLSTOI, L.N.: *Der Tod des Ivan Iljitsch*, Vollmer Verlag, Wiesbaden-Berlin (alte Ausgabe ohne Jahresangabe), S. 43 / 50 / 53

9 WANDER, M.: *Leben wär' eine prima Alternative* Tagebuchaufzeichnungen und Briefe, Luchterhand-Verlag, Darmstadt 1981, S. 58/33/41/43

10 WIESEL, E.: *Die Nacht zu begraben*, Elischa Bechtle Verlag, München und Eßlingen a. N. 1986, S. 337 ff.

Die Ermordung eines Prinzips

Einige Gedanken zum Utilitarismus
am Beispiel des Raskolnikoff

Notwendiges Gespräch

»Das Gesicht des Feindes entsetzt mich, weil ich sehe,
wie sehr es meinem eigenen ähnelt.« (JERZEY LEC[14])

Hinsichtlich des Verhältnisses von Wissenschaft und dem, was an »Gutem« dabei für die Menschen herauskommen kann, formulierte GREGORY BATESON einmal folgermaßen: »Zwischen wissenschaftlicher Wahrheit einerseits, Schönheit und Moralität andererseits besteht zumindest der folgende Zusammenhang: Wenn der Mensch falsche Ansichten bezüglich seiner eigenen Natur hegt, wird er dadurch in Handlungsverläufe geführt, die in einem tiefen Sinn unmoralisch oder häßlich sein werden.«[3]

Ob die Ansichten von Menschen, die die sogenannte aktive Sterbehilfe befürworten, die die Tötung von behinderten Säuglingen rechtfertigen oder die die selektive Herstellung von möglichst makellosen Menschen mit Hilfe von Gen- und Reproduktionstechniken beschleunigen möchten, eher falsch oder eher richtig sind, steht meines Erachtens mit der von BATESON aufgeworfenen Frage nach der Natur des Menschen in Zusammenhang. Menschen, die die erwähnten Ansichten rechtfertigen, tun dies zumeist mit einer bestimmten – mehr oder minder bewußten – philosophischen Grundhaltung im Hintergrund. Diese Grundhaltung beruht auf der philosophischen Denkrichtung des Utilitarismus oder Konsequentialismus. Das Gespräch mit Vertretern dieser Denkrichtung scheint mir aus mindestens drei Gründen notwendig:

Erstens können eigene »Begründungsdefizite« (SPAE-MANN) nur im Gespräch deutlich werden und damit zu der Notwendigkeit führen, den persönlichen Standort genauer zu bestimmen.

Zweitens würde auch die Gesprächsverweigerung nicht umhin können, ausdrucksstarke Kommunikation zu sein.

Drittens sollte man, wenn man wie ich die von BATESON angedeuteten, durch »falsche« Ansichten hervorgerufenen Handlungsverläufe befürchtet, versuchen, plausibel zu machen, inwiefern sie einen Hang zur »Unmoral« oder »Häßlichkeit« haben.

Mir selbst ist erst allmählich immer deutlicher geworden, daß eine Gegenposition zum Utilitarismus vermutlich nur von einem ontologischen Standpunkt her möglich ist, das heißt nicht unbedingt von einem christlichen, jedoch unbedingt von einem religiösen oder metaphysischen Standpunkt aus. Schwierig, dies auszusprechen in einer Zeit, in der man, jedenfalls in den meisten wissenschaftlichen Fachkreisen, geneigt ist, mit CAMUS zu sagen: »Das Wort Gott hat übrigens seinen Sinn verloren und ist nicht wert, daß man seinetwegen die Gefahr auf sich nimmt, irgendwo Anstoß zu erregen.«[6]

Nun ist es jedoch so, daß man zur Zeit bereits mit dem Wort »Mensch« in wissenschaftlichen Kreisen Anstoß erregen kann, jedenfalls wenn man es zur Kennzeichnung eines Wesens, dem Achtung in jedem Fall entgegenzubringen Pflicht sein sollte, gebraucht. Da ich an der Unantastbarkeit der Menschenwürde als etwas Vorgegebenem festhalten will, sehe ich mich durch diese Situation genötigt, neu darüber nachzudenken, wie sich ein solcher Anspruch begründet.

Sich auf diese Art des Nachdenkens einzulassen, scheint einem Spiel mit dem Feuer zu gleichen und zwar mit dem Feuer der Aufklärung und in ihrem Gefolge mit dem Denken der modernen technischen Industriegesellschaft.

Nach ADORNO und HORKHEIMER wäre zu vermuten, daß sich ethische Grundhaltungen, die sich gegen eine rein rational begründete Ethik wenden, dem »Prinzip der zersetzenden Rationalität«, das sie der Aufklärung zum Vorwurf machen, insofern beugen, als sie selbst zu rationalen Argumenten werden. Auf diese Weise geraten sie in den Sog des Denkens, das zu bekämpfen sie auszogen. Nach ADORNO und HORKHEIMER ist Aufklärung »totalitär« und somit gäbe es kein Entrinnen. Das intuitive Vorwissen meines Gewissens auf der einen Seite und Rationalität auf der anderen Seite stünden unversöhnlich gegeneinander.

Aber ist es wirklich so, daß »Nach-denken« lediglich Rationalität im Sinne des logischen Kalküls zum Inhalt hat oder gehört zum Nachdenken auch die Erkenntnis der Begrenztheit des menschlichen Denkens, Wollens und Könnens?

Meiner Beobachtung nach gelingt es bisweilen auch Wissenschaftlern, dies zu verstehen, wenn auch meist den sogenannten Humanwissenschaftlern weniger als beispielsweise den Physikern. Lehrstücke komplexen Nachdenkens, die die Existenz des Waldes beim Studium der Bäume nicht vergessen, finden wir häufiger bei begabten Dichtern. Mir scheint, daß wir ihre Art des Nachdenkens heutzutage mehr denn je brauchen. Deshalb werde ich ausführlich einen von ihnen, nämlich DOSTOJEWSKIJ, zu Worte kommen lassen. DOSTOJEWSKIJ hat sich bereits 1865 mit den Denkfiguren des Utilitarismus intensiv befaßt und den Reflex dieses Denkens auf die menschliche Seele und auf menschliches Zusammenleben in dem Roman »Schuld und Sühne« verarbeitet.

Zunächst jedoch sollen kurz die Grundzüge des sogenannten Utilitarismus skizziert werden.

Menschheitsbeglückung als rationales Programm: Kurze theoretische Beschreibung der Position des Utilitarismus

Der Utilitarismus wurde erstmals ausdrücklich und systematisch von dem englischen Philosophen J. BENTHAM (1748–1832) dargestellt und zwar in den ersten vier Kapiteln seines Werkes »Einführung in die Prinzipien der Gesetzgebung und Moral«. Differenziert unter Abrückung von der allzu quantitativen Betrachtungsweise BENTHAMS (hedonistisches Kalkül) wurde er von J. STUART MILL (1806–1873). Auf die verschiedenen Spielarten utilitaristischer Denkansätze im Gefolge von BENTHAM und MILL will ich hier nicht eingehen. Zum besseren Verständnis des Folgenden sei nur noch gesagt, daß jede Form des Utilitarismus sich im wesentlichen durch drei Merkmale kennzeichnen läßt:

1. Er ist eine teleologische Moraltheorie, das heißt eine Theorie, die die Richtigkeit oder Unrichtigkeit einer Handlung ausschließlich von den positiven oder negativen Konsequenzen dieser Handlung abhängig macht.

2. Der Utilitarismus hat den Anspruch, nicht nur einige Konsequenzen einer Handlung zu berücksichtigen, sondern *alle* Konsequenzen. Er ist somit eine universalistische Theorie.

3. Der Utilitarismus bestimmt, was gute oder schlechte Konsequenzen sind, nach einer Werttheorie. Als wertvoll und deshalb erstrebenswert gilt dem Utilitarismus die Erfüllung menschlicher Bedürfnisse und Interessen, kurz das menschliche Glück.

Der Philosoph R. SPAEMANN faßt die Position des Utilitarismus bzw. Konsequentialismus folgendermaßen zusammen: »Konsequentialismus betrachtet die Sittlichkeit jeder Handlung als Funktion einer Optimierungsstrategie. Sittlich ist eine Handlung, wenn sie die Welt besser macht als jede mögliche alternative Handlung; und das heißt, daß sie entweder die Glücksumme der Menschheit maximiert (BENTHAM; MILL) oder die Welt reicher an wertvollen Ereignissen und Zuständen macht (G.E. MOORE).«[20]

»Schuld und Sühne« (Dostojewskij): Praktischwerden des Utilitarismus am Beispiel des Raskolnikoff

>»Alles sollte man dem Menschen opfern.
>Nur nicht den Menschen.« (JERZEY LEC[14])

Die Auseinandersetzung mit einer konsequentialistischen Ethik hat literarisch ihren meines Erachtens eindrucksvollsten Ausdruck in DOSTOJEWSKIJS Roman »Schuld und Sühne« gefunden. Der Held des Romans, Raskolnikoff, ermordet unter dem Einfluß der im Schwange seienden Ideen utilitaristischer Prägung eine alte, steinreiche Wucherin. Die Entwicklung des Mordplanes und die Auseinandersetzung mit der geschehenen Tat ist – grob zusammengefaßt – Inhalt des Romans.

DOSTOJEWSKIJ wird häufig als großer Psychologe bezeichnet, als jemand, der etwas weiß vom Menschen, von der ungeheuren Komplexität menschlicher Gefühle, Motive, Empfindungen, menschlichen Wollens. Dem stimme ich zu und halte es für möglich, daß wir durch Raskolnikoff Wesentliches für unsere heutige Suche nach moralischen Maßstäben, die dem Menschen angemessen sind, lernen können.

»Mit der Logik allein ist die menschliche Natur nicht zu überspringen. Die Logik sieht drei Möglichkeiten voraus, dabei gibt es ihrer eine Million«, läßt DOSTOJEWSKIJ den Freund Raskolnikoffs, Rasumichin, sagen. »Diesen ganzen Reichtum kassieren und alles bloß auf die eine Frage des

Komforts reduzieren – freilich ist das die leichteste Aufgabe! Verführerisch einfach, und man braucht nicht zu denken! Die Hauptsache, man braucht nicht zu denken! Das ganze Geheimnis des Lebens findet auf zwei Druckbogen Platz!« Rasumichin (oder DOSTOJEWSKIJ) nimmt sich hier offenbar heraus, unter Denken etwas anderes zu verstehen als das »logische Kalkül«. Letzteres jedoch hat eine suggestive Kraft, der der Held Raskolnikoff schließlich erliegen wird. Den entscheidenden Anstoß für die Mordtat, die er begehen wird, bildet ein Gespräch, das er in einer Kneipe mithört. Ein Student argumentiert dort folgendermaßen:

»... *schau, einerseits ist da ein dummes, bedeutungsloses, minderwertiges, böses, krankes, altes Weib, das kein Mensch braucht, das im Gegenteil allen schadet, das selbst nicht weiß, wozu es lebt, und das morgen von selbst sterben wird [...] Andererseits gibt es viele junge, frische Kräfte, die ungenützt zugrunde gehen, ohne Hilfe, und das zu Tausenden und allerorten! Hundert, tausend gute Taten und Hilfeleistungen könnte man für das Geld der Alten tun [...]*
Hundert, vielleicht tausend Existenzen könnten damit auf den richtigen Weg gebracht werden; Dutzende von Familien könnten vor Bettelarmut, Verfall, Untergang, Lastern und venerischen Hospitälern bewahrt werden – und all das für ihr Geld. Schlag sie tot und nimm ihr Geld, um dich später mit seiner Hilfe der ganzen Menschheit und der gemeinnützigen Sache zu widmen: Was meinst du, wird nicht ein einziges, unbedeutendes Verbrechen durch Tausende guter Taten wettgemacht? Für ein Leben – Tausende von Leben, gerettet vor Fäulnis und Verfall. Ein einziger Tod und Hunderte von Leben an seiner statt, das ist doch ein einfaches Rechenexempel! Ja und was bedeutet auf der allgemeinen Waage des Lebens das Leben dieser schwindsüchtigen, dummen und bösen Alten? Nicht mehr als das

Leben einer Laus, einer Schabe, ja nicht einmal soviel,
weil die Alte schädlich ist.« [8]

Der Student wird gefragt, ob er die Alte eigenhändig umbringen würde, dies wehrt er ab mit der Bemerkung, es wäre ihm nur um eine allgemeine Theorie von Gerechtigkeit gegangen. Nicht der impulsive, über das Gefühl lebende Rasumichin, sondern der hochbegabte, der intellektuelle Raskolnikoff ist verführbar durch die im Umlauf befindlichen »neuen« Theorien. Er formt in langen, einsamen Grübeleien das utilitaristische Gedankengut zu einer eigenen Theorie von den gewöhnlichen und außergewöhnlichen Menschen, letztere, zu denen er sich selbst rechnen möchte (was ihm, wie wir später sehen werden, nicht gelingen will), sollen das Recht haben, ihrem Gewissen zu gestatten, »gewisse Hindernisse zu übertreten«, um des größeren Glücks vieler willen. Raskolnikoff begründet folgendermaßen: Es wäre doch nur Rechtens gewesen, wenn z. B. NEWTON seine Erkenntnisse nur durch das Opfer irgendwelcher Menschenleben zur Bekanntmachung hätte gelangen lassen können, daß er »dann das Recht hätte und sogar verpflichtet wäre, diese zehn oder hundert Menschen zu […] beseitigen, um seine Entdeckungen der ganzen Menschheit bekannt machen zu können«. Ferner fällt Raskolnikoff auf, daß alle außergewöhnlichen Menschen »die Zerstörung des Gegenwärtigen im Namen eines Besseren fordern«. »Wenn nun so einer für seine Idee über sagen wir meinetwegen eine Leiche hinwegschreiten muß, über vergossenes Blut, so kann er sich innerlich, vor seinem Gewissen meiner Meinung nach die Erlaubnis geben, über dieses Blut hinwegzuschreiten – übrigens immer je nach der Idee und ihrem Ausmaß wohlgemerkt.« [8]

Raskolnikoff führt den von dem Studenten nur theoretisch erwogenen Mord tatsächlich aus.

Wütend und verzweifelt muß er danach feststellen, daß er dem Mord an der alten Wucherin keineswegs gewachsen ist. Er kann das Grauen vor der blutigen Handlung nicht abtun und verflucht sich selbst dafür als »Laus«.

»Die Furcht vor dem Unästhetischen ist das erste Anzeichen von Kraftlosigkeit.« Ferner findet er sich in dem Dschungel seiner eigenen Motive und Beweggründe nicht mehr zurecht. Das, was er als kraftvolle Tat, begründet in einer eindeutigen, klaren und sogar humanen Theorie tun wollte, bekommt im nachhinein, je nach seiner seelischen Verfassung und je nach Gesprächspartner die unterschiedlichsten Facetten auch möglicher Motiviertheit. Die Gradlinigkeit des logischen Kalküls, dem sich zu beugen er seine Seele gezwungen hatte, hält seiner seelischen Wirklichkeit nicht stand. Hundertfach verschlingen und überlagern sich die Motive und auch möglichen determinierenden Begründungen.

Plötzlich scheint nicht mehr die Ermöglichung des eigenen Glücks und das der vielen anderen mit dem Geld der Alten im Vordergrund zu stehen, sondern etwas, was mit Macht, mit einer unerhörten Selbstermächtigung des Menschen zu tun hat. Diese Motivation war Raskolnikoff anfangs verborgen. Er entdeckt sie erst im nachhinein.

»Ich erriet [...], daß die Macht nur dem gegeben wird, der es wagt, sich zu bücken und sie aufzugreifen, sie einfach zu nehmen. Taghell wie im Sonnenlicht stand das plötzlich vor mir: Woher es kommt, daß bisher noch kein einziger es jemals gewagt hat, noch jetzt wagt, wenn er an diesem ganzen Unsinn vorbeigeht, alles einfach am Schwanz zu packen, mit einem Ruck uns davon zu befreien und's zum Teufel zu schleudern! Ich [...] ich wollte mich unterstehen, und erschlug [...] ich wollte mich bloß unterstehen, Ssonja, das war der ganze Grund.«[8]

An einer anderen Stelle sagt er, er wollte ein »Prinzip« erschlagen. – Das Prinzip des Gewissens? – DOSTOJEWESKI kontrastiert Raskolnikoffs philosophisch begründete moralische Selbstermächtigung nicht mit einer anderen Philosophie, sondern mit den schlichten Äußerungen eines Mädchens, das ihn liebt. Ssonja hat nicht gelernt zu theoretisieren. Sie lebt, bestimmt durch die Liebe zu denen, die ihr nahe stehen, vor allem zu ihren in bitterer Armut lebenden Geschwistern und ihrer Mutter. Sie opfert sich selbstlos für diese auf. Das Sprengen der Grenzen, das Raskolnikoff ihr beschreibt, erlebt sie als Gottlosigkeit. »Sie haben sich von Gott abgewandt.« Raskolnikoff versucht, sie mit einem Beispiel aus ihrem eigenen elenden Alltag zu einer utilitaristischen Stellungnahme zu bewegen. » [...] soll er oder sollen jene am Leben bleiben, das heißt, soll Lushin (= ein verbrecherischer Mann, der Ssonja und ihre Familie quält) am Leben bleiben und Gemeinheiten begehen dürfen oder soll Katerina Iwanowna (= Ssonjas geliebte Mutter) zugrunde gehen? Wie würden Sie dann entscheiden, wer von beiden sterben sollte? Ich frage Sie?«

Ssonjas Antwort vermeidet es exakt, das ihr menschlich Mögliche zu überschreiten. Obgleich Raskolnikoff ihr zu suggerieren versucht, daß sie unbedingt entscheiden müsse, weist sie seine Frage »angewidert«, wie DOSTOJEWSKIJ sich ausdrückt, als prinzipiell nicht beantwortbar zurück. »Wozu solche leeren Fragen? Wie wäre es möglich, daß dieses von meiner Entscheidung abhängen sollte? Und wer hat mich hier zum Richter bestellt, wer leben soll und wer nicht leben soll?«[8]

Damit begreift Ssonja die tiefste Begründung für die Unantastbarkeit der fundamentalen Menschenrechte, die ja nur dann Menschenrechte bleiben, wenn es niemals zur Sache irgendeines Menschen wird, zwischen wertloseren und wertvolleren Menschen nach bestimmten Kriterien zu selektieren.

Sie scheint zu ahnen, daß es Menschenrecht und Menschenwürde nur solange geben kann, wie niemand darüber nach welchen Kriterien auch immer zu urteilen versucht. Ssonja weist Raskolnikoffs Anliegen auch für den sie selbst quälenden Grenzfall des Verbrechers Lushin zurück, der moralisch ins Unmenschliche abgesunken zu sein scheint. Für sie ist auch Lushin ein Mensch und zwar schlicht von Natur aus durch Zugehörigkeit zur menschlichen Gattung. Sie läßt sich nicht auf das Glatteis führen, das Recht zu leben von mehr als von der bloßen Gattungszugehörigkeit abhängig zu machen.

Während Ssonja intuitiv erfaßt, erkennt Rasumichin in reflektierter Weise, welcher Zeitgeist die Gedanken und Handlungen seines Freundes bestimmt. Sich an Raskolnikoff wendend, hebt er jedoch eins als neu hervor: »Du hast natürlich recht, wenn du sagst, das sei nicht neu und gleiche allem, was wir schon tausendmal gelesen und gehört haben, was aber tatsächlich neu und *originell* in alledem ist und in der Tat dir allein gehört, zu meinem Entsetzen, das ist das, daß du bei alledem Blutvergießen *vor dem Gewissen gestattest*, und dies noch dazu […] mit so einem Fanatismus tust. Denn diese Erlaubnis, Blut zu vergießen *dem Gewissen* nach, das […] das ist doch meiner Meinung nach schrecklicher, als eine offizielle Erlaubnis zum Blutvergießen wäre, dem Gesetze nach …«[8]

Neu ist hier möglicherweise, daß die aufgeklärte Rationalität den absoluten Anspruch des Gewissens erreicht hat.

Den Polizeichef Porphyrij, der sich in der Psychologie des Verbrechens auskennt, läßt DOSTOJEWSKIJ später sagen:

»*Dies hier ist eine phantastische unheimliche Sache, eine moderne Sache, ein Fall unserer Zeit, wo das menschliche Herz sich getrübt, wo die Phrase zitiert wird, daß Blutvergießen ›erfrischt‹; wo nur ein Leben in Komfort als lebenswert gepredigt wird.*« »*… er hat gemordet, hält sich aber* trotzdem für einen ehrenwerten Menschen, verachtet alle Leute, wandelt als bleicher Engel umher...« »Es ist noch gut, daß Sie nur diese Alte ermordet haben. Wenn Sie sich aber eine andere Theorie ausgedacht hätten, so würden Sie vielleicht eine noch hundertmillionenmal schlimmere Sache vollbracht haben!«[8]

Raskolnikoff gestern und heute

> »Nichts kommt plötzlich. Auch die Explosion nicht – sie wird vorbereitet, zeitlich festgelegt, vorsichtig verkabelt – und auch die zerborstene Tür nicht. Genau wie die Erde ihre plötzlichen Beben unsichtbar vorbereitet, so ist die Geschichte der allmähliche Moment.« (ANNE MICHAELIS[15a])

Diese »hundertmillionenmal schlimmere Sache« ist inzwischen vollbracht. Vor dem Nürnberger Gerichtshof stand mehr als hundert Jahre nach DOSTOJEWSKIJ unter Anklage des Mordes an Unschuldigen ein ähnlicher »bleicher Engel«, der Arzt KARL BRANDT, einer der Hauptverantwortlichen für die Durchführung der Krankenmorde während der Nazizeit. Auch er verpflichtet der Vernunft und der Menschheit, wie er in seinem Schlußwort vor der Verurteilung zum Tod ausführt.

> »Aber sind diese Opfer mein Verbrechen? Habe ich die Gebote des Menschlichen getreten und verachtet? [...] Hat nicht Pastor Bodelschwingh [...] gesagt, ich wäre ein Idealist und kein Verbrecher. Wie konnte er das? [...] Waren nicht Ordinarien unserer Universitäten dabei? Wen konnte es geben, der besser fachlich geschult war? [...] Ich wehre mich gegen den Anwurf der Unmenschlichkeit und der niederen Gesinnung. Gegenüber dieser Anklage gilt auch

mein Recht der Menschlichkeit. [...] So habe ich die Eu-
thanasie bejaht. Ich erkenne das Problem wohl; es ist so
alt wie der Mensch. Aber es ist kein Verbrechen gegen den
Menschen. Und keins gegen die Menschlichkeit. Ich kann
hier nicht als Geistlicher glauben und als Jurist denken.
Ich bin Arzt und sehe das Gesetz der Natur als das Gesetz
der Vernunft. (Anmerkung der Verf.: Der Titel »Bio-Ethik«
war damals noch nicht erfunden). Durch dieses wuchs in
meinem Herzen auch die Liebe zum Menschen [...].« (Zitat
aus einer unveröffentlichten Abschrift der Nürnberger Pro-
tokolle)

Ob der Idealist nun K. BRANDT, RASKOLNIKOFF oder P.
SINGER heißt, immer wird er wie Raskolnikoff rufen: »Verbrechen, was für ein Verbrechen? [...] etwa, weil ich eine
scheußliche Laus, eine alte Wucherin ermordet habe, die niemand braucht, für deren Ermordung einem vierzig Sünden
vergeben werden müßten, die den Armen den letzten Bluts-
tropfen aussaugte, und das soll ein Verbrechen sein? [...]
Ich – ich wollte das Gute dem Menschen [...].« Wenn Raskolnikoff sagt, er hätte sich vorgenommen, »möglichste
Rechtlichkeit bei der Ausführung« des Mordes zu beobachten, »Gewicht, Maß und Arithmetik« zu beachten, dann entspricht auch das der Selbstverteidigung K. BRANDTS recht
genau: »Habe ich nicht [...] die Begrenzung gesucht und
›kritischste‹ Beurteilung der Unheilbaren verlangt.« (K.
BRANDT, ebd.)
   »Von allen Läusen wählte ich die allernutzloseste«, sagt
Raskolnikoff und das noch »mit dem Beschluß«, das Geld für
Aufbauarbeiten im Dienste der Menschheit zu nutzen. Ganz
ähnlich auch die Euthanasieärzte, dieselben, die die Unheilbaren töteten, wollten ja für die Heilbaren um so mehr
tun. »Man darf erwarten, daß mit Fortschreiten der Forschung
und mit der Vervollkommnung der therapeutischen Methoden

die Heilerfolge immer besser werden.« (Aus einem Papier von an der Euthanasie maßgeblich beteiligten Ärzten, unter anderem C. SCHNEIDER, verfaßt 1943)

Fasziniert durch neue bio-technische Methoden sind auch heute wieder viele überzeugt, einer glücklicheren, leidensfreieren Zeit in die Hände arbeiten zu können, z. B. durch Genforschung auf der einen Seite und Euthanasie und Sterbehilfe auf der anderen. Ein »verantwortlicher Versuch, eine neue Zeit mit neuen Menschen zu versehen«. (C. SCHNEIDER, 1930)

Auch die psychologische Notwendigkeit, die Raskolnikoff empfindet, den Menschen, den zu töten er sich erlauben möchte, mit einem Begriff vorher abzuwerten, daß er nicht mehr als Mensch erlebt werden muß, sondern nur noch als »Laus«, kehrt bei allen energischen Menschheitsbeglückern wieder, so z. B. bei dem Theologen FLETCHER (1974), wenn er nicht mehr von schwer leidenden Menschen spricht, sondern von »Monstern» und von »Monster-Morality«.[1]

In diesem Zusammenhang erlauben sich scheinbar auch die rationalsten Vertreter von Euthanasie und Sterbehilfe gerne Abstecher in eine das Unbewußte unmittelbar mit Grauen erfüllende Bildersprache.

Verbrecher oder Idealist? – So manches Entweder / Oder verschleiert die Wahrheit. Offensichtlich können wir Menschen ohne weiteres Verbrecher und Idealisten sein.

Der Theologe K. BARTH macht darauf aufmerksam, daß auch der ganz gewöhnliche Verbrecher nicht ohne seine jeweilige Moral tötet.

»Der Ausbruch des Wolfes findet dann nämlich auch bei ihm nicht direkt statt, sondern indem er den Grenzfall *für gegeben hält, um daraufhin den Wolf zuerst heulen und dann ausbrechen zu lassen […] Das macht den Menschen zum Willkürtöter, daß er, indem er weiß, daß er nicht mor-*

den soll (nach langer oder kürzester Überlegung) sich ei-
genmächtig dahin entscheiden zu können meint, daß in
seinem besonderen Fall die Tötung eines Mitmenschen
nicht Mord, sondern eine berechtigte, eine notwendige,
eine in seinem Fall unanfechtbare Handlung sei, die Exi-
stenz dieses Mitmenschen neben der seinigen (und darum
überhaupt!) schlechthin untragbar, ihre Auslöschung gera-
de für ihn geboten. Der Willkürtäter hat also auch seine
Moral.« Und weiter: *»Es könnte ja auch [...] eine solche*
eigenmächtige Konstruktion des Grenzfalles aufgrund un-
seres ganz problematischen und jedenfalls ganz unmaß-
geblichen Begehrens, ein solcher Versuch, uns selbst durch
einen moralischen Sophismus ins Recht zu setzen, sein,
wenn wir es wagen, auch nur zu denken, daß die Tötung
von Menschen durch Menschen unter bestimmten Voraus-
setzungen nicht verboten, sondern geboten sein möchte.«[2]

Raskolnikoff, der die Erleuchtung hatte, »sich zu unterstehen«, was hat er getan? Er hat die bisherige Ethik, die auf
Tradition, Sitte und Konvention beruhte, »zum Teufel geschickt« und durch ein neues Prinzip ersetzt. Dieses neue
Prinzip gestattet, daß grundsätzlich jede Handlungsweise in
Frage kommt, als richtig angesehen zu werden. Allein von
ihren Folgen soll es ja abhängen, ob sie richtig oder nicht
richtig ist. Der universale Anspruch, die Beglückung der Vielen, die Verbesserung der Welt, wird bei Raskolnikoff ebenso
deutlich wie heutzutage etwa bei P. SINGER, wenn letzterer
durch die sogenannte »Totalansicht« ein möglichst optimales
Glückskalkül zu erreichen sucht. Das hört sich bei SINGER
dann so an:

»Sofern der Tod eines geschädigten Säuglings zur Geburt
eines anderen Kindes mit besseren Aussichten auf ein
glückliches Leben führt, dann ist die Gesamtsumme des

Glücks größer, wenn der behinderte Säugling getötet wird.
Der Verlust eines glücklichen Lebens für den ersten Säug-
ling wird durch den Gewinn eines glücklicheren Lebens für
den zweiten aufgewogen. Wenn daher das Töten des hämo-
philen Säuglings keine nachteilige Wirkung auf andere hat,
dann wäre es nach der Totalansicht richtig, ihn zu töten.
Die Totalansicht behandelt Säuglinge als ersetzbar...« [17]

Gestern – zum Beispiel 1914 bei Dr. jur. A. ELSTER – hörte
sich das etwa so an: »Setzen wir nicht das wertlose Leben ein,
wird uns das wertvollere nicht gewonnen sein.« [16]

Ssonjas Ethik, die schlicht diejenigen liebt, die ihr durch
Verwandtschaft oder schicksalhafte Begegnung in den Weg
gestellt sind, steht unheroisch daneben. Ssonja fühlt sich
durch die Fragen Raskolnikoffs und durch die Anmaßung, im
voraus entscheiden zu wollen, worin jeweils das größere
Glück oder Unglück bestehen werde, überfordert. Sie akzeptiert Grenzen des dem Menschen Möglichen.

Im Grunde widerspricht es der allgemein zugänglichen
Lebenserfahrung, Glück gewinnen zu können, indem man es
direkt anpeilt, vorausberechnet oder zu optimieren versucht.
Jeder weiß, daß Glück, jedenfalls wenn man etwas Tieferes,
Intensiveres darunter versteht als satt, reich und fit zu sein,
sich nebenher einstellt, gerade dann, wenn man sich an andere Ziele verliert. So auch in DOSTOJEWSKIJS Roman. Raskolnikoff, der heroische Glückssucher, macht sich und andere
unglücklich. Ssonja, die schlicht auf die Anforderungen jeden
Tages zu antworten versucht, ist – wie nebenher – glücklich.

Der tiefsinnige Atheist und Marxist M. MACHOVEC drückt
das Genannte drastisch und philosophisch zugleich aus, wenn
er sagt:

»... die Suche nach dem sogenannten Glück gehört zu den
größten Irrtümern des Menschen. Die Menschen, die vor

*allem Glück suchen, sind dumm und begrenzt [...] Wir
müssen der modernen, glücksuchenden Menschheit zeigen,
daß gerade durch diese Glücksuche die Menschen sehr
unglücklich werden [...] Philosophisch gesagt, Glück kann
nur Epiphänomen, nicht Phänomen, Zugabe, nicht Wesen
des Lebens sein, eine Nebensache, die kommt, wenn wir sie
nicht suchen [...] Wenn wir nach dem Glück suchen, geraten wir in eine Horizontverkürzung.*«[15]

Diese Horizontverkürzung meint der Philosoph SPAEMANN,
wenn er kritisch anmerkt, daß eine Ethik vom Typus des Utilitarismus sich ohne Probleme in das vorherrschende technische Handlungsmodell einfüge. Diese Art Ethik »läßt neben
dem technischen, zweckrationalen Handeln, neben dem
Machen, der poiesis, keine Formen der Interaktion, des
›Umgangs‹ zu, die sich auf ganz andere Weise organisieren
und rechtfertigen. Sittlich ist für diese Ethik nicht die
Menschlichkeit des Umgangs, sondern nur jene Handlung,
die den Umgang selbst noch einmal zweckrational-optimiert
[...].«[18]
Diese Art philosophischer Ethik ermöglicht nicht die
Distanzierung gegenüber dem zweckrational-technischen
Denken, sondern sie verabsolutiert dieses und macht sich zu
ihrem Sklaven.

SINGER hat völlig recht, wenn er nicht müde wird zu betonen, daß in seiner utilitaristischen Ethik der Begriff der Heiligkeit des Lebens nichts zu suchen habe. Dieser Begriff
hängt ja, wie auch immer, mit dem Gottesgedanken zusammen. Dieser scheint in dem Moment entbehrlich zu werden,
wenn der Mensch selbst versucht, die Universalverantwor-
tung zu übernehmen.

Ob das menschliche Bewußtsein allerdings dazu in der
Lage ist, das »bonum totius universi« (THOMAS VON AQUIN)
oder die »Totalansicht« (P. SINGER) in den Blick zu bekom-

men, dürfte mehr als zweifelhaft sein. Ist doch der Mensch jeweils nur in der Lage, die Wirklichkeit nach den Hypothesen zu erfassen, die er an sie anlegt. Er kann nicht umhin, die jeweilige Methode, das Ergebnis bestimmen zu lassen. Das lehrt uns nicht nur die Metaphysik, sondern was für unser philosophieentwöhntes, modernes Bewußtsein hilfreich ist, auch die Psychoanalyse und die moderne Physik.

Die »Entlastung«, sich als Mensch immer nur auf einen relativen Verantwortungsbereich beziehen zu müssen und eben nicht auf das Ganze, »nimmt der Konsequentialismus nicht mehr in Anspruch«[18].

Während LEIBNIZ »ein absolutes Optimum« postulierte, zu dessen Definition es jedoch gehörte, »daß nur ein unendliches Bewußtsein einen entsprechenden Optimierungskalkül ausführen könne«, mutet der Konsequentialismus »die Ausführung dieses Kalküls als Bedingung der Sittlichkeit jedem Handelnden zu«.[18] »Die sittliche Qualität von Handlungen hängt für diese Ethik ausschließlich ab von ihrer Eignung als Mittel für das Optimierungsziel.« Diese Auffassung läßt keinen Platz für ein Gefühl dafür, daß dem Menschen bei der Verfolgung seiner Ziele Grenzen gesetzt sind. »Wer das Beste will, dem ist alles erlaubt. Anstelle von Scheu, Scham, Ehrfurcht tritt die Korrektheit des Kalküls.«[15]

Obgleich Raskolnikoff sich bis zum Schluß dagegen wehrt, als Verbrecher angesehen zu werden, ist das, was ihn quält, das eigentlich Menschliche an ihm, nämlich das dauernde Verschwimmen seiner Motive, die Unmöglichkeit, eindeutig und einseitig auf ein Bonum hin zu schlußfolgern und an dem einmal geheiligten Zweck unerschütterlich glaubend festzuhalten. Er hat noch eine realistische Ahnung von der Begrenztheit seiner seelisch-geistigen Kapazität. Ihn stört sein Gewissen. Er verflucht sich dafür, kein eindeutiger Konsequentialist sein zu können, aber er merkt es immerhin, eine

Erkenntnis, die den heutigen Konsequentialisten, wie mir scheint, nicht mehr gegeben ist.

Übrigens ist das Eingebundensein in von Sitte und Konvention geprägte Beziehungen nicht zuletzt einer der Hemmschuhe, der Raskalnikoff den »übermenschlichen Akt« nicht gelingen läßt. Er ist ständig gefährlich nahe daran, nur auf die rational erkannte »Idee« zu setzen und seine menschlichen Bindungen, die einzigen, die ihn tragen – zur Schwester, zur Mutter, zu Ssonja, zum Freund Rasumichin – abzutöten, da sie ihm daran hinderlich sind. In der Theorie des Konsequentialismus gibt es diese Raskolnikoff'schen Skrupel nicht. Es wird sie um so weniger geben, je mehr der eigentliche Akt eines Tötens um größeren Glückes willen an Fachleute, Wissenschaftler, Ärzte delegiert wird. Da merkt man dann gar nicht mehr, daß es einmal um sittliches Handeln gegangen ist. Man wird glauben gemacht, daß es nur noch um technisches Handeln geht.

Neuere Vertreter utilitaristischer Denkweise, die die Zulässigkeit von Euthanasie in bestimmten definierten Fällen für ethisch erforderlich erachten, wie etwa der australische Philosoph SINGER, halten Analogien zwischen den Begründungen für die Krankenmorde in der Zeit des Nationalsozialismus und den heutigen ethischen Begründungen für unzulässig. SINGER meint, die Deutschen reagieren aufgrund ihrer Geschichte an diesem Punkt nicht mehr rational, sondern weitgehend irrational und affektiv.

Ich will hier nicht auf den meines Erachtens schwer zu entscheidenden Streit eingehen, ob es bisweilen notwendig und geboten sein kann, Rechte in einer Weise zu schützen, die das Recht auf Redefreiheit einschränkt. SINGERS Urteil über die Deutschen beruht ja bekanntermaßen darauf, daß er in der Bundesrepublik nur »angewidert« und begleitet von Pfeifkonzerten angehört worden ist. Sein Urteil kann nicht auf dem Studium der vornazistischen gesellschaftlichen und wis-

senschaftlichen Strömungen beruhen. Unter anderem begreift
SINGER den Nazismus als zu deutsch und verharmlost ihn so
in gefährlicher Weise. Der Pole A. SZCZYPIORSKI sagt in
einer seiner Erzählungen:»Sie (die Deutschen) waren die
Konsequenz der verstümmelten Menschennatur [...] Sie waren, wenn man so sagen darf, die Essenz der Unmenschlichkeit, und Unmenschlichkeit bedeutet mehr als Deutschtum.«[21]

Es wäre zu wünschen, daß die Deutschen, gezeichnet
durch ihre furchtbare Geschichte, sensibel gegenüber Sugge-
stionen und Denkfiguren geworden sind, die die Menschennatur verstümmeln und die Menschlichkeit verletzen und die
die Schablonen abgeben, aufgrund derer die Verbrechen möglich geworden sind.

Doch gerade Analogien auf der Basis ähnlicher Denkscha-
blonen verneint Singer. Er argumentiert, daß das Denken in
Kategorien von Wert und Unwert menschlichen Lebens keine
wesentliche Rolle für die Krankenmorde der Nazis gespielt
habe. Der rassistisch und mystisch aufgeladene Begriff der
Volksgesundheit sei es gewesen, auf dessen Hintergrund die
Nazis gemordet hätten. Insbesondere hätte der Gesichtspunkt
des »Mitleids und der Sorge um die Leidenden« gefehlt, und
den Entscheidungen, Menschen zu töten, hätte nicht die
Überlegung zugrunde gelegen,»daß ein Leben vom Gesichtspunkt des betreffenden Menschen aus weniger lebenswert als
ein anderes ist«. (SINGER, zitiert nach Publikforum Materialmappe, März 1990)

Ferner meint SINGER, daß sich »zum Glück der ganze
ethische und kulturelle Hintergrund, vor dem wir heute Entscheidungen treffen, grundsätzlich von dem der Nazizeit«
unterscheidet (ebd.). Warum SINGER und andere nicht wahrnehmen können, daß die Krankenmorde zwischen 1939 und
1945 keineswegs einfach als Folge eines diktatorischen Regi-
mes mit verquerer Ideologie aufgefaßt werden können, kann
ich mir allenfalls als Folge eines tendenzgeleiteten Denkens

erklären; ist es doch längst Gemeingut geworden, daß es lange vor 1933 eine breite, vorbereitende Diskussion über Euthanasie und Sterbehilfe gegeben hat auf einem durchaus ähnlichen ethischen kulturellen Hintergrund wie dem heutigen.

Neben Werten wie der Volksgesundheit (damals wissenschaftlich gestützt) und neben ökonomischen Argumenten hat das »Mitleid mit den Leidenden« als Argument immer eine große Rolle gespielt. In klassisch utilitaristischer Diktion vertritt A. JOST bereits 1895 in seiner Streitschrift »Das Recht auf den Tod« die Vorteile von Euthanasie und Sterbehilfe durchaus auch vom Standpunkt leidender Individuen aus. Nach ihm konnte der »Wertfaktor« eines Lebens nicht nur »gleich Null, sondern auch negativ werden«.[11]

Nur aufgrund dieser breiten, in Fachkreisen und auch in der Behindertenhilfe geführten Diskussionen ist es vermutlich möglich geworden, daß so viele Ärzte und andere Mitarbeiter der Behindertenhilfe mit »salviertem Gewissen« ihre Hilfe beim Morden nicht verweigerten.

Ich kann zum Beleg hierfür nur einige wenige Autoren anführen. Es gibt derer aus der Zeit nach dem ersten Weltkrieg jedoch unzählig viele. Ich wähle besonders prägnante Zitate aus :»Jede unverbotene Tötung eines Dritten muß als Erlösung mindestens für ihn empfunden werden, sonst verbietet sich ihre Freigabe von Selbst.«[4] E. MANN stellt 1922 in seinem Buch »Die Erlösung der Menschheit vom Elend« »vier Forderungen der Barmherzigkeit« auf[9]. DR. MELTZER, der Leiter einer großen Behindertenanstalt, sagt 1925: »Wenn man zu der Überzeugung gekommen ist, daß solche armen Geschöpfe weder körperlich noch geistig-seelisch bildungsfähig sind, sondern nur sich selbst zur Qual durchs Leben geschleppt werden […] Dann muß man aus Liebe zu ihnen, so schwer es einem selbst werden mag, sie von ihrem Elend befreien.«[9]

Ganz ähnlich der heutigen Diskussion spielte neben wissenschaftlichen und ökonomischen Argumenten das Mitleidsargument eine vorrangige Rolle.

K. DÖRNER hat 1988 diesem Thema ein eigenes Buch mit dem Titel »Tödliches Mitleid«[7] gewidmet. Die Gedankengänge solcher deutschen Wissenschaftler, die sich seit Jahrzehnten der Erforschung der Vorgeschichte und Geschichte der nationalsozialistischen Krankenmorde widmen, nehmen SINGER und KollegInnen ganz offensichtlich nicht zur Kenntnis.

Wenn H. KUHSE 1990 sagt: »Es gibt aber auch eine andere Art, diese Begriffe (das heißt die Kategorien von Wert und Unwert) zu verstehen, die durchaus ethisch vertretbar ist. Das ist ihr Verstehen von der Innenperspektive des Patienten her: ob ein Leben *für den Patienten selbst* von Wert ist oder nicht«[13], dann klingt diese verspätete »Neuentdeckung« eigentümlich uninformiert und unreflektiert.

Auch die Annahme, daß die vornazistische Diskussion, sofern sie es wagte, das Tabu des Tötens zu übertreten, stets nur den stark eingegrenzten, nach bestem Gewissen geprüften Grenzfall umkreist hat, so daß alles, was später kam, sozusagen nur eine Entartung eines an und für sich vernünftigen Gedankens darstellt, ist nicht nur grundsätzlich, sondern auch historisch falsch. Vorstellungen von dem Nutzen einer »Selektion« der »Wertlosen« im großen Stil hat es bereits vor jeder faschistischen Ideologie, vor der Machtergreifung Hitlers und vor Kriegsausbruch gegeben. Alle »Ballastexistenzen« – ein Begriff, der nicht erst durch die Nazis geprägt worden ist, sollten dazu bestimmt werden – aus der menschlichen Gesellschaft auszuscheiden.

Ziel all dieser Maßnahmen sollte es nach E. MANN sein, auf der Erde in einigen Menschenaltern einen Idealzustand anzubahnen.

Noch 1930 waren diese Ideen so lebendig und aktuell, daß die Auseinandersetzung mit ihnen im Rahmen einer Doktorarbeit als notwendig empfunden wurde (W. GOLZE[9]). Aus heutiger Sicht hellsichtig schreibt GOLZE zu den von E. MANN vorgeschlagenen Selektionskommissionen. »Es scheint mir durchaus nicht unmöglich, daß dann die Macht dieser Kommission, die doch auf Treu und Glauben, nach bestem Wissen und Gewissen handeln sollte, zu einem politischem Kampfmittel erniedrigt würde. Wehe dann dem Kranken, der der gegnerischen Partei angehört.«[9] Hellsichtig war GOLZE insofern, als in der Tat das mit den Euthanasiemorden begonnene Töten auf mißliebige Gruppen aller Art (z. T. mit gleichem Personal und gleicher Methode) ausgedehnt wurde.

1921 hält es Prof. KELLNER aus Hamburg für notwendig, in folgender Weise in die laufende Euthanasiediskussion einzugreifen: »Erst der neueren Zeit mit ihren vielen Entgleisungen ist es vorbehalten geblieben, Vorschläge zu machen, die jeder Gesittung und Kultur Hohn sprechen, indem sie die massenhafte, gewaltsame Tötung der Schwachen anempfehlen. Auch würde ein solches Vorgehen bald von dem Fluche der bösen Tat getroffen werden, daß sie fortzeugend Böses gebären muß. Denn wo wäre die Grenze zu ziehen zwischen Schwachsinnigen und unheilbar Irren oder körperlich Kranken? Und wer würde sich zu solchem Henkeramte bereitfinden?«[9]

Die Diskussion um Euthanasie und Sterbehilfe war bereits lange vor 1933 in ihrer ganzen Breite vom Töten des »gewissenhaft« geprüften Einzelfalls (abgesichert durch wissenschaftliche Kommissionen) über Massenselektionen im Dienste der Menschheitsbeglückung bis hin zur entschiedenen grundsätzlichen Ablehnung vorhanden. Es ist also keineswegs so, daß nur wir heutigen, Auschwitz-traumatisierten Deutschen komplexhafte Unheilsahnungen haben und deshalb den »humanen« Gedanken einer »vernünftig« kontrollierten Euthanasie und Sterbehilfe nicht ohne Zittern und Zagen denken können, sondern spätestens Ende des 19. Jahrhunderts war es möglich zu erahnen, wohin der Mensch gerät, der meint, als Herr über Leben und Tod die individuelle und meist gleichzeitig die universelle Menschheitsbeglückung herbeiführen zu können.

Ecce homo

»Sprich nicht schlecht vom Menschen.
Er sitzt in dir und belauscht dich.«
(JERZEY LEC[14])

Der Philosoph R. SPAEMANN fragt in einem Aufsatz mit dem Titel »Über den Begriff der Menschenwürde« mit Bezug auf Art. I Abs. I des Grundgesetzes, woher es kommt, daß der Begriff der Menschenwürde, der älter ist als der der neuzeitlichen Menschenrechte, erstmals im 20. Jahrhundert zum Bestandteil einer kodifizierten Rechtsordnung geworden ist:

»[...] liegt es daran, daß erstmals in unserem Jahrhundert der Menschenwürde zum Durchbruch verholfen wurde, oder daran, daß die Menschenwürde noch nie so gefährdet war wie heute?«[19]

Folgt man dem Bedeutungsgehalt des Wortes Würde, so findet man, daß »die Würde des Menschen in dem Sinne unantastbar« ist, »daß sie von außen nicht geraubt werden kann. Man kann nur selbst die eigene Würde verlieren.«[19] Wer die Würde eines anderen nicht respektiert, »nimmt nicht dem anderen seine Würde, sondern verliert die eigene«. Nicht die ermordete Alte hat ihre Würde verloren, sondern Raskolnikoff. Diesen Würdeverlust erlebt Raskolnikoff, wenn er aufschreit: »Habe ich denn die Alte getötet? Mich habe ich getötet, aber nicht die Alte! Eben dort habe ich mich mit einem Hieb umgebracht, für immer...«[8] Die »Laus« erweist sich mit ihrem »Minimum an Menschenwürde« letztlich »seinsmächtiger« als Raskolnikoff. Diese Alte, die sicher von niemandem als Inbegriff menschlicher Würde angesehen worden ist, – was ist der Grund dafür, daß wir auch sie zu achten haben und zwar sie »an sich« und nicht sie in einer Funktion für etwas oder jemanden anderen? Daß er eine solche Funktion nicht erkennen konnte, bedeutete für Raskolnikoff Rechtfertigung seiner Mordtat.

Einem Menschen »an sich« Würde zuzuschreiben, hält SINGER für unstatthaften »Speziesismus«, genauso unstatthaft wie Rassismus. Für ihn verbirgt sich dahinter nichts weiter als ein komplizenhaftes Gehabe der homines sapientes gegen den Rest der Welt. Der Utilitarismus kann von seinen Voraussetzungen her nicht akzeptieren, daß es zum Wesen des Menschen gehört, nicht nur ein Selbstzweck für sich oder für andere zu sein, sondern ein »Selbstzweck schlechthin«. SINGERS Polemik gegen die »Heiligkeit« des menschlichen Lebens macht dies deutlich. Denn »Heiligkeit« kann meines Erachtens in diesem Zusammenhang nichts anderes bedeuten als die Scheu vor der spezifischen Menschenwürde.

Von einer utilitaristischen Position aus gibt es kein Argument gegen den »schmerzlosen und geheimen Mord an einem Menschen ohne Angehörige«. »Denn wenn dieser Mensch nur ein Wert für sich und nicht ein Selbstzweck ›an sich‹ ist, dann gilt für den perfekten Mord an ihm: Wenn das Subjekt, dem sein eigenes Leben wertvoll ist, beseitigt ist, kann von einem Verlust, einer ›Wertminderung‹ nicht mehr die Rede sein. Denn der Wertcharakter dieses Lebens war ja abhängig von dem Subjekt, für welches das Leben Wert hatte.«[19]

Um diese Thematik geht es übrigens auch dem Philosophen H. JONAS in seinem Buch »Das Prinzip Verantwortung«, in welchem er von einer ontologischen Position her nachzuweisen versucht, daß die Vernichtung der Menschheit als Ganzes nicht sein darf. Von einer »antiontologischen«

Position her muß sie nicht unbedingt als Verbrechen erscheinen, denn Subjekte, die nicht mehr sind, haben auch keinen Verlust erlitten, keine Glücksminderung erfahren.[10] Nach SPAEMANN verhält es sich nur unter zwei Voraussetzungen anders: »entweder, wenn der Mensch seinen eigenen physischen Tod überlebt, so daß das Subjekt, welchem Unrecht geschah, weiterexistiert. Oder aber, wenn Gott existiert ...«[19] wenn der Mensch nicht sich gehört, sondern Gott, darin »an sich« wertvoll ist.

Der Begriff der Würde ist also ohne ontologische Dimension nicht zu füllen. Er weist in der Tat auf eine Rückbindung im Sinne von Re-ligio hin. Insofern ist es nicht erstaunlich, daß sich der Wunsch, menschliche Lebewesen zur Tötung »freizugeben«, sowohl bei JOST (1895) als auch bei SINGER mit einem entschieden antireligiösen Impuls verbindet.

Das einfache Mädchen Ssonja in DOSTOJEWSKIJS Roman und kompliziert argumentierende Philosophen wie SPAEMANN und vor ihm HORKHEIMER und ADORNO sind sich an einem Punkt erstaunlich einig, nämlich: Gegen den Mord gibt es letztlich nur »ein religiöses Argument«.

Der von den Nationalsozialisten ermordete evangelische Theologe Dietrich Bonhoeffer formuliert das »religiöse Argument« folgendermaßen:

»Was uns verabscheuungswürdig ist [...], wovon wir uns zurückziehen in Schmerz und Feindschaft, der wirkliche Mensch, die wirkliche Welt, das ist für Gott Grund unergründlicher Liebe, damit vereint er sich auf's Innigste. Gott wird Mensch, wirklicher Mensch. Während wir uns bemühen, über unser Mensch-sein hinauszuwachsen, den Menschen hinter uns zu lassen, wird Gott Mensch, und wir müssen erkennen, daß Gott will, daß auch wir Menschen, wirkliche Menschen seien [...] Jesus Christus ist nicht die Verklärung hohen Menschentums, sondern das Ja Gottes *zum wirklichen Menschen. [...] Der Menschenverächter verachtet, was Gott geliebt hat, ja, er verachtet die Gestalt des menschgewordenen Gottes selbst. Es gibt aber auch eine aufrichtig gemeinte Menschenliebe, die der Menschenverachtung gleichkommt. Sie beruht auf der Beurteilung des Menschen, nach den in ihm schlummernden Werten, nach seiner tiefsten Gesundheit, Vernünftigkeit, Güte [...] Den wirklichen Menschen kennen und ihn nicht verachten, das ist allein durch die Menschwerdung Gottes möglich.«*[5]

Es bleibt allerdings die Frage offen, ob die bisherigen Ausführungen denn nur für den Menschen Geltung haben und nicht letzten Endes für alle Lebewesen, müssen wir nicht auch ihnen gegenüber stets so zu handeln suchen, daß sie nicht nur Mittel für uns sind, sondern in ihrem Zweck an sich respektiert werden? In der Tat ist dies zu folgern. Nach SPAE-MANN liegt allerdings ein Unterschied darin, daß der Mensch die Anlage zum Ich, zur Freiheit, zur sittlichen Entscheidung, zur Distanz zu sich selbst hat, und die spezifische Menschenwürde sowohl im aktuell sich zeigenden als auch im potentiell angelegten Personsein zu achten ist. Hier ist nicht, wie SINGER es tut, zwischen der Gattungszugehörigkeit und der Personenhaftigkeit vor Zuschreibung der spezifischen Menschenwürde zu unterscheiden. Denn »würden wir aufgrund bestimmter tatsächlicher Eigenschaften als Mitglied der menschlichen Gesellschaft erst durch andere kooptiert, so läge es im Belieben einer Mehrheit dieser anderen, diejenigen Eigenschaften zu definieren, aufgrund deren jemand Menschenwürde besitzt und Menschenrechte beanspruchen darf. Das aber würde den Gedanken des Menschenrechts überhaupt aufheben. Dieser setzt nämlich voraus, daß jeder Mensch als geborenes Mitglied der Menschheit Kraft eigenen Rechts den anderen gegenübertritt und dies wiederum bedeutet, daß die biologische Zugehörigkeit zur Spezies homo sapiens allein es sein darf, die jene Minimalwürde begründet, welche wir Menschenwürde nennen.«[19]

Durch das Auseinanderdividieren von naturhaftem Mensch -sein auf der einen Seite und Person-sein auf der anderen Seite, gerät eine dem Menschen bekömmliche Einschätzung seines Wesens aus dem Gleichgewicht. Es kommt entweder zur Menschenverachtung wegen irgendwelcher fehlender personaler Merkmale oder zur Menschenvergötzung durch Überschätzung der menschlichen Möglichkeiten.

Die anfangs gestellte Frage nach der Bedrohung der Menschenwürde heute beantwortet SPAEMANN wie folgt: »Die moderne Zivilisation hat dem Gedanken gleicher Minimalbedingungen für alle hinsichtlich ihrer Rechte zum Durchbruch verholfen. Sie enthält jedoch eine mächtige Tendenz zur Eliminierung des Gedankens der Würde überhaupt.«[19]

»Bioethik«, wie sie heute immer stärker vertreten wird, ist nicht mehr philosophische Ethik in abendländischer Tradition, die die sittliche Besinnung in kritischer Distanz zu den als relativ erkannten Wissenschaften betreibt, sondern sie ist Zweckethik, bedingungslos gebunden an den neuzeitlichen cartesianischen Typus von Wissenschaft, in dessen Sog auch das Ethos selbst »zu einem zweckrational [...] variierbaren Objekt« wird[19]. Sie stellt nicht mehr die eigentliche Grundfrage aller philosophischen Ethik, nämlich die nach dem guten, nach dem gelingenden Leben. Sie ermöglicht es, »würdelose« Fragen zu stellen, wie z. B. die des Philosophen MURPHY: »Gibt es einen Grund, der unsere Überzeugung rechtfertigen könnte, daß es falsch ist, Behinderte zu töten und zu essen – gleichgültig welches Ausmaß an Nahrungsknappheit herrscht?« (MURPHY 1984, in ANSTÖTZ[1])

Um solche Fragen stellen zu können, muß man prinzipiell bereit sein, bestimmte Menschen von dem, was wir Liebe und Wohlwollen nennen, das heißt von der Zustimmung zu ihrer

Existenz »an sich«, auszuschließen, denn wenn ich eine solche Frage einem Freund, einem geliebten Menschen gegenüber stellen würde, zerbräche die Freundschaft an der Frage selbst und nicht erst an ihrer Beantwortung. Es gibt eine »Obszönität« des Fragens, gegen die Pfeifen als Antwort äußerst unschuldig wirkt. Doch Pfeifen weder im Wald noch im Saal genügt, um der Angst Herr zu werden, die einen ergreifen kann vor den immer wiederkehrenden »Menschheitsbeglückern«, die Schlimmes verhüten wollen und das Schlimmste heraufbeschwören werden: Den Verlust der Achtung vor dem Menschen, wie er ist.

Literatur

1 ANSTÖTZ, CH.: *Ethik und Behinderung*. Ein Beitrag zur Ethik der Sonderpädagogik aus empirisch-rationaler Perspektive, Berlin 1990, S. 98 ff.
2 BARTH, K.: *Die kirchliche Dogmatik*, Bd. 3, Teil 4: *Der Schutz des Lebens*, Zollikorn/Zürich 1957, S. 472 ff.
3 BATESON, G.: *Ökologie des Geistes*, Frankfurt 1985, S. 348
4 BINDING, K. / HOCHE, A.:. *Die Freigabe der Vernichtung lebensunwerten Lebens. Ihr Maß und ihre Form*, Leipzig 1920
5 BONHOEFFER, D.: *Ethik*, Stuttgart 1948, S. 16 ff.
6 CAMUS, A.: *Der Fall*, Reinbek 1982, S. 110
7 DÖRNER, K.: *Tödliches Mitleid. Zur Frage der Unerträglichkeit des Lebens*, Gütersloh 1988
8 DOSTOJEWSKIJ, F. M.: *Rodion Raskolnikoff, Schuld und Sühne*, München 1908, 16. Auflage 1989, S. 92 ff.
9 GOLZE, W.: *Aus welchen Gründen lehnen wir die Vernichtung unterwertigen Menschenlebens ab?* Unveröffentlichtes Manuskript, Februar 1930
10 JONAS, H.: *Das Prinzip Verantwortung. Versuch einer Ethik für die technische Zivilisation*, Frankfurt a. M. 1979
11 JOST, A.: *Das Recht auf den Tod*, Göttingen 1895, S. 26
12 KLEE, E.: *»Euthanasie« im NS-Staat. Die ›Vernichtung lebensunwerten Lebens‹*, Frankfurt a. M. 1983
13 KUHSE, H.: Deutsches Ärzteblatt 87 (1990), Heft 16
14 LEC, S. J.: *Unfrisierte Gedanken*, München 1964
15 MACHOVEC, M. / PÖHLMANN, H.-G.: *Gibt es einen Gott?* Gütersloh 1990, S. 18 ff.
15a MICHAELIS, A.: *Fluchtstücke*, Reinbek 1999, S. 87
16 NOWAK, K.: *»Euthanasie« und Sterilisierung im Dritten Reich*, Göttingen, 1980, S. 47
17 SINGER, P. *Praktische Ethik*, Stuttgart 1984, S. 183

18 SPAEMANN, R.: *Glück und Wohlwollen*. Versuch über Ethik, Stuttgart 1989, S. 163 ff.
19 ders.: *Über den Begriff der ›Menschenwürde‹* in: ders. *Das Natürliche und das Vernünftige. Aufsätze zur Anthropologie*, München 1987, S. 80 ff.
20 ders. (Hers.): *Ethik-Lesebuch. Von Platon bis Heute*, München 1987, S. 20 ff.
21 SZCZYPIORSKI, A.: *Der reservierte Tisch*, in: ders., *Amerikanischer Whisky*, Zürich 1989, S. 14

Über Menschliches und Über-Menschliches

Wie vermeidet man es, über seine Verhältnisse zu leben?

> Das Leben enthält einen Vorteil, einen Nachteil und ein Rätsel.
> Der Vorteil: geht es Dir schlecht, –
> das geht vorbei.
> Der Nachteil: geht es Dir gut, –
> das geht vorbei.
> Das Rätsel: worum geht es überhaupt?[1a]

Worum geht es überhaupt? Es soll in sechs Abschnitten um folgende Aspekte gehen:

1. Überforderung der moralischen Orientierung – ist Moral nur etwas für Experten?
2. »Barmherziges« Töten – soll die alte Frage neu gestellt werden?
3. Klima – welcher Geist geht um in unserer Gesellschaft?
4. Grenzsituationen – ist alles gesetzlich regelbar?
5. Menschsein – wie vermeidet man es, über seine Verhältnisse zu leben?
6. Orientierung – woran?

1. Überforderung der moralischen Orientierung – ist Moral nur etwas für Experten?

Wir kommen mit den Fortschritten nicht mehr mit. Immer schneller verändert sich immer mehr. Dies gilt für naturwissenschaftlich-technische Entwicklungen allgemein, scheint uns jedoch hinsichtlich Medizin- und Biotechnik in unserem Menschsein besonders zu betreffen.

Klonierung, Kinderzucht im Reagenzglas, tiefgefrorene Embryonen, Forschung an nicht einwilligungsfähigen Menschen, Leichen als Ersatzteillager, warme Leichen, kalte Leichen, Keimbahntherapie, genetische Diagnosen und check ups, moralische Kosten-Nutzenanalysen, Wertanamnesen, Hirntod, Teilhirntod, Gnadentod, alte Ethik, neue Ethik, Bioethik usw.

Das *Aller*neuste habe ich bestimmt noch nicht mitbekommen.

Die »Veränderungsbeschleunigung« der Moderne[14] nimmt uns den Atem.

Durch die rasche Veraltung unserer Erfahrungen rutschen wir »zunehmend stets aufs neue in die Lage derer zurück, für die die Welt überwiegend unbekannt, neu, fremd und undurchschaubar ist: das ist die Lage der Kinder.«[14]

Seufzend möchte man manchmal in BRECHTS Dreigroschenoper einstimmen:

> »Denn für dieses Leben
> ist der Mensch nicht schlau genug.
> Niemals merkt er eben
> allen Lug und Trug.«

Wir fühlen uns überfordert. Unsere Erfahrungen veralten so rasch, daß wir weder die notwendigen Informationen verarbeiten, geschweige denn sittlich tragfähige Haltungen in persönlichem Nachdenken und im öffentlichen Dialog entwickeln können. Die geknittelte Feststellung REINER KUNZES »Der Mensch kann auf dem Mond erwachen, aber keine Katze machen«, konnte die Fortschrittsskeptiker vielleicht gestern mit einer gewissen Genugtuung erfüllen, heute nicht mehr. Der Mensch macht sich bereits an die Katze.

Vor allem aber macht sich der Mensch an den Menschen und zwar in einem Ausmaß, welches historisch keinen Vergleich findet.

Vielleicht gleicht unser Fasziniertsein von und unser Erschrecken vor – beispielsweise den Möglichkeiten der Organtransplantation sowie der Reproduktions- und Gentechnologie – dem Erschrecken des mittelalterlichen Menschen vor dem Sezieren von Leichen und daraus abgeleiteten chirurgischen Eingriffen; Handlungsweisen, die heute ethisch nicht mehr hinterfragt werden. Aber abgesehen davon, daß die Menschheit hunderte von Jahren Zeit hatte, diese Handlungsweisen und ihre Konsequenzen in ihre sittlichen Bezugssysteme zu integrieren, ist das, was heute geschieht, vermutlich auch noch in anderer Hinsicht als qualitativ neuartig zu beschreiben.

Bis zu einem gewissen Wendepunkt hieß die Aufgabe derer, die menschliches Leid lindern oder heilen wollten, Krankenbehandlung. Bezugsfeld war die menschliche Lebenszeit zwischen den als eindeutig erlebten Polen Geburt und Tod. Heute ist fragwürdig geworden, wann menschliches Leben beginnt und wann es endet. Diese beiden Fragen kann man so lange auf sich beruhen lassen und die Diskussion darüber zur spitzfindigen Sophisterei erklären, solange man nicht handeln will.

Heute allerdings will man handeln, erstens weil man es kann und zweitens, weil es gute Gründe dafür zu geben scheint. Man will zum Beispiel handeln an noch nicht Geborenen und an Sterbenden.

Dazu braucht der Mensch Definitionen, die ihm ein gerechtfertigtes Handeln ermöglichen. Mit den richtigen Definitionen scheint dann kaum mehr etwas unantastbar.

Aus dem interessanten Phänomen, daß selbst der areligiöse Mensch immer gerechtfertigt handeln möchte, folgt nicht, daß verbindliche Maßstäbe, die unser Tun lenken und ihm gegebenenfalls Grenzen setzen könnten, in Sicht sind.

Aus dem Denken von Naturwissenschaft und Technologie an sich lassen sich keine ethischen Maßstäbe begründen. Der Glaube an eine wertfreie Wissenschaft hilft uns ebensowenig weiter wie ein antiwissenschaftlicher Fundamentalismus.

Immer sichtbarer scheint zu werden, daß auch die größten Fortschritte der Wissenschaft nicht schon per se Fortschritte der Menschlichkeit sind.

Überwältigt von Fortschritt, Rationalität und Technik scheinen wir den inneren Kompaß verloren zu haben. Wozu können wir ja sagen und wozu nicht?

Einerseits ist das rasante Fortschreiten als Konsequenz der Aufklärung anzusehen, andererseits scheint gerade eine der wichtigsten Forderungen der Aufklärung: »Habe den Mut, dich deines eigenen Verstandes ohne die Leitung eines anderen zu bedienen« für Laien mehr denn je unerfüllbar.

Wer wagt es schon, auf Grund eigener Intuition und Überlegung Spezialisten zu hinterfragen? Irgendwie scheint es nicht mehr Angelegenheit von Laien zu wissen, was moralisch gut ist. Heutzutage muß man hochintelligent sein, um sich noch in Sachen Ethik äußern zu können. Jedenfalls suggerieren dies die überall ins Kraut schießenden professoral dominierten Ethikkommissionen. Die empfundene Überforderung führt zum Steckenbleiben in diffuser Angst, die manchmal in eine klagsame, moralisch dauererregte Fortschrittsschelte einmündet oder aber sich oberflächlich beruhigt durch Beugung vor denen, die es schließlich wissen müssen. Zuallermeist jedoch stumpft sie sich ab in Resignation. »Die Spannung zwischen dem, was ›kritisieren‹ will, und dem, was ›zu kritisieren‹ wäre, ist so überzogen, daß unser Denken hundertmal eher mürrisch als präzise wird. Kein Denkvermögen hält mit dem Problematischen Schritt […].

Weil alles problematisch wurde, ist auch alles irgendwo egal.«[22]

Die folgenden Abschnitte sind ein Versuch gegen diese Art von Resignation.

2. »Barmherziges« Töten – soll die alte Frage neu gestellt werden?

Bis Ende Mai 1995 waren die Niederlande das einzige Land, in dem gegenüber Ärzten, die aktive Sterbehilfe leisten, von einer Bestrafung abgesehen wird, wenn bestimmte Kriterien erfüllt sind. Zwischenzeitlich wurden die Niederlande von einem australischen Provinzparlament überholt. Juli 1996 war im Northern Territory in Darwin, weltweit einmalig, ein Gesetz erlassen worden, das Ärzten die Tötung von Todkranken auf deren Verlangen ausdrücklich erlaubte. Dieses Gesetz wurde allerdings 1997 durch den australischen Senat wieder aufgehoben. Von vielen Bürgern wurde den Senatoren daraufhin vorgeworfen, kein Mitleid mit unheilbar Kranken zu haben.

Nach Untersuchungen des Remmelink-Ausschusses von 1990 gibt es in den Niederlanden jährlich 3 300 Fälle ärztlich ausgeübter Tötungen. Bei einem Drittel dieser Zahl wurde das Leben von Patienten beendet, die nicht darum gebeten hatten.[16] Bereits 1994 wurde ein Urteil veröffentlicht, dem zu entnehmen war, daß in den Niederlanden auch Euthanasie zur Beendigung seelischer Leiden straffrei bleiben soll.[23] Mitte 1999 hat die niederländische Regierung einen neuen Gesetzentwurf erarbeitet, in dem vorgesehen ist, bei bestimmten Fällen von Sterbehilfe nicht nur wie bisher von Strafverfolgung abzusehen, sondern sie ganz aus dem Strafgesetzbuch herauszunehmen. Damit hätte dann Holland das erste Euthanasiegesetz der Welt.

Die Forderung nach aktiver Sterbehilfe wird weltweit in den letzten Jahren immer lauter und dringender erhoben. Damit wird an eine lange vor der NS-Diktatur bestehende Tradition angeknüpft.

Unabhängig von der Hitlerdiktatur gab es seit Ende des 19./ Anfang des 20. Jahrhunderts eine breite Diskussion über Sterbehilfe und Euthanasie, die alle Elemente unserer heutigen Diskussion aufwies.

Die Ausweitung der freiwilligen Euthanasie auf nicht einwilligungsfähige Personen ergab sich damals und ergibt sich auch heute zwangsläufig, weil es nicht rational begründbar scheint, warum jemand von einer »guten Sache« nur deshalb, weil er nicht selbst für sich entscheiden kann, ausgeschlossen werden sollte. Das an Autonomie und Vernunft geeichte Menschenbild, das alle, die diesem Ideal nicht entsprachen, abwertete, verriet sich in den durchaus nicht durch die Nazis, sondern weit früher geprägten Benennungen wie: »Minderwertige«, »Ballastexistenzen«, »Leere Menschenhülsen«, »Geistig Tote«.

Werden behinderte und kranke Menschen erst einmal so gesehen, erstaunt nicht, daß die auf dem Prinzip der Solidarität beruhende Bereitschaft, für sie zu zahlen, in ökonomisch äußerst bedrängten Zeiten (damals Weltwirtschaftskrise, schließlich Krieg) erlischt, bzw. daß gegen diese Solidarität politisch leicht agitiert werden kann. So fand sich z. B. in der Monatszeitschrift »Volk und Rasse«, Vol. 11, 1936, S. 335 folgender Text mit einprägsamen Bild (s. Folgeseite):

Auf diesen Boden fiel 1939 der Führererlaß:

»Reichsleiter Bouhler und Dr. med. Brandt sind unter Verantwortung beauftragt, die Befugnisse namentlich zu bestimmender Ärzte so zu erweitern, daß bei menschlichem Ermessen unheilbar Kranken bei kritischster Beurteilung ihres Krankheitszustandes der Gnadentod gewährt werden kann.«[6]

Quelle: Volk und Rasse, Vol. 11, 1936, S. 335

Auf Grund dieser »vorsichtigen« Formulierung sind über 200.000 psychisch, geistig und körperlich kranke Bürger Deutschlands, Polens und der Sowjetunion umgebracht worden. Viele von ihnen wurden von Ärzten getötet (häufig nach qualvollen Experimenten), von Ärzten, die meist nicht dazu gezwungen worden sind, sondern, die dies ethisch für gerechtfertigt hielten.

Noch 1961 in der Verteidigung ADOLF EICHMANNS wird deutlich, mit welcher Selbstverständlichkeit Töten als »medizinische Angelegenheit« angesehen wurde. Auf Nachfrage des wegen der Wortwahl irritierten, israelischen Richters erwidert der Verteidiger Eichmanns, Dr. SERVATIUS: »Sie ist insofern eine medizinische Angelegenheit, als sie von Medizinern vorbereitet ist, denn es geht ja um die Tötung, auch die Tötung ist ja eine medizinische Angelegenheit.«[3]

Daß auch der katholische Theologe HANS KÜNG und der Publizist WALTER JENS in ihrem 1995 erschienenen Buch »Menschenwürdig Sterben – Ein Plädoyer für Selbstverantwortung« einerseits mit größter Selbstverständlichkeit dem Arzt, am besten dem Hausarzt, die Rolle des »barmherzigen« Tötens zuschieben wollen und andererseits die Auseinandersetzung mit der Frage auslassen, wie es dazu kommen konnte, daß Ärzte sich in einem solchen Ausmaß für ein ethisch-idealistisch begründetes Töten zur Verfügung stellten, halte ich nicht nur für fahrlässig, sondern auch für symptomatisch. Statt sich mit den Denk- und Bedingungsstrukturen dessen, was »mitten im Herzen der zivilisierten Welt« geschah, auseinanderzusetzen, meint JENS Fragen in dieser Richtung am besten dadurch zu erledigen, daß er dazu auffordert, das Bild »jenes Adolf Hitler« über den Betten von Menschen abzuhängen, die seines Erachtens heute nur deshalb »verrecken müssen elend und würdelos, weil wir zu wenig bedenken, daß Mord eines und Selbstbestimmung ein anderes ist.«[11]

Es mag ungewohnt sein, aber vielleicht werden wir uns der Mühe unterziehen müssen, über die Zusammenhänge von Überbetonung der Selbstbestimmung als Wesensmerkmal des Menschen und Entwicklungen bis hin zum Mord nachzudenken.

Wer versucht, geltend zu machen, daß sich der ganze ethische, kulturelle und politische Hintergrund, vor dem wir heute Entscheidungen treffen, zum Glück grundsätzlich von dem der Nazizeit[21] unterscheide, hat sicher recht, was das Ausmaß des rassistischen Wahnsinns und die Konzentration des staatlichen Gewaltmonopols betrifft, er irrt jedoch, was andere wesentliche Denkströmungen unserer Gegenwart angeht. Und er irrt vermutlich auch hinsichtlich der Bedeutung der technisch, industriell geprägten Zivilisation als solcher. Spätestens seit der polnisch-jüdische Soziologe ZYGMUNT BAUMAN sein Buch »Dialektik der Ordnung« veröffentlicht hat, ist ein neues Nachdenken über die Bedeutung der technisch-industrialisierten Zivilisation für den Holocaust möglich. Letztere gehöre mit ihrem, rational-zielgerichteten Denken und Handeln, das immer rücksichtsloser auch sozialplanerisch angewandt wurde, zu dem Bedingungsgefüge, das zu dem – bisher – schrecklichsten Geschehen der menschlichen Geschichte geführt habe. Das »Abhängen der Hitlerbilder« wird jene nicht beruhigen können, die, wie BAUMAN, den Holocaust nicht als einmaligen geschichtlichen Unfall ansehen, der im Grunde der Hauptströmung der technisch-zivilisierten, industriellen Gesellschaft ganz gegenläufig ist, sondern viel eher als ihr Symptom.

Bei all diesen Überlegungen geht es natürlich nicht nur um Fragen der Euthanasie, sondern es geht ganz allgemein um den Zuwachs an technisch Machbarem und das diesem zu Grunde liegende Denken, welches uns neben vielen Vorteilen und Erleichterungen eine Unzahl neuer moralischer Fragen an den Grenzen von Leben und Tod gebracht hat.

3. Klima – welcher Geist geht um in unserer Gesellschaft?

»An und für sich«, sagte DIETER HILDEBRANDT beim Scheibenwischer vom 28.1.95, »ist Altsein bei uns noch erlaubt. Nur man sieht's nicht gerne.« Damit hat er seismographisch gesellschaftliches Klima erfaßt. Für Menschen, die mit Behinderungen leben, hätte er ähnlich formulieren können.

Eindrücklich in diesem Zusammenhang das Urteil des Landgerichts Frankfurt von 1992: »Auch die Anwesenheit einer Gruppe von jedenfalls 23 geistig und körperlich Schwerbehinderten stellt einen zur Minderung des Reisepreises berechtigenden Mangel dar. Es ist nicht zu verkennen, daß eine Gruppe von Schwerbehinderten bei empfindsamen Menschen eine Beeinträchtigung des Urlaubsgenusses darstellen kann [...]« (Landgericht Frankfurt/Main, AZ 2/24 S.282/79).

Hinsichtlich der Klage eines Nachbarn gegen eine Wohngruppe behinderter Menschen verdient auch die mündliche Begründung des vorsitzenden Richters des OLG Köln vom 8.1.1998 Aufmerksamkeit: Maßgebend sei »nicht so sehr die Lautstärke als vielmehr die Art der Geräusche. Diese weicht völlig ab von dem, was im üblichen nachbarschaftlichen Nebeneinander erlebt wird.« Damit wird das Nebeneinander von behinderten und nicht behinderten Menschen als unüblich bezeichnet.

»Man sieht's halt nicht gerne«. Das ist auch das Gefühl, das sich in folgenden Worten einer jungen schwangeren Frau ausdrückt: »Ich selber habe mich darauf eingestellt, daß ich auch mit einem behinderten Kind leben könnte. Aber werde ich damit umgehen können, wenn dann auch noch die Nachbarn mit dem Finger auf mich zeigen und sagen: ›So etwas kann man doch heute vermeiden, da bist du ganz selber schuld.‹«[8] Immer wieder hört man von behinderten Menschen, wie betroffen es sie macht, daß jemand wie sie aufgrund der Möglichkeiten vorgeburtlicher Diagnostik nicht geboren werden soll. Stellvertretend für andere möchte ich HANNA MÜLLER zitieren. Sie ist Sozialarbeiterin und Präsidentin der Schweizerischen Vereinigung der von Glasknochenkrankheit betroffenen Menschen. Im Zusammenhang mit dieser Krankheit ist sie kleinwüchsig und abhängig vom Rollstuhl. »Plötzlich«, sagt HANNA MÜLLER, »muß ich mich für meine Existenz rechtfertigen [...]. Erschreckend, daß da jemand einmal über den Wert und Unwert meines Lebens im voraus entschieden hätte!«[8] Durch das, was sie als gesellschaftliches Klima wahrnimmt, seien alle ihre Anstrengungen, trotz Behinderung Sinn in ihrem Leben zu suchen, in Frage gestellt.

Sie erläutert dann weiter, sie glaube nicht, daß man primär den Behinderten Leid ersparen wolle, sondern befürchte, daß die Gesunden von dem Phänomenen »Behinderung« und »Leiden« verschont bleiben wollen. »Eine Gesellschaft, die leidensunfähig geworden ist, kann mit dem Ungewohnten, Unperfekten nicht mehr umgehen.«[8]

Unser gesellschaftliches Klima wird durch die Suche nach möglichst optimaler ökonomischer Effektivität geprägt. Die Rede vom »Altenberg« ist entlarvend.

Zahlen werden so gut wie immer dazu benutzt, um Belastungen anschaulich zu machen und nie dazu, auf selbstverständliche Verpflichtungen hinzuweisen.

GERTRUD RÜCKERT, eine nachdenkliche Seniorin, hat sich im Alter von 78 Jahren zu dem, was sie als Klima empfindet, geäußert:

»Das gesellschaftliche Mitleid mit dem sinnlosen Leiden der Alten, die erneuten wissenschaftlichen und so theoretischen Auseinandersetzungen um die Euthanasie stehen mir in einem zu auffälligen Zusammenhang mit dem Verteilungskampf um die begrenzten Mittel des Sozialetats. Die ökonomische Empfindlichkeit hat ungefähr genauso zugenommen […], wie die soziale Empfindsamkeit abgenommen hat.«[15]

Was den Beginn des Lebens betrifft, mag das, was schon seit vielen Jahren in unserer Gesellschaft und auch von Staats wegen hoch bewertet wird, an verliehenen Anerkennungen und Preisen deutlich werden: Bereits 1977 erhielten die Humangenetiker PASSARGE und RÜDIGER den Hufeland-Preis für Verdienste um die vorbeugende Gesundheitspflege für einen Bericht über pränatale Selektion mit Kosten-Nutzen-Analyse[24]. 1981 wurde der Volkswirt v. STACKELBERG mit dem Gesundheitsökonomiepreis des Bundesministeriums für Arbeit und Sozialordnung ausgezeichnet. STACKELBERG hat in Zahlen vorgelegt, was volkswirtschaftlich dabei herauskommt, wenn es gelingt, Geburten behinderter Kinder zu verhindern, bzw. in ökonomischer Sprache ausgedrückt, wenn man humangenetische Beratung als »Investition in produktives Humanvermögen« betrachtet.[24]

Gesehen werden aus dieser Perspektive nicht mehr Individuen, deren Leid so weit wie möglich zu lindern ist, die aber auch dazu beitragen, »neue Möglichkeiten und Formen von Leben zu entdecken«[8], sondern Belastungen, die man vermeiden kann.

In diesem Zusammenhang ist es wichtig, sich klarzumachen, daß es in einzelnen Staaten der USA bereits so ist, daß die Versicherungen für ein behindertes Kind nicht zahlen, wenn die Frau den Test nicht machen ließ. Dadurch ergibt sich die paradoxe Situation, daß die neuen Möglichkeiten, bestimmte Behinderungen auf *medizinischem* Weg zu vermeiden, neue soziale Behinderungen produzieren. Dazu nochmals HANNA MÜLLER: »Meine Erfahrung zeigt mir, daß bei einer Behinderung wie meiner die medizinische Situation nicht das Hauptproblem ist. *Auch bei vielen anderen Behinderten machen die Mitmenschen und ihre Reaktionen die eigentliche Behinderung aus.*«[8] Besser als HANNA MÜLLER

kann man die gesellschaftlichen Rückwirkungen nicht beschreiben, die sich aus dem Zusammenwirken von ökonomischem Kalkül und den Einseitigkeiten sogenannter Bioethik
ergeben. Es kann nicht hier Bioethik und dort Sozialethik geben. Beides gehört zusammen. Wir brauchen eine Ethik, die
versucht, Menschsein vollständig, in allen seinen Dimensionen wahrzunehmen. Von einer solchen Ethik her würden sich
mit Sicherheit auch andere Verteilungsprioritäten ökonomischer Mittel ergeben.

4. Grenzsituationen – ist alles gesetzlich regelbar?

Wie bereits erwähnt, haben sich 1995 in den Chor derjenigen,
die eine Legalisierung der sogenannten aktiven Sterbehilfe
fordern, auch KÜNG und JENS eingereiht. Sie fordern eine
Abschaffung der »Grauzonen« am Ende des Lebens, »eine
umfassende Lösung des Problems«, »eine exakte rechtliche
Bestimmung«[11]. Meines Erachtens artikuliert sich in solchen
Worten unüberhörbar das einseitig lösungsbetonte Denken
der Moderne. Von diesem her wird alle Not im zwischenmenschlichen Bereich, auch die letzte persönlichste Grenzsi-
tuation, als regelbares Problem aufgefaßt.
Aber aus der Lebenserfahrung ergibt sich doch eher, daß
wir Menschen bisweilen Grenzsituationen ausgeliefert sind,
die in ihrer Widersprüchlichkeit nicht auflösbar sind, schon
gar nicht mit dem Verstand und dem Gesetz. Wenn man regeln will, was nicht angemessen als lösbares Problem be-
schreibbar ist, sondern allenfalls als tragische Aporie (d. h. als
leidvoller Konflikt, der sich in keine Richtung ohne Schuld
auflösen läßt), wird man schon durch die Art dieses Regelu-
lungsversuchs mehr an Menschlichkeit verlieren als gewinnen. Bei fast allen Argumentationsfiguren – sehr ausgeprägt
auch bei JENS und KÜNG – wird als Begründung für die

Tötung von Menschen, die dies wünschen, der Respekt vor der Selbstverantwortung des Subjektes ins Feld geführt. Dabei wird vorausgesetzt, daß Menschsein sich vor allem positiv durch Selbstverantwortung und Autonomie bestimmen lasse.

Holen wir uns ein Märchen von gestern zur Hilfe. So wie in dem ANDERSENschen Märchen »Des Kaisers neue Kleider« sieht sich der Mensch gerne in einer Weise, die seinem Selbstgefühl entgegenkommt, nämlich bekleidet mit Selbstbeherrschung, Selbstkontrolle, Autonomie. So gefallen wir uns selbst. So möchten wir von anderen gesehen werden. Doch hören wir nicht schon das Kind aus dem Märchen rufen: »Aber er ist ja nackt!«? Das Gewebe der Selbsttäuschung läßt sich nicht aufrechterhalten. Wir sind nicht bekleidet mit herrlicher Autonomie, sondern verflochten in Abhängigkeiten.

Vom ersten Tag unseres Lebens an sind wir abhängig von menschlicher Liebe und bleiben es bis zum letzten Tag. Weder unsere biologische noch unsere seelische Konstitution konnten wir wählen. Den gesellschaftlichen Ort für unseren sozialen Start konnten wir uns nicht aussuchen. Unsere seelisch-körperliche Konstitution ist uns *gegeben* worden (übrigens ohne vorher angemeldeten Rechtsanspruch). Von einem anfälligen Körper und einer schwankenden Seele fundamental abhängig ist unser zur Selbstreflektion ansatzweise fähiges Bewußtsein, auf dessen Autonomie wir so stolz sind.

Spätestens angesichts eines sterbenden Menschen sollte man sich an den Ruf des Kindes erinnern. Wir sind nackter, angewiesener als wir wahrhaben wollen. Das heißt unter anderem: Einen Menschen, der stirbt, kann man nicht isoliert von seiner mitmenschlichen Umgebung begreifen.

Wenn man aus der Begleitung heraus im Dialog mit einem sterbenden Menschen steht, dann hat doch diese Beziehung eine andere zwischenmenschliche Struktur als die einer Abfrage des »festen rationalen Willens«[1], die mit einem bloßen »ja-töten« oder »nein-töten« zu beantworten ist. Sehr leicht können hier mangelnde Beziehung und Fehlen angemessener Rahmenbedingungen zu tödlichen »Ersatzlösungen« führen. Eindrücklich zeigt dies eine Entgegnung SINGERS auf die Beobachtung einer Sterbebegleiterin, »*daß sorgfältig gepflegte Krebspatienten auch in den letzten Stadien keinen Todeswunsch zu erkennen gaben, wo doch Singers Argument gerade lautet, daß Menschen im extremen Leiden nichts mehr wünschen als ihren Tod.*« SINGER habe geantwortet, »daß das wohl so sei, daß man darum aber nicht Menschen, die unter weniger angenehmen Bedingungen sterben, den gewünschten Tod versagen dürfe.«[19]

Das, was in zwischenmenschlichen Grenzsituationen vor dem eigenen Gewissen entschieden werden muß, kann nie vollständig mit dem geltenden Gesetz in Übereinstimmung gebracht werden. Hier lehne ich mich gerne an den verstorbenen Philosophen HANS JONAS an: »Zuletzt und im Äußersten werden wir auf die einsamen Entscheidungen der Liebe zurückgeworfen, die selbst dem Gesetz zu trotzen wagt, aber hoffen darf, daß auch das verletzte Recht so gnädig urteilt, wie es der Bestand der Rechtsordnung erlaubt. Mit diesem ungelösten und unauflöslichen Rest in der Euthanasie-Frage – dem Verzicht also auf eine eindeutig regelnde ethische Antwort – müssen wir uns, so glaube ich, in Demut abfinden.«[12]

Eine solche Demut angesichts von Grenzsituationen mag allerdings auch für diejenigen angesagt sein, die sich, wie ich selbst, gegen die gesetzliche Legalisierung der aktiven Sterbehilfe wenden. Leicht könnten wir in die Gefahr kommen, unsere eigenen Schatten, Tötungsimpulse, Angst vor Fremdem und anderes mehr zu verdrängen und nach außen zu projizieren, z. B. in die satanische NS-Vergangenheit, in das bioethische Kartell oder in Menschen, die zu Meinungen neigen und Handlungen ausführen, die unseren eigenen ethischen

Vorstellungen nicht entsprechen. Dabei könnte passieren, daß wir uns mit Gutheit übernehmen und in Ablehnung der erkannten Denk- und Haltungsfehler anderer nunmehr den Weg mit nur guten, integrativen Vorsätzen und vor allen Dingen Forderungen pflastern. Mir scheint, daß wir ebenso nötig wie unbestechliche ethische Sätze und moralisch blank geschliffene Thesen Raum brauchen für das Wahrnehmen durchlittener Ambivalenzen, durchgemachter Irrtümer und schuldhaft erlebter Handlungen. Sonst kommen wir in Gefahr, daß wir in dem Eifer, mit dem wir eine solidarische Superwelt fordern, die Machbarkeitsillusionen einer leidensfreien Welt auf sozialer Ebene wiederholen, die wir eigentlich überwinden wollten.[18]

5. Menschsein – wie vermeidet man es, über seine Verhältnisse zu leben?

Es muß uns schon interessieren, was der Mensch für einer ist. Denn wie sollen wir sonst herausfinden können, was zu ihm paßt, was sich mit »Menschsein« vereinbaren läßt und was nicht.

Zeiten, in denen man beginnt, darüber nachzudenken, was der Mensch *eigentlich* ist, sind vermutlich immer Zeiten sittlicher, kultureller Umbrüche, denn nur in solchen Zeiten wird in den Strudel der Überforderung auch das gerissen und zeitweilig unkenntlich, was einfach ist, was sich beim besten Willen nicht kompliziert ausdrücken läßt.

Mensch ist selbstverständlich einer, der von menschlichen Eltern gezeugt und von einer menschlichen Mutter geboren wurde. Die Würde des Menschen beruht schlicht auf seinem Dasein. In diesem Sinne ist sie prinzipiell unantastbar. Nicht bestimmte Eigenschaften weder seines Hirns, noch seines Herzens, noch seiner Gestalt, noch seiner Moral sind es, die einen Menschen zum Mitglied der menschlichen Gesellschaft machen. Es kann nicht der willkürliche Akt einer Mehrheit oder einer intellektuellen Elite sein, diejenigen Eigenschaften zu definieren, auf Grund derer Menschenwürde beansprucht werden kann. Man muß kein Theologe und kein Ethikexperte sein, um das zu erkennen.

Die Idee der Menschenrechte beruht ja gerade darauf, daß der Mensch sie als geborenes Mitglied besitzt. Wer daran geht, im Einzelfall zu fragen, ob dieser oder jener wegen bestimmter Eigenschaften nicht mehr als Mensch angesehen werden müsse, bringt die Menschenrechte für alle zu Fall.

Vielleicht kränkt es den einen oder anderen, aber dennoch ist es so: Du bist Mensch mit Würde und Menschenrechten, weil Du biologisch zur Spezies homo sapiens gehörst und nicht weil Du ein besonders gelungenes Exemplar bist. Die Frage »Was ist der Mensch?« sollte uns nicht dazu verleiten, nach irgendwelchen positiven Wesensbestimmungen für das »wahre Menschsein« zu suchen. Dabei würde nur immer wieder herauskommen, daß es Menschen gibt, die diesem angeblichen Wesen nicht entsprechen. »Du sollst dir kein Menschenbildnis machen«, ist nicht die schlechteste Antwort. Ich möchte dem Philosophen HANS SANER recht geben, der sagt, der Verzicht auf eine positive Bestimmung des Menschseins, sei als »Fels der Humanität« anzusehen.[17] An diesem Fels wird zur Zeit allerdings intensiv gerüttelt und zwar durch all diejenigen, die naturhaftes Menschsein auf der einen Seite und Personsein auf der anderen Seite auseinander dividieren und ganze Kataloge positiver Bestimmungen dessen aufstellen, was zum Personsein gehören soll und was nicht. (So u. a. auch der Theologe J. F. FLETCHER[2])

Im Zusammenhang mit Fragen nach den Menschenbildern, die wir uns machen, kommen zahlreiche neue Fragen aus Gen-und Reproduktionstechnologie auf uns zu, mit denen ich mich hier nicht auseinandersetzen kann. Lediglich das Problem des sogenannten Hirntodes sei kurz erwähnt: Ist es angemessen, wenn der Hirntod mit dem Tod des Menschen gleichgesetzt wird? Das ist schließlich etwas anderes als die bloße gesellschaftliche Übereinkunft, daß das irreversible Koma (»Hirntod«) der Zeitpunkt sein soll, an dem unter bestimmten Voraussetzungen einem sterbenden Menschen Organe entnommen werden können. Eine Gleichsetzung des »Hirntodes« mit dem Tod des Menschen impliziert, daß der Mensch mit seinem Gehirn identifiziert wird. Ein solches Aufgeben einer ganzheitlichen Betrachtungsweise des Menschen entgegen den über Jahrhunderte gewachsenen Sitten und kulturellen Bräuchen wäre dann nicht aus einer anthropologischen Neubesinnung erwachsen, sondern würde sich schlicht den Zwecken (und seien sie auch noch so edel) anpassen, die von Seiten der Medizin mit dieser Neudefinition verfolgt werden. Daß es einfach Zwecke sind, die Handlungsmöglichkeiten eröffnen sollen, zeigt sich besonders krass daran, daß bei der Verpflanzung von lebendem fetalen Hirngewebe keineswegs auf das Hirntodkonzept Wert gelegt wird. Eine solche Identifizierung des Menschen mit seinem Hirn kommt der positiven Beschreibung, Mensch sei eigentlich nur einer, der über Selbstbewußtsein und Autonomie verfüge, sehr nahe. Das dürfte mit Sicherheit Auswirkungen haben auf ganz andere Bereiche des Zwischenmenschlichen, z. B. auf den Umgang mit hirnorganisch behinderten und altersdementen Menschen.

Der Philosoph HANS JONAS machte bereits zu einem sehr frühen Zeitpunkt der Entwicklung der Organtransplantationstechnik darauf aufmerksam, daß sich eine Art neuer Dualismus anbahne: nicht mehr Leib-Seele, sondern Körper-Gehirn. Er sagt, auch wenn die höheren Funktionen des Personseins ihren Sitz im Gehirn haben, handelt es sich immer um die Identität eines ganzen Organismus. »Wie sonst könnte ein Mann eine Frau lieben und nicht nur ihr Gehirn?

Wie sonst könnten wir uns im Anblick eine Gesichtes verlieren? Angerührt werden vom Zauber einer Gestalt? Es ist das Gesicht, es ist die Gestalt dieser Person und keiner anderen auf der Welt.«[19]

Zum Menschsein gehört ferner – und auch diese Tatsache ist so schlicht, daß sie häufig vergessen wird –, daß ein Mensch nur durch die Begegnung mit anderen erfahren kann, wer er ist. Nur im Umgang mit einem menschlichen Du kann der Mensch Selbstbewußtsein und weitere personale Qualitäten wie z. B. das Sprechen entwickeln. Das Personsein, auf das wir häufig so stolz sind, kann sich überhaupt erst dadurch entfalten, daß man unsere Menschenwürde respektiert, längst bevor wir überhaupt einen Vokal, einen Gedanken, geschweige denn eine Forderung nach irgendwelchen Rechten formulieren können.

Man sieht: Die Achtung vor der Menschenwürde ist die grundlegendere Beziehungsqualität im Vergleich zur Anerkennung personaler Qualitäten. Besonders im Mutterleib und als Säuglinge, aber auch später, sind wir grundsätzlich auf einen Vorschuß an Menschenwürde angewiesen, damit unsere latenten personalen Qualitäten eine Chance bekommen zu gedeihen. Daraus folgt: Den Schutz der Menschenwürde erst dann zu gewähren, wenn ein Kind Selbstbewußtsein oder andere schöne personale Eigenschaften erlangt hat, widerspricht dem Wesen des Menschseins. Und es widerspricht ihm ebenfalls, Menschenwürde zu entziehen, wenn Selbstbewußtsein und andere Eigenschaften alters- oder krankheitsbedingt verloren gehen.

Wie radikal dieser kommunikative und soziale Aspekt des Menschwerdens und des Menschseins heute unterschlagen wird, zeigt sich anschaulich in der Bezeichnung »Bioethik«. Dieser Terminus erfreut sich einer geradezu inflationären Verbreitung, obgleich seine substantielle Einseitigkeit eigentlich offensichtlich ist.

Eine Ethik, die nur das Biologische im Blick hat und die sozialen, kulturellen und geschichtlichen Dimensionen des Menschseins der Einfachheit halber ausblendet, muß ihren Gegenstand verfehlen.

Ich stimme dem Theologen SEIM zu, der einmal formuliert hat: »Es gibt Schuld im Denken, wie es Schuld im Handeln oder Unterlassen gibt. Schuld im Denken ist etwas anderes als ein Denkfehler. Es ist das Denken in die falsche Richtung.«[20] – Diese Warnung sprach SEIM 1991 aus.

1994 konnte man in der renommierten Zeitschrift »Bioethics« folgendes lesen: »Wir könnten uns daher gezwungen sehen, zu der Ansicht zu kommen, daß alte Menschen getötet werden, damit ihre Organe an jüngere, schwerstkranke Personen umverteilt werden können, die ohne diese Organe bald sterben müßten.« (Bioethics 8/1, 1994) Zu diesem Schluß kommen die Kopenhagener Bioethiker KAPPEL und SANDOE. Denn ihrem, durch keinerlei altmodische Vorurteile getrübten Blick stellen sich die Organe lebender Menschen als gerecht zu verteilende »lebenswichtige Gesundheitsressourcen« dar. Mir scheint, daß das Problem der »Entsorgung der Denkfolgen« bisweilen in beunruhigender Weise unterschätzt wird.

Will man darüber nachdenken, was für den Menschen – und übrigens auch für die mit ihm lebenden pflanzlichen und tierischen Wesen – heilsam, zumindest ver- und erträglich sein könnte, dann kommt man nicht umhin, noch etwas Drittes zu erwähnen, das wesentlich zum Menschen gehört. Das ist seine grundsätzliche Begrenztheit. Er ist endlich. Er ist verletzlich und zerbrechlich. Er wird krank und alt und er kann, wie bereits gezeigt, nur in Abhängigkeit leben. Er kann nur begrenzt Wissen ansammeln und nur begrenzt Erkenntnis erlangen. Er taugt zu nichts Absolutem; nicht zur absoluten Autonomie, nicht zur absoluten Gesundheit, nicht zum absoluten Glück.

Er kann keinen absoluten Durchblick gewinnen. Besonders das Fällen von Werturteilen über sich selbst und andere ist etwas, was ihm grundsätzlich nicht möglich ist.

Dazu ist er zu sehr ein »moralischer Gemischtwarenladen«, in dem Gut und Böse und vieles dazwischen im Angebot sind. (Er ist eben auch nie absolut gut.)

Die Psychoanalyse hat dies nüchtern bestätigt. Der Mensch ist einer, der nie und zwar grundsätzlich nicht objektiv wahrnehmen kann und zwar insbesondere sich selbst und seine Mitmenschen nicht. Immer ist seine Wahrnehmung subjektiv verfärbt. Er ist immer einer, der projiziert, idealisiert, Schatten verdrängt. TRAUGOTT GIESEN drückt diesen Sachverhalt plastisch folgendermaßen aus:

»Nicht meine, geschweige denn die Einschätzung anderer Menschen entscheidet über Wert und Unwert meines Lebens [...] Was ich von mir halte, ist von Selbstgerechtigkeit oder Selbstverachtung geprägt. Was andere von mir halten, ist durch ihre egoistischen Wünsche gefärbt.«[9] Aus diesem Grunde ist die Frage nach einem Mehr oder Weniger an Wert von Lebewesen, insbesondere von menschlichen Lebewesen eine dem Menschen nicht gemäße Frage.

Dies wußten die Religionen, jedenfalls solange sie sich nicht der Macht andienten, schon immer. Alle Mythen, die sich auf ein Gericht am Ende der Tage beziehen, weisen darauf hin, daß die Beantwortung der Frage nach letztem Wert oder Unwert eine nicht durch Menschen zu beantwortende Frage ist. Bleiben wir also bei der viel angemesseneren Rede von der Würde des Menschen. Denn, so DIETRICH BONHOEFFER:

»Die Unterscheidung zwischen lebenswertem und lebensunwertem Leben zerstört früher oder später das Leben selbst.«[5]

Je mehr es dem Menschen gelingt, sich zu seiner begrenzten Konstitution in das rechte Verhältnis zu setzen und sie zu akzeptieren, desto mehr kann ihm ein Leben gelingen, daß man heute vielleicht als ein systemisch-ökologisches beschreiben würde. Aus dieser Sicht ist der Mensch ein Teil des Ganzen, der Rücksicht zu nehmen hat. Je weniger er über seine Verhältnisse lebt, desto weniger bringt er auch die ihn umgebende nicht menschliche »Landschaft« durcheinander.

»Wir sollen Menschen und nicht Gott sein. Das ist die Summa.« (MARTIN LUTHER, W. A. B. Bd. 5, S. 415)

Solche Erkenntnis ist eigentlich sehr entlastend. Sie könnte helfen, einen Weg zu finden zwischen der Gefahr der Menschenvergötzung und der Gefahr der Menschenverachtung.

6. Orientierung – woran?

»Der Jammer der Menschheit ist, daß die Narren so selbstsicher sind und die Gescheiten so voller Zweifel.«
(BERTRAND RUSSELL)

»Glücklichsein heißt ohne Schrecken seiner selbst inne werden können«, sagt WALTER BENJAMIN und beschreibt damit eines der menschlichsten Grundbedürfnisse. Wir möchten uns selbst ins Angesicht sehen können. Wir möchten, daß unser Gewissen uns zustimmt. Aber wie können wir glücklich und zufrieden leben, wenn unserem Gewissen kein innerer Kompaß zur Verfügung steht, der uns die Richtung »falsch« oder »richtig« in eindeutiger Weise anzeigt?

Vielleicht ist die Möglichkeit, auf sein Gewissen zu hören, etwas vom Besten, das den Menschen auszeichnet, eine schnelle Befreiung aus unserem Überforderungserleben scheint sich daraus jedoch nicht zu ergeben. »Denn die Korruption des Besten« kann zum Schlimmsten führen. (K. MARTI)

Welche Ausmaße die Korruption des Gewissens annehmen kann, werden gerade wir Deutschen niemals vergessen können.

Zum Gewissen Adolf Eichmanns sagt HANNAH ARENDT in ihrem Prozeßbericht etwas, das auch in unserem Zusammenhang wichtig ist: »Sein Gewissen konnte sich um so leichter beruhigen, als er ja sah, mit welcher Beflissenheit und welchem Eifer die ›gute Gesellschaft‹ allenthalben genauso reagierte wie er. Er brauchte nicht, wie es im Urteil hieß, ›sein Ohr der Stimme des Gewissens zu verschließen‹; nicht weil er keins gehabt hätte, sondern weil die Stimme des Gewissens in ihm genauso sprach wie die Stimme der Gesellschaft, die ihn umgab.«[3]

In seinem Plädoyer für aktive Sterbehilfe formuliert der Theologe KÜNG die Tatsache, daß so viele dafür sind, fast so als sei dies etwas, was moralische Aussagekraft hätte: »Aber wir kommen nicht umhin, zur Kenntnis zu nehmen: Immer mehr Menschen und Organisationen/Vereinigungen für humanes Sterben, ›Exit‹-Organisationen fordern die Legalisierung des freiwilligen ›Gnadentodes‹, vollzogen durch einen freiwillig bereiten Arzt.«[11] Fast suggestiv weist er darauf hin, daß es inzwischen 30 nationale Sterbehilfe-Organisationen gibt.

Es genügt nicht, Gewissen zu haben. Die Frage ist, wie man es vor Verirrung schützt. Und die Gefahr zur Verirrung kündigt sich nicht an durch eine verzerrte Fratze, sondern sie kommt daher im Gewand der »guten Gesellschaft«, der respektablen Institutionen von Wissenschaft, Politik und leider allzuoft auch der Kirchen.

Vor allem aber – und darauf macht der Soziologe ZYGMUNT BAUMAN eindringlich aufmerksam – ist es gerade nicht die rationale Intelligenz, die zu moralischem Handeln qualifiziert. Aus rationaler Sicht stelle der humane Andere in einem Handlungsfeld kein moralisches, sondern ein technisches Problem dar. »Der Handelnde sieht seine Aufgabe darin, eine Situation zu schaffen, in welcher der Andere beherrschbar wird. Die Aufgabe und ihre Durchführung setzen technische, jedoch keine moralischen Entscheidungen voraus.«[4] Effizienz oder Ineffizienz sind die Kriterien rationaler Intelligenz. Aus der immanenten Logik von Zweck-Mittel-Kalkulationen, die rationales Handeln bestimmen, ergeben sich keinerlei moralische Fragen. Im zwischenmenschlichen Bereich wirkt Moral eher als »Störenfried effektiven Handelns«.

Das forsche Motto »Ratio statt Dogma«[10], mit dem NORBERT HOERSTER, Professor am juristischen Seminar der Universität Mainz, das moralische Problem gleichsam vom Tisch fegt, greift also sicher zu kurz. Natürlich täte dies die Umkehrung des Mottos ebenfalls.

Nicht irgendein Dogma kann richtungsweisend sein. Weder im Dogma noch in rationaler Kalkulationsakrobatik sind moralische Fragen gut aufgehoben, sondern eher in einer Form menschlicher Nachdenklichkeit, die im Stande ist, ihre eigene Begrenztheit mit zu bedenken.

Weisheit ist immer schon etwas anderes gewesen als Intelligenz.

»Die Freiheit des Menschen beherrscht, wer ihr Gewissen beruhigt«, läßt DOSTOJEWSKIJ den Großinquisitor zu dem wiedererscheinenden, schweigenden Christus sagen, dem er vorwirft, daß ER die Menschen maßlos überfordere. An anderer Stelle läßt DOSTOJEWSKIJ anklingen, daß ein Mensch, der die ausschließliche Gebundenheit des Gewissens an eine letzte, nicht menschliche Instanz nicht ertragen kann oder aus anderen Gründen verwirft, sich aus seiner menschlichen Konstitution heraus unvermeidlich an andere Werte binden wird. In der Sprache DOSTOJEWSKIJS: »[...] so einen Menschen kann es ja gar nicht geben, der sich nicht vor irgend etwas beugt, ein solcher Mensch würde sich selber nicht ertragen können; kein Mensch könnte das. Wenn er Gott verstoßen hat, so beugt er sich vor einem Götzen, vor einem hölzernen oder goldenen oder einem gedanklichen. Götzendiener sind das alles, aber nicht Gottlose, sieh, so muß man sie nennen.«[7]

Die Frage nach Sicherheit gebender Orientierung und damit letztlich nach der Quelle »richtiger« Entscheidungen bleibt beunruhigend offen. Diese Beunruhigung scheint mir angemessen.

Vielmehr dürfte ein zu gewisses Gewissen, insbesondere bei Fragen an den Grenzen zwischen Leben und Tod, Anlaß zur Besorgnis geben.

Wenn man die Gewissenssensibilität einer Gesellschaft daran messen könnte, wieviel Abhandlungen über Ethik pro Monat erscheinen, stünden wir glänzend da. Aber steckt nicht hinter diesem enormen »output« an Ethiktheorie am ehesten tiefe moralische Verunsicherung? Diese verleitet meines Erachtens bisweilen zu dem Irrtum, man könne aus einer rational begründeten umfassenden ethischen Theorie gültige, sichere Normen für allgemeines Handeln ableiten und aus diesen dann wieder Normen für situatives Handeln.

Aber eine jede solcher Theorien würde schließlich immer mit irgendwelchen Werthierarchien arbeiten müssen und sich letzten Endes lebensfeindlich auswirken. Nein, nur wenn wir ohne solche Pseudosicherheiten auskommen, sehe ich eine Chance, den zwei größten Gewissensgefährdungen nicht zu erliegen, nämlich erstens der Verhärtung des Gewissens durch moralischen Rigorismus, der mit seinen unverrückbaren Normen über das Leiden des Einzelnen hinwegschreitet, und zweitens der Verführung des Gewissens durch alle möglichen Werterzeuger und Wertbeschwörer.

Wer mit einem wachen Gewissen lebt, wird seine Antworten immer wieder neu suchen müssen. Angemessene Antwor-

ten werden wir um so eher finden, je mehr wir uns auf andere Menschen einlassen, insbesondere auf solche, die uns zunächst fremd sind, auf ihre Lebenssituationen und Lebenswe-
ge. Damit meine ich nicht das sentimentale Berührtsein in
kurzen Augenblicken. »Da lächelte mich der Behinderte an,
und die Welt wurde wieder schön für mich.« So ein Berührtsein kann, wenn der Andere einmal nicht lächelt, sondern seine Verzweiflung oder gar keine Reaktionen zeigt, rasch in
»tödliches Mitleid« (DÖRNER) umschlagen. Erkenntnis dessen, was angesichts des Anderen als angemessene Haltung
und richtiges Handeln anzusehen ist, ergibt sich nur aus wirklicher Teilnahme. Dies gilt für den alltäglichen Umgang, aber
auch für alle Wissenschaften vom Menschen.

Dem modernen naturwissenschaftlichen Denken liegt
nicht das Muster des Erkenntnisgewinns durch Teilnahme,
sondern das methodische Prinzip des Trennens und Spaltens
zu Grunde; hier das erkennende Subjekt, dort das Objekt. Insofern bleibt dieses Denken zwangsläufig immer unvollstän-
dig. Teilnehmende, mitleidende, liebende Erkenntnis als me-
thodisches Prinzip der Wissenschaft vom Menschen, das
wäre ein Ziel, über das weiteres Nachdenken sich lohnen
würde.

Literatur

1   ACH, J. S. u. GAIDT, A.: *Am Rande des Abgrunds?* Anmerkungen zu einem Argument
    gegen die moderne Euthanasiedebatte, Ethik. Med. 1994/6
1a ALDINGER, M.: *BewußtseinserHeiterung*, Humorvolle Weisheit und spirituell-religiö-
    ser Witz, Freiburg 1992, S. 101
2   ANSTÖTZ, CH.: *Ethik und Behinderung*, Berlin 1990, S. 78
3   ARENDT, H.: *Eichmann in Jerusalem* – Ein Bericht von der Banalität des Bösen,
    München 1986
4   BAUMAN, Z.: *Dialektik der Ordnung – Die Moderne und der Holocaust*, Hamburg
    1992
5   BONHOEFFER, D.: *Ethik*, Stuttgart 1948
6   DÖRNER, HAERLIN, RAU, SCHERNUS, SCHWENDY (Hg.) : *Der Krieg gegen die psy-
    chisch Kranken*, Mabuse-Verlag, Frankfurt / Psychiatrie-Verlag, Bonn 1989
7   DOSTOJEWSKIJ, F.: *Sämtliche Werke*, München/Zürich 1977
8   GEMPERLE, R.: (Hg.) : *Aufbruch/Forum für eine offene Kirche* – Febr. 94, Nr. 39, Jg.7

9 GIESEN, T.: *Leben mit Lust und Liebe*, Stuttgart 1989
10 HOERSTER, N.: *Ration statt Dogma – Plädoyer für eine aufgeklärte, von Weltanschauungen befreite Ethik*, ZEIT-Punkte, Nr. 2/1995
11 JENS, W. u. KÜNG, H.: *Menschenwürdig sterben – Ein Plädoyer für Selbstverantwortung*, München 1995, S. 122/123
12 JONAS, H.: DIE ZEIT, 35/25.8.89
13 LEC, ST. J.: *Alle unfrisierten Gedanken*, München 1982
14 MARQUARD, O.: *Apologie des Zufälligen*, Stuttgart 1986
15 RÜCKERT, G.: *Wir haben ausgedient*, in: Die ZEIT/51, 16.12.94
16 RUTENFRANS, CH.: *Befreiung oder schiefe Ebene – Das niederländische Gesetz zur »Euthanasie«*, in: *Des Lebens Wert – Zur Diskussion der Euthanasie und Menschenwürde*, Hg.: DAUB, U. und WUNDER, M., Freiburg 1994
17 SANER, H.: *Vom normlosen Gewissen und den gewissenlosen Normen – Das Dilemma der ›Euthanasie‹*, in: *Psychiatrie im Abgrund*, Hg.: SEIDEL, R. und WERNER, W.F./ Archivberatungsstelle Rheinland, Köln 1991
18 SCHERNUS, R.: *Du sollst nicht töten*, in: *Lebensrecht und Menschenwürde – Behinderung, Eugenische Indikation und Gentechnologie*, Hg.: HERRMANN, G. und LÜPKE, K., Essen 1991
19 SCHIBILSKY, M. und BACH, U. (Diakonisches Werk der Evangelischen Kirche von Westfalen), Hg.: *Wir wurden nicht gefragt – Ein Lesebuch zu ›Euthanasie‹ und Menschenwürde*, Bielefeld 1992
20 SEIM, J.: *Notizen zur Philosophie der Euthanasie*, in: Kursbuch Diakonie, Neukirchen-Vluyn 1991
21 SINGER, P.: Aus Publikforum Materialmappe, März 1990
22 SLOTERDIJK, P.: *Kritik der zynischen Vernunft*, Frankfurt a.M.1983
23 VAN ACKEREN, M.: *Tödliche Giftdosis für seelische Qualen*, Deutsches Ärzteblatt 91, Heft 31/32, 8.8.1994
24 WEB, L.: *Aktuelle Programme der Humangenetik*, in: Mitteilungen der Dokumentationsstelle zur NS-Politik, Heft 11/12, Hamburg 1986

Schuld und Freiheit

Zur Bedeutung von Schuldzuschreibungen
in der Psychiatrie

> »Man kann ein so verwickeltes Gebilde, wie er
> (der Mensch) es ist, von vielen Seiten ansehen
> und im theoretischen Bild das oder jenes als
> Achse wählen; es entstehen Teilwahrheiten,
> aus deren gegenseitiger Durchdringung lang-
> sam die Wahrheit höher wächst: Wächst sie
> aber wirklich höher? Es hat sich noch jedes
> Mal gerächt, wenn man eine Teilwahrheit für
> das Alleingültige angesehen hat. Andererseits
> wäre man aber kaum zu dieser Teilwahrheit
> gelangt, hätte man sie nicht überschätzt.«
>
> (ROBERT MUSIL [9])

Das Thema Schuld spielt in der Psychiatrie eine wichtige
Rolle. Dies läßt sich sowohl an Beispielen aus der Psychiatriegeschichte als auch an Beispielen aus unserer Zeit bele-
gen. Insofern wird dieser Beitrag im wesentlichen zwei Teile
haben, nämlich erstens einen psychiatrie-historischen Teil
und zweitens einen Teil, in dem es um zeitnahe Ansichten
geht, also sozusagen um unsere eigenen. Nach diesen beiden
Teilen werde ich in einer abschließenden Bemerkung auf eine
Chance hinweisen, die meines Erachtens allen Menschen im
Umgang mit Schuld offen bleibt.

Psychiatriehistorische An-sichten

Der Begriff Schuld ist ein Beziehungsbegriff. Schuldigwer-
den und Beschuldigen kann man nur in Beziehungen.

Von welcher Art waren (und sind) die Beziehungen in der Psychiatrie und welchen Gefährdungen waren und sind sie ausgesetzt?

Schaut man sich mittelalterliche und sogenannte »aufgeklärte« Ansichten in der Psychiatrie an, dann fällt zunächst einmal auf, daß es keine eindeutige Korrelation zwischen Art und Ausmaß von Schuldzuschreibungen und – aus heutiger Sicht – menschenwürdiger Behandlung von psychisch kranken Menschen gibt. Als moderner Zeitgenosse könnte man geneigt sein zu meinen, daß die Betroffenen eine um so schlechtere Behandlung erfahren, je schuldiger sie erklärt werden.

Wie sah es im Mittelalter aus? Im frühen und späten Mittelalter wurden sogenannte »Geisteskranke« (und viele andere natürlich auch) beschuldigt, sich gegen Gott vergangen zu haben und deshalb als Strafe vom Teufel besessen zu sein. Manchmal wurden sie auch beschuldigt, bewußt die große Schuld des Paktes mit dem Teufel auf sich geladen zu haben und deshalb schuld an Krankheiten und anderer Mißbill zu sein und den Tod zu verdienen. Hier scheint zu gelten, je ausgeprägter Schuldzuschreibungen im Sinne der Besessenheitstheorie vorgenommen werden, desto schlimmer für die Betroffenen. Muß es nicht in jedem Fall zu unmenschlichen Konsequenzen führen, wenn Schuldzuschreibungen im Form der Besessenheitstheorie eine Rolle spielen? Eigentümlicherweise scheint sich das nicht ganz so eindeutig bestätigen zu lassen.

Es gibt z. B. aus dem frühen Mittelalter durchaus Hinweise auf eine menschenwürdige Behandlung trotz und mit der Besessenheitstheorie (auch aus den sogenannten primitiven Kulturen ist dies bekannt), und zum anderen existiert eine in ihrer Menschlichkeit geradezu erschütternde Heilungsgeschichte aus der Mitte des 19. Jahrhunderts, in der an den Metaphern von Besessenheit, Dämonen usw. festgehalten wird.

Ich meine die hochinteressante Krankheitsgeschichte der GOTTLIEBIN DITTUS, aufgezeichnet von Pastor JOHANN CHRISTOPH BLUMHARDT[2]. Um die Heilung der 28jährigen GOTTLIEBIN DITTUS rang BLUMHARDT zwei Jahre lang. In gegenwärtigen Verhältnissen wäre diese Frau einer geschlossenen psychiatrischen Unterbringung sicher nicht entgangen. Die Art nun, wie BLUMHARDT mit der Frau umgeht, enthält einerseits alle Beziehungselemente, die man heute für »heilsam« hält, wie echtes Mitgefühl, Klarheit und Eindeutigkeit, Kontinuität in der Beziehung, Fähigkeit, Grenzen zu setzen, und den Glauben an die gesunden Möglichkeiten der Patienten; andererseits ist BLUMHARDT, geprägt durch den Pietismus, Anhänger der Bessenheitstheorie und benutzt bei der Schilderung der Krankengeschichte ein Sprachspiel, bei dem sich uns heute die Haare sträuben. Beeindruckend ist dennoch, wie deutlich man bei der Schilderung BLUMHARDTS herausspürt, daß Schuld für ihn vor allem in einem emanzipatorischen Sinne interessant ist, nämlich als eindeutige Absage an die verwirrenden Mächte und damit zugleich als Entschluß, ein Leben in Ver-antwortung leben zu wollen. Das Gegenüber dieser Antwort begreift sowohl er als auch die besessene Frau religiös als Gott oder Jesus.

Greifen wir uns nun noch ein wenig Psychiatriegeschichte heraus, um zu sehen, wie in der sogenannten »aufgeklärten« Zeit des »Moral-treatment« mit Schuldzuschreibungen umgegangen wird. Es bietet sich an, die Aufmerksamkeit auf PINEL (1745–1826) und ESQUIROL (1772–1840) zu richten, welche in die Geschichte der Psychiatrie eingegangen sind als Männer, die den »Irren« mehr Freiheiten gebracht haben. Bei ihnen findet sich ein pädagogisch begründeter moralischer Rigorismus sondergleichen. Der Begriff der Strafe ließ sich damals ohne weiteres in das ärztliche Ethos und in den ärztlichen Behandlungsplan aufnehmen. So findet man es z. B. angemessen, Kranke, die sich der angeordneten Arbeit nicht unterwerfen wollen, mit Dunkelhaft zu bestrafen. Die Rechtfertigung des Strafens spitzt sich moralisch zu, wenn es um Sexualität geht. Der damals als aufgeklärt geltende ESQUIROL hält es für richtig, die alte Methode des Untertauchens bis zur Erstickungsangst bei solchen Kranken anzuwenden, bei denen »das Irresein auf die widernatürliche und zuchtlose Gewohnheit der Onanie zurückzuführen ist.«[6]

Auch THOMAS WILLIS (1667), ein ernstzunehmender Wissenschaftler, der in England als erster Arzt eine zusammenhängende Neurologie auf anatomischer Grundlage aufstellte, sieht gleichwohl Strafe als bestes therapeutisches Mittel an: »Tobende Irre werden schneller und sicherer geheilt durch Strafen und harte Behandlung […] als durch ärztliche Kunst und Medikamente.«[6]

Für TISSOT (1778) in Frankreich ist gegen Irresein »ein reines und makelloses Gewissen ein vorzügliches Vorbeugungsmittel«.[6] Mit seinem Begriff der »gestörten Sensibilität« als Ursache der Geistesstörung entschuldet er die betroffenen Individuen keineswegs. Vielmehr sind sie moralisch schuldig an ihrem Zustand, da sie sich den »unnatürlichen Reizen des gesellschaftlichen Lebens« ausgesetzt haben, anstatt einem heilsamen und natürlichen Leben nachzugehen. Der Arzt hat hier nicht einmal mehr die Rolle eines Aufklärers, der in Mündigkeit unterweist, sondern übernimmt die Rolle eines wetternden Moralisten gegen die selbstverschuldete Naturabweichung. (nach DÖRNER[6])

An der deutschen Psychiatrie der Aufklärung ist ein Zusammengehen von therapeutischem Aktivismus, missionarischem Eifer und Idealismus einerseits mit brutalsten Behandlungsmöglichkeiten andererseits besonders auffällig. Obgleich REIL (1759–1813) und HORN (1774–1848) eher körperbezogene, intrapsychische und naturphilosophische Hypothesen hinsichtlich der Verursachung seelischer Krankheiten aufstellen, entbehren ihre Heilmethoden ebensowenig der Grausamkeit und sind nicht weniger als Strafe konzipiert wie diejenigen IDELERS (1795–1840) und LANGERMANNS (1768–1832). Letzterer sieht den Wahnsinn an als »selbst produzierte und selbst verschuldete Unvernunft«[7, 6]. Beide gehen ähnlich wie der als »Psychiker« berühmt gewordene HEINROTH ganz eindeutig von der Schuld der Betroffenen aus und wenden in extremer Weise rigoristische, pädagogisch gemeinte Mittel an, die häufig religiös gerechtfertigt werden. HEINROTH vertritt eine ausgesprochene Lebensschuldhypothese für die Entstehung psychischen Krankseins. Durch den wahren Glauben an Gott und die Überwindung der Selbstsucht hofft er, zur Ausrottung der »Seelenstörungen« beitragen zu können.

So abstoßend uns heute die Praktiken dieser Zeit vorkommen mögen, können wir dennoch nicht übersehen, daß diese forciert moralisch-pädagogische Einstellung auch Hoffnungskräfte freigesetzt hat und dazu geführt hat, den Kranken »die Ketten« abzunehmen und sich eben aktiv allerlei Behandlungs- und Beeinflussungsmethoden auszudenken, die die Verantwortung des einzelnen ansprechen sollten.

Wichtig erscheint mir, daß die eindeutige Unterscheidung zwischen Schuld und Krankheit nicht gelang und dadurch der Begriff einer menschlichen Krise lebendig blieb. Interessant ist ferner, daß sich in ihren Auswirkungen auf die Behandlung die eher naturwissenschaftlichen Ansätze kaum von den mehr philosophisch-pädagogischen oder gar religiösen Ansätzen unterscheiden. Auch ist es durchaus nicht so, daß diejenigen, die körpernähere Hypothesen haben, den Betroffenen prinzipiell weniger Schuld zuschreiben als diejenigen, die mehr von religiösen und/oder psychogenetischen Vorstellungen bewegt werden. Das heißt, der Betroffene scheint hinsichtlich der Schuldlast, die ihm zugeschrieben wird, und hinsichtlich der Behandlungsmethode kaum davon zu profitieren, welche Theorie in den Köpfen und Literaturergüssen seiner Ärzte jeweils vorherrscht.

Auch als mit Entstehung des medizinisch-positivistischen Modells versucht wird, die »Geisteskrankheiten« in Analogie zu den Körperkrankheiten zu interpretieren, schwindet die Neigung der Fachleute nicht, mit recht herben Schuldzuschreibungen zu operieren. Der Verlauf der Krankheit wird jetzt zwar einerseits als Schicksal und nicht mehr als aus eigener Kraft veränderbar verstanden, andererseits jedoch auch als selbst verschuldet angesehen, z. B. durch Folgendes: Verschwendung, Müßiggang, Onanie, Alkoholismus, Zügellosigkeit u. a. Durch diese Mischung von Naturwissenschaft und Moral sind die Patienten in einem lähmenden »Doublebind« gefangen. Einerseits werden sie mit der Ansicht konfrontiert, von einem nicht aufzuhaltenden Krankheitsschicksal betroffen zu sein, dessen Verlauf gar nichts mit ihrer Umgebung und ihrer Lebensgeschichte zu tun haben soll, andererseits sollen sie doch irgendwie selbst schuld daran sein, ohne sich aber in irgendeiner Form an der Verantwortungsübernahme beteiligen zu können. Als 1905 der Syphiliserreger als zuständig für die progressive Paralyse angesehen werden darf, dient dies natürlich nicht gerade einer Entflechtung von moralischen Schuldzuweisungen und sogenannter wissenschaftlich medizinischer Neutralität.

Wir entdecken also, daß nicht nur im Namen von Religion, Staatsraison und aufklärerischer Pädagogik in moralischer Weise Schuld zugeschrieben werden kann, sondern auch im Namen von Wissenschaft und Fortschritt. (s. auch JERVIS[8])

Standen bisher vorrangig die Individuen im Vordergrund des moralischen Interesses, so kommen gegen Ende des 19. Jahrhunderts über den Degenerationsbegriff und die Vererbungslehre allmählich auch die Familien in den Blick als Mitschuldige. Und der pädagogische Eifer, der sich im Rahmen der »moralischen Behandlung« vor allem auf den einzelnen gerichtet hat, kann sich in einem erneuten, höchst idealistischen Aufschwung auf den Volkskörper als ganzen richten. Aufmerksamste Wahrnehmung der prophylaktischen Verantwortung für das reine Erbgut wird jetzt von dem Gesunden und seiner Familie gefordert. Die bisherige Individualethik weicht immer mehr einer rassebezogenen Entwicklungsethik, bzw. einer »generativen Ethik« (SCHALLMAYER, 1857–1919), die sich naturwissenschaftlich versteht.

Der Kranke selbst, gelähmt, weil als Mitbeteiligter nicht mehr gefordert, kann – vordergründig – allmählich gänzlich entschuldet werden als »arme Kreatur«, der Mitleid entgegenzubringen Pflicht und die vom Leiden zu erlösen das Beste ist, was Ärzte für sie tun können.

Mit Blick auf das, was dann in den vor allem von Ärzten ausgeführten »Euthanasie«-Programmen der Nazis geschah, scheint deutlich, daß gerade die absolute Entschuldung des einzelnen eine Eskalation der Gefährdung mit sich bringen kann. So gesehen läßt sich der Massenmord an psychisch kranken Menschen als Konsequenz »tödlichen Mitleids« (DÖRNER) verstehen, ergänzt durch die Einengung der Wahrnehmung menschlicher Personen als Träger guten oder schlechten Erbmaterials. Die darin liegenden Entwertungen waren doppelt getarnt, moralisch (Mitleid) und wissenschaftlich (Vererbungslehre). Dies erlaubte den Mördern, sich nicht als solche, sondern als Diener einer neuen Ethik zu empfinden und nach außen darzustellen.

Unsere – sicher sehr verkürzte – Betrachtung der Psychiatriegeschichte zeigt ein schillerndes Wechselspiel zwischen mehr oder minder verdeckten moralischen Schuldzuschreibungen und wissenschaftlichen Interpretationen. Obwohl wir wenig Eindeutigkeit hinsichtlich des korrelativen Zusammenhangs zwischen Moral und Wissenschaft und den Auswirkungen für die Betroffenen feststellen konnten, läßt sich doch eins festhalten: Der psychisch kranke Mensch, vermutlich der Mensch mit abweichendem Verhalten überhaupt, war durch die ganze Psychiatriegeschichte hindurch wechselnden Schuldzuschreibungen ausgesetzt; in tödliche Bedrohung geriet er jedoch vor allem unter zwei Extremvarianten des Umgangs mit Schuldzuschreibungen:

1. Unter der übergeneralisierten Schuldzuschreibung des Mittelalters, die ihn mit außerirdischer, böser Macht in Zusammenhang brachte und ihm die Verantwortung nicht nur für sein persönliches Ergehen, sondern für das ganzer Menschengruppen sowie für Naturereignisse zuschrieb.

2. Unter der absoluten Ent-schuldung der Nazizeit als »arme Kreatur«, die ihm jegliche Verantwortung nahm und ihn gänzlich entwertete.

Zwischen diesen beiden extremen Polen des Zuviel und des Zuwenig, der übermenschlichen und der untermenschlichen »Verantwortungszuschreibung« bewegt sich die »unbewältigte Vergangenheit« des Umgangs mit Schuld in der Psychiatrie.

Zeitnahe An-sichten

Der wichtigste Perspektivwandel wissenschaftlicher und therapeutischer Entwicklungen der letzten Jahre ist meines Erachtens in »systemischen« Denk- und Therapieansätzen zu sehen. Man hofft, mit diesen Modellen einem vollständigeren und angemesseneren Verständnis auch seelisch leidender Menschen – unter Einbeziehung ihrer sozialen Kontexte – näher zu kommen. Zirkuläre Betrachtungsweisen, das Aufspüren von Mustern, das Beschreiben von »Beziehungstänzen« treten an die Stelle einfacher Kausalitätsverknüpfungen.[12]

Doch hinsichtlich der Schuldthematik scheint es noch einige unbewältigte Klippen zu geben. Ich zitiere eine Mutter:

»Was mir schwer zu schaffen machte: Ich war die schizophrenogene Mutter, zu all dem Elend noch die Verurteilung [...] Die Familie ist krank, der Patient nur das schwächste Glied. So wurde unser früher gutes Verhältnis systematisch zerstört, wir wurden einander entfremdet. Und das dauerte Jahre, bis mein Sohn uns Eltern wieder akzeptierte, weil er einfach erlebte, daß es immer wieder wir waren, die ihn aufnahmen und zu ihm standen [...] Diese Theorie hat einen doppelten Effekt: Man wird die lästigen Mütter los und bekommt das Vertrauen des Patienten.«[3]

Ich fürchte, diese Mutter ist nicht die einzige, die unter dem Begriff der »schizophrenogenen Mutter« gelitten hat. Dieser Begriff ist als – geradezu brutal linear gedachter – Ausrutscher der Familienforschung und Familientherapie anzusehen.

Ebenfalls Schuldgefühle provozierend können auch bestimmte Metaphern verschiedener Familientherapeuten wirken, z. B. Sündenbock (VOGEL und BELL), Mystifizierung (LAING), Ausbeuter und Ausgebeuteter, Folterknecht und Opfer (STIERLIN), perverse Dreiecke (HALEY) u. a. Selbst wenn man einmal von den genannten Begriffen absieht, dürfte es Eltern schwerfallen, familien-therapeutische Lehrbücher zu lesen, ohne sich beschuldigt zu fühlen. Auch harmlosere Sätze haben es in sich; z. B.: »Wie bringen die Eheleute unbewußt ein Kind dazu, sich so zu verhalten, daß es evtl. als Patient identifiziert wird?«[10]

Die Intention der meisten zeitgenössischen Familientherapeuten, insbesondere solcher, die auf der erkenntnistheoretischen Grundlage konstruktivistischer Philosophie arbeiten, liegt nun aber gerade darin, platte, aber auch sublime Kausalitätsverknüpfungen der erwähnten Art zu vermeiden.

Hierzu formuliert ARIST VON SCHLIPPE: »Systemisches Denken erfaßt Ganzheiten und nicht Individuen. Es achtet auf die in diesen Ganzheiten geltenden Regeln und die in und zwischen ihnen bestehenden Wechselwirkungen. Das systemische Denken verläßt somit die Kategorien von Ursache/Wirkung (und damit Schuld) zugunsten einer zirkulären Sichtweise.«[11]

Eine kausale Verknüpfung von »Mutter« und »schizophrenem Kind« stellt nach V. SCHLIPPE den Versuch einer Komplexitätsreduktion dar. Daß letztere nicht nur erkenntnistheoretisch fragwürdig ist, sondern bei Betroffenen die Schuldfrage anstößt, greift V. SCHLIPPE folgendermaßen auf: »Doch scheint eine Sichtweise, die beide Personen als Teil eines gemeinsam entwickelten Musters sieht, diesem rekursiven Prozeß mehr gerecht zu werden und vor allem implizite Schuldvorwürfe zu vermeiden.«[12]

Ich habe den Eindruck, daß sich in diesem Zusammenhang zwei grundsätzliche Fragen stellen:

1. Ist es überhaupt menschenmöglich, »systemisch« oder gar »ganzheitlich« zu denken?
2. Kann es prinzipiell gelingen und ist es überhaupt wünschbar, die Schuldfrage auszuklammern?

Zunächst zum ersten Problem: Je länger ich darüber nachdenke, desto mehr neige ich zu der Auffassung, daß der Mensch nicht systemisch denken kann. Er kann, wenn er denkt, nur linear denken. Und er kann sekundär mittels des Erkennens von Widersprüchen, Zusammenhängen und Zirkularität zwischen dem von ihm linear Gedachten größere Zusammenhänge erahnen. Durch das eigentümliche Phänomen, das wir Bewußtsein nennen, kann er zu sich selbst in Distanz treten und sich selbst sowohl als Individuum als auch als Teil in einem größeren Zusammenhang wahrnehmen. Ferner kann er sich als ein Wesen begreifen, das entsteht und vergeht in der Zeit. Systemisch im Sinne von ganzheitlich erkennen kann er – heute wie vor Urzeiten – nur in der mystischen Schau.

Wenn es denn so sein sollte, daß wir in einem letzten Sinne nicht systemisch denken können, wäre es wichtig, gerade eben diese Erkenntnis in das sogenannte »systemische Denken« mit aufzunehmen und es somit vor Selbstüberschätzung zu bewahren.

V. SCHLIPPE sieht dies wohl ähnlich, wenn er anführt, daß der Biologe RIEDL im Kausalitätsdenken eine angeborene Erkenntnisstruktur sieht, die evolutiv sinnvoll sei und der wir uns nicht ohne weiteres entziehen können.[12]

Was hat nun all dies mit der zweiten Frage, ob Schuldzuschreibungen prinzipiell vermieden werden können, zu tun?

Genauso wie der Mensch nur linear denken kann, kann er auch nur linear handeln. Sein Handeln geschieht im Ablauf der Zeit und hat somit jeweils etwas Unwiederbringliches. Die Ausgangsposition kehrt nicht wieder. Das Bewirkte bleibt in gewisser Hinsicht irreparabel. Die Schuldfrage hat es, so gesehen, vermutlich mit der »realen Einsicht in die Irreversibilität der gelebten Zeit« zu tun, einem Sachverhalt, der »sich in der stärksten aller menschlichen Perspektiven, der auf den eigenen Tod eindeutig dokumentiert«[5].

Die liebenswürdigen Therapeuten, die im Interesse ihrer Patienten die Sache mit der Schuld ganz streichen möchten, haben es sehr schwer, ihre Klienten an den gefährlichen Schuldklippen und Schuldfallen unbeschadet vorbei zu manövrieren. Selbst die Zuflucht zu dem Konstrukt des Unbewußten hilft da wenig. Geschickte Therapeuten versuchen die – vermutlich prinzipiell unlösbare – Aufgabe mit freundlichen, sympathischen Tricks wie z. B. dem folgenden, durch VIRGINIA SATIR beschriebenen zu meistern:

»Der Therapeut vermindert den Druck und das Gefühl der Schuld durch die Betonung der verwirrten Situation und der guten Intentionen: ›Das muß sie sehr verwirrt haben. Sie haben soviel unternommen und trotzdem ist das Erhoffte nicht eingetreten‹ – ›wir sind alle nur Menschen, wir tun unser Bestes. Es muß sie durcheinander gebracht haben, wenn bei all diesen Bemühungen nichts richtig zu laufen schien.‹«[10]

Die Quadratur des Kreises in der Familientherapie scheint geradezu, die Eltern Verantwortung erkennen zu lassen, ohne sie zu beschuldigen. Vielleicht gibt es »angenehme« Therapeuten, denen es gelingt, das Beschuldigen, zumindest das Hervorrufen von Schuldgefühlen zu vermeiden, und eher »unangenehme« Therapeuten, denen dies nicht gelingt. Wir alle kennen ja Menschen, nicht nur Therapeuten, in deren Nähe man sich unbehaglich, weil kritisiert, und andere, bei denen man sich angenommen und wohlfühlt. Den sozusagen »idealen« Therapeuten beschreibt VON SCHLIPPE folgendermaßen: »Von daher gehört die bedingungslose Wertschätzung, auch die direkt ausgesprochene, nicht zu den Techniken, sondern ist Teil der therapeutischen Haltung. Es geht um Support, um die Schaffung eines freundlichen, stützenden Klimas, in dem alle Äußerungen und Aktivitäten akzeptiert werden bzw. nicht kritisch bewertet werden.«[11]

Das hört sich als Grundlage jeder zwischenmenschlichen, besonders aber der therapeutischen Beziehung gut an. Vielleicht kann auf dieser Basis etwas Neues in der Psychiatriegeschichte wachsen. Vielleicht schafft unsere Epoche es, hindurchzugehen zwischen der Scylla der Über-wertung des Menschen durch zuviel Schuldzuschreibung und der Charybdis der Ent-wertung durch Hinwegnahme jeglicher Verantwortung.

Trotz der erwähnten kausal beschuldigenden Ausrutscher einiger Familientherapeuten scheint mir, daß wir im Rahmen unserer zeitgenössischen, theoretischen Erklärungs- und Behandlungsmodelle für abweichendes, insbesondere verrücktes Verhalten eher in der zweiten der eben erwähnten Gefahren stehen. Nämlich der Entwertung durch Hinwegnahme jeglicher Verantwortung.

Das Mißtrauen von uns Psychologen, Soziologen und Psychotherapeuten gegenüber der Schuldfrage hat natürlich gute Gründe, erleben wir doch gerade in diesen Berufen besonders eindrücklich, welch ausgesprochen geringe Tendenz Schuldgefühle aufweisen, proportional zu dem zu sein, was ein Mensch durch Handeln oder Unterlassen von Handeln wirklich zu verantworten hat.

So quält sich z. B. die Mutter eines psychisch kranken, jungen Mädchens mit Schuldgefühlen, die sie nicht mehr zur Ruhe kommen lassen, weil sie meint, zu dominant in der Erziehung gewesen zu sein.

Oder ein besonders freundlicher und liebenswürdiger psychisch kranker Mann entwickelt das Gefühl, an der Golf-Krise Schuld zu sein. Er meint, daß er mit so viel Schuld beladen nicht mehr glücklich sein dürfe und gerät in eine suizidale Krise. Auf der anderen Seite beschreibt ein neunzehnjähriger Mann, der gemeinsam mit einem anderen ein junges Mädchen entführt und vergewaltigt hat, seinen Stolz darauf, daß er bei ähnlichen Aktionen bisher nie erwischt worden sei und daß alle Details der Planung aus seinem eigenen Gehirn entsprungen seien. Mit besonderem Stolz erfüllt ihn, daß er vorhatte, ein raffiniert konstruiertes Folterbrett einzusetzen. Schuldgefühle liegen ihm so fern, daß er nicht einmal auf den Gedanken kommt – selbst mir als Gutachterin gegenüber nicht – , daß er sie im nachhinein haben könnte.

Und was ist mit der Proportionalität von Schuldgefühlen, wenn selbst ein Massenmörder wie RUDOLF HÖSS (ehemaliger Kommandant in Auschwitz) im Gefängnis über sich selbst schreibt: »Sie (die breite Masse) würde doch nie verstehen, daß er (Rudolf Höss) auch ein Herz hatte, daß er nicht schlecht war.«[4]

Diese Disproportionalität, die Schuldgefühlen eigen ist, muß jeden wissenschaftlich denkenden Menschen stutzig machen.

Es scheint ja kaum eine Rolle zu spielen, wie groß das Mißverhältnis zwischen Tat und Gefühl in einem objektiven oder gar juristischen Sinne ist. Intensität und gefühlsmäßige Färbung von Schuldgefühlen taugen gar nicht dazu, uns etwas über das Ausmaß einer Schuld zu sagen. Haben Schuldgefühle möglicherweise gar nichts mit Schuld oder Unschuld zu tun? Sollte man nicht gerade von psychologischer Seite her hier endgültig aufräumen? Kennen wir nicht inzwischen genügend entwicklungspsychologische, sozialpsychologische und soziologische Zusammenhänge, die verstehen lassen und erklären können, wie determiniert das menschliche Lebewesen ist? Ist es nicht geradezu »systemisch« gedacht, wenn RUDOLF HÖSS in seinen autobiographischen Aufzeichnungen sagt: »Ich war unbewußt ein Rad in der großen Vernichtungsmaschine des ›Dritten Reichs‹ geworden. Die Maschine ist zerschlagen, der Motor untergegangen und ich muß mit.«[4] Wo ist hier Raum für Schuld?

Es bietet sich eine Art zu denken an, in der man die Schuldfrage sozusagen wegschmelzen lassen kann. Sie scheint sich aufzulösen in ganze Netzwerke determinierender Zusammenhänge. Bevor wir jedoch aufatmen können, weil befreit von Schuld, merken wir, daß Freiheit und Verantwortung gleichzeitig mit weggeschmolzen sind. (s. a. BAUMAN/KUSCHEL[1])

Soviel zu unserer zeitgenössischen – wie mir scheint, ebenfalls recht ungeklärten – Situation.

Notizen zu Freiheit, Verantwortung und Gewissen in Bezug auf den therapeutischen Umgang mit psychisch leidenden Menschen

Bevor man es mir vorwerfen kann, schicke ich diesem letzten Teil freiwillig die Feststellung voran, daß ich zwar sehr gut Fragen stellen und ironische Bemerkungen über diese oder jene Therapierichtung »loslassen« kann, daß ich aber weit entfernt von perfekten Antworten bin.

Bei der bisher dargestellten Sachlage scheint es mir unvermeidlich, sich etwas eingehender mit so schwierigen Begriffen wie Freiheit, Verantwortung und Gewissen zu befassen. Was bei meinen Überlegungen, diese grundlegenden Begriffe betreffend, herausgekommen ist, möchte ich abschließend darstellen.

So unterschiedlich die angeführten Beispiele für vorhandene oder nicht vorhandene Schuldgefühle auch sein mochten, gemeinsam war ihnen eins: ein weites Entferntsein von freiwilliger Schuldübernahme in Verantwortung und Freiheit. Mir scheint, daß wir auf individueller Ebene wiederfinden, was wir bei der historischen Betrachtung entdeckten. Der Mensch scheint große Mühe zu haben, sich in ein angemessenes Verhältnis zu setzen zu seiner relativen und bedingten Freiheit und der seiner Mitmenschen. Er neigt entweder zum »Schuldwahn« oder zum »Unschuldswahn«, beides einander sehr nahe Methoden, um menschlich begrenzte Verantwortung gerade nicht zu übernehmen. Dies sollte meines Erachtens jeder psychiatrisch Tätige aus reflektierter Selbsterfahrung wissen, und dies müßten auch die Familientherapeuten philosophisch und wissenschaftstheoretisch bedenken, bevor sie in »Aktion« gehen.

»Man hilft einem Menschen [...] nur scheinbar, wenn man seine Schuldfähigkeit in Abrede stellt. Öffentliche Feststellung der Unzurechnungsfähigkeit befreit nicht von Schuld, sondern entmündigt. Wie sollte nämlich ein Mensch, der nicht frei ist, Schuld zu verantworten, frei sein, Gutes zu tun? [...] Wird die Möglichkeit menschlicher Schuld abgeschafft, wird dann nicht zwangsläufig die Freiheit zum menschlichen Handeln mit abgeschafft? [...] Der springende Punkt ist mithin, wie die Freiheit des Menschen bestimmt wird, und wie wir von unserem Freiheitsverständnis aus den Begriff der Schuld klären.«[1]

Wenn wir einfach der Empfehlung nachkommen würden, nun endlich einmal aufzuhören mit den Schuldgefühlen, da ja doch alles Handeln erklärbar in seiner Abhängigkeit von größeren sozialen oder sonstigen Zusammenhängen sei, würden wir prinzipiell verzichten auf unsere Empfindungsfähigkeit für das Mißverhältnis zwischen unseren Wertvorstellungen und dem, was wir tun. Können wir es uns leisten, darauf zu verzichten, und dennoch menschlich bleiben? Mir persönlich scheint dies nicht möglich. Damit hätten wir nämlich das, was wir konventionellerweise Gewissen nennen, abgeschafft. Der Begriff Gewissen umschreibt meines Erachtens mehr als etwa der Begriff des »Über-Ich«. Der Begriff des Gewissens umfaßt eine doppelte Distanzierungsfähigkeit des Menschen. Einmal kann er »sich selbst so weit zum abgelösten Gegenstand machen, daß er sich selbst bestätigen oder verwerfen kann.«[5] Zum anderen kann er sich von den »Tafeln des Sollens und Nicht-sollens«[5], unter denen er aufgewachsen ist, nochmals distanzieren. Denn niemals decken sich die Maßstäbe der Gesellschaftsnormen mit den Maßstäben des individuellen Gewissens vollständig. Für einen gelungenen Individuationsprozeß ist es kennzeichnend, die Verwobenheit in familiäre und gesellschaftliche Normen einerseits wahr- und anzunehmen und andererseits gerade dabei das relative Maß an individueller Freiheit und Verantwortung zu erkennen und zu ergreifen. So gesehen mag der »Unschuldswahn« – häufig ausgeprägt bei Personen des öffentlichen Lebens – gefährlicher für die Menschlichkeit sein als der in der Psychiatrie so häufige »Schuldwahn« oder die übergroßen Schuldgefühle. MARTIN BUBER formuliert undramatisch sachlich, aber auch unausweichlich, folgendermaßen: »Der Mensch ist das Wesen, das fähig ist, schuldig zu werden, und fähig ist, seine Schuld zu erhellen.«[5] Damit ist auch angedeutet, daß der

Mensch während seines Lebens auf jeden Fall schuldig wird, sich dem nicht entziehen kann, dies jedoch nicht in absoluter Zwangsläufigkeit immer und in jeder Situation. Vielmehr gilt es immer und in jeder Situation einen Balanceakt zwischen Freiheit und Determination zu bestehen. Vielleicht können psychische Erkrankungen begriffen werden als Um- und Irrwege auf diesem menschlichen Weg zwischen Freiheit und Abhängigkeit. Schuldgefühle und Schuldzuschreibungen sind mehr oder minder proportionale Reflexe auf diese relative Freiheit des Menschen. Zu erschreckenden Dämonen in unterschiedlichsten Gestalten, angesichts dessen uns jede Verharmlosungstendenz vergeht, können Schuldzuschreibungen, Schuldgefühle und Schuldverleugnungen allerdings werden, wenn der Mensch in seinen Möglichkeiten, in seiner Grundkonstitution verkannt und verleugnet wird.

Die Psychiatriegeschichte kann auch gelesen werden als eine Geschichte des Unvermögens, sich und den anderen ein menschlich erträgliches Maß an Freiheit und Verantwortung zuzuerkennen. Man kann sich selbst und den anderen massiv überfordern durch Übersehen der vielfältigen Verflechtungen und Abhängigkeiten, die jede Freiheit einschränken. »Die Ideologie der absoluten Freiheit des Geistes stürzt den Menschen in einen Zustand permanenter Schuld, aus dem es kein Entrinnen und keine Befreiung gibt, weil das Ideal solcher Freiheit zwangsläufig unerreichbar ist.«[1] Man kann den anderen und sich selbst aber auch massiv unterfordern, entmündigen als Opfer, nur noch Opfer, welcher Mächte auch immer. Diese Mächte, als deren Opfer sich der Mensch selbst definiert oder definiert wird, wechseln. Sie mögen Satan, Leidenschaft, unbeeinflußbarer Krankheitsprozeß, repressive Gesellschaft, sozial/familiäre Abhängigkeiten, Vererbung oder anders heißen. Die Verletzung der Menschlichkeit durch solche einseitigen Opfertheorien bleibt.

Wir wissen alle, daß es in der Psychiatrie niemals um eine nur von außen an den Menschen heranzutragende Veränderung gehen kann. So wie man niemandem befehlen kann, seine Symptome zu lassen, so kann man auch niemandem befehlen oder empfehlen, mehr oder weniger Schuldgefühle zu haben. Vielmehr lehrt die Psychiatriegeschichte, je äußerlicher desto gewalttätiger, je strafender, desto weniger Emanzipationsmöglichkeiten für den sogenannten Patienten. Es kann also vor allem nur darum gehen, daß jeder sich selbst besser begreift, die sogenannten Behandler und die sogenannten Behandelten. Wer sich selbst moralisch überfordert, wird auch den Patienten nicht in seinem Unvermögen verstehen können. Wer selbst in einem »Unschuldswahn« gefangen ist, wird auch bei dem Patienten keine Freiheitsgrade erkennen können. Das Phänomen der psychischen Krankheit, einer zutiefst nur menschlichen Erscheinung, hat möglicherweise im Kern ja bereits mit diesem Irrtum über die eigenen Möglichkeiten zu tun, nämlich mit überdimensionierten Schuldübernahmen oder mit überdimensionierten Projektionen zur Selbstentlastung. Emanzipation zum »nur Menschlichen«, das täte den in der Psychiatrie Tätigen gut und damit auch ihren Patienten. Erst von diesem Wissen her kann es ein Empfinden dafür geben, was verrückte, was neurotische Schuldgefühle und Schuldzuschreibungen sind. Erst von diesem Wissen her können wir Menschen gut zureden, doch nicht ständig zu fliehen vor dem, was zu ihnen gehört. Erst von diesem Wissen her können wir vielleicht auch Irrtümer verzeihen und die Irrenden nicht ausschließen aus der menschlichen Gemeinschaft.

Literatur

1   BAUMAN, M. / KUSCHEL, K.J.: *Wie kann denn ein Mensch schuldig werden?* Litera-
     rische und theologische Perspektiven von Schuld, München/Zürich 1990
2   BLUMHARDT, J. C.: *Die Krankheitsgeschichte der Gottliebin Dittus*, Hamburg 1950
3   BREU, E. in: Psychosoziale Umschau 5, 1990
4   BROSZAT, M. (Hg.): *Kommandant in Auschwitz*, Autobiographische Aufzeichnungen
     des Rudolf Höss, München 1963
5   BUBER, M.: Beiträge zu einer philosophischen Anthropologie, *Schuld und Schuldge-
     fühle*, Werke Bd. I, München 1962
6   DÖRNER, K.: *Bürger und Irre.* Zur Sozialgeschichte und Wissenschaftssoziologie der
     Psychiatrie, Frankfurt a.M. 1975
7   FISCHER, W.: *Die Psychiatrie des Mediziners J. C. Reil.* Eine kritische Betrachtung in:
     Psychiat. Neurol. Med. Psychol., Leipzig 36, 1984
8   JERVIS, G.: *Kritisches Handbuch der Psychiatrie*, Frankfurt a. M. 1978
9   MUSIL, R.: *Der Mann ohne Eigenschaften*, Reinbek 1987
10 SATIR, V.: *Familienbehandlung, Kommunikation und Beziehung in Theorie, Erleben
     und Therapie*, Freiburg, i. Br. 1973
11 VON SCHLIPPE, A.: *Familientherapie im Überblick*, Paderborn 1984
12 VON SCHLIPPE, A. und SCHWEITZER, J.: *Lehrbuch der systemischen Therapie und Be-
     ratung*, Göttingen 1996, S. 91/93

Vorsicht – Wahnverdacht!

Psychotherapie mit psychoseerfahrenen Menschen

»Ich vermute, daß ihr ungeduldiger Aktionismus, ihr blindwütiges Machertum nicht nur ein Symptom der Ungeduld ist und auch nicht reiner Unternehmensgeist. Ich vermute, daß damit eine tiefe epistemologische Panik zugedeckt wird.« (GREGORY BATESON[1])

Soweit ich erkennen kann, ist das, was mich in Gesprächen mit Menschen, die Psychosen durchlebt haben, lenkt, nicht die Erkenntnis eines Problems und der Glaube, daß ich es lösen könnte. Auch gibt mir nicht irgendeine psychotherapeutische Schule verläßliche Sicherheit. Was mich leitet ist schlichter. Um verständlich zu machen, was ich mit »schlicht« in diesem Zusammenhang meine, muß ich ein Erlebnis erzählen.

Zu Beginn meiner beruflichen Laufbahn als Psychologin war Verhaltenstherapie en vogue. Die Kinder- und Jugendpsychiatrische Abteilung am Max-Planck-Institut, München, galt als einsame Spitze auf diesem Gebiet. Ich wollte dort durch eine Zeit der Hospitation lernen. Während dieser Zeit wurde mir angetragen, mit einem kleinen Gerät, mit dem man leichte Elektroschocks austeilen konnte, ein »autistisches« Kind, welches sich das Einnässen zu Tages- und Nachtzeiten nicht abgewöhnen konnte (wollte), zu »behandeln«. Eine erfahrene Krankenschwester auf der dortigen Station lehnte die Beteiligung an dieser »Therapie« zum Unmut der leitenden Ärzte und Psychologen aus »gefühlsmäßigen Gründen«, die sie nicht weiter erklären konnte, ab. Ich nun – damals wunderbar vertraut mit dem ganzen Vokabular und in sich stringenten Denkmuster des, wie man damals sagte, »Kontinenzmanagements« – ließ mich mit rationalen Argumenten überzeugen, daß es doch immerhin besser sei, jetzt dem Kind einige unangenehme »Reize« zuzufügen, als es seiner steten Nässe zu überlassen, die mit sozialer Ablehnung durch die Mutter, einer unmöglichen Rolle in der Schule und manchen unangenehmen Folgen mehr verbunden sein würde. Außerdem konnte ich mich am eigenen Körper überzeugen, daß der Strom zwar unangenehm, aber nicht unerträglich war.

Dann ging's los. Was ich nicht bedacht hatte, war, daß ich zur Teilnehmerin eines Manövers wurde, das den Charakter des »Auflauerns« und plötzlichen »Überfallens« hatte.

Unauslöschlich – als Schrecken vor mir selbst – hat sich mir der Blick des Kindes eingeprägt. Schlagartig wurde mir klar, daß ich die Beziehung zu dem Kind verletzte, daß ich, egal wer ich für das Kind war (ich war ihm nicht vertraut), eine Beziehung herstellte, die verletzend, erschreckend, lieblos »autistisch«, eben nicht bezogen war.

Das kann man zwar, sogar höchst logisch begründet, machen, aber was macht man da?

Die nah mit den Kindern arbeitende Krankenschwester hat sich nicht verführen lassen. Nur eine idiotische, ehrgeizige, angeblich ganz rational denkende und diesbezüglich von der Abteilungsleitung gelobte, junge Psychologin konnte einem »Machbarkeitswahn« dieser Art erliegen.

Dieses Erlebnis hat mich übrigens, so sehr ich mich seiner schäme, nicht dazu gebracht, jede Methode abzulehnen. Aber mein Empfinden ist: der Grund, auf dem ich seither stehe, ist der Blick dieses Kindes.

Zur Erholung für Kollegen, die sich nach einer etwas »wissenschaftlicheren« Ausdrucksweise sehnen, ein Zitat, das, wie mir scheint, in dieselbe Richtung weist: »So wenig wir auf eine psychotherapeutische Behandlungstechnik verzichten können, so wichtig wird hier die korrigierende Einsicht, die uns eine anthropologische Betrachtungsweise zur Verfügung stellen kann: daß nämlich jede Technik ihre Möglichkeit und ihre Grenzen an der Struktur einer menschlichen Beziehung findet.«[6]

Ohne ausreichend tragende menschliche Beziehungen innerhalb und außerhalb von Psychotherapie helfen einzelne Methoden und Techniken nichts.

Bezüglich der sogenannten Sindlinger »Attentäterin«, einer psychisch kranken Frau, die in einer Kirche, neben anderen Menschen sitzend, am eigenen Körper Sprengstoff zündete, hieß es in der Frankfurter Rundschau: »Frühere Nachbarn, Freunde und Bekannte sagen, die Frau sei offensichtlich nie gründlich therapiert worden, sondern habe sich nur ambulant behandeln lassen.« (FR, 28.12.1996)

Hinter einer solchen Aussage scheint sich die Hoffnung zu verbergen, daß, wenn nur gründlich genug therapiert wird, sich solche erschreckenden tragischen Handlungen vermeiden ließen. Jedoch selbst durch die kargen, unzureichenden Informationen, die man über jene Frau aus der Zeitung entnehmen konnte, wurde noch deutlich, daß die Frau eine lange Geschichte mit sehr vielen Schicksalsschlägen, aber auch mit vielen Mitspielern, Verwandten, Freunden, Nachbarn, Professionellen, hinter sich hatte. Keine Methode der Psychiatrie und schon gar nicht die Psychotherapie kann solche leidvollen Beziehungsgeschichten »weg therapieren«.

Aus den großen Langzeitstudien der letzten Jahre zum Verlauf der Schizophrenie wird immer wieder ein Befund zitiert, der mich in diesem Zusammenhang interessiert: die Aussicht, sich nach einer psychotischen Episode einigermaßen unbeschadet wieder im Bereich des anerkannt Normalen bewegen zu können, sei hoch korreliert mit »positiven Erwartungen« von Menschen, die einem wichtig sind.

Dieser Befund scheint so etwas darzustellen wie den wissenschaftlichen Beweis dafür, daß Glaube Berge versetzen kann. Mit Sicherheit ist er nicht so zu interpretieren, daß Angehörige oder Professionelle tatenlos herumsitzen und warten, daß alles von innen heraus und alleine geschieht. Vielmehr scheint mir, daß sich hinter diesem so trocken zitierten Befund das geheime Agens jeder Beziehung, wenn sie denn hilfreich sein soll, verbirgt, nämlich eine Haltung, die damit rechnet, daß ein Mensch, wie verrückt er auch sein mag, seinen Weg finden wird und die ihm angebotenen Hilfen und Anstöße so nutzen wird, *wie* es ihm möglich ist, *wie* es zu ihm paßt und *wann* es zu ihm paßt. Eine solche Haltung wirkt wie ein Kompaß, der in der Begegnung – sowohl derjenigen im Alltag als auch derjenigen, die sich im Rahmen von Psychotherapien vollzieht – immer wieder nachgeeicht werden muß.

Hiermit ist nichts Definitives darüber gesagt, was »gute« oder »schlechte« Alltagshandlungen oder psychotherapeutische Handlungen sind. Es ist z. B. nicht gesagt, daß Antreiben, Drängen, Zwingen, Redefluß unterbrechen und ähnliches immer schlecht sein muß und dagegen Lassen, Entlasten, Zuhören immer gut. Es ist lediglich gesagt, daß das Herausfinden, was angemessen und hilfreich sein könnte, nur gelingen kann, wenn ich daran glaube, daß der andere nicht auf seine derzeitigen Möglichkeiten ein für allemal festgelegt ist. Es ist mir wichtig hinzuzufügen, daß diese feine Nuance die »positive Erwartung« von dem »Erwartungsdruck«, der eher Blockaden verfestigt als auflöst, unterscheidet. Positive Erwartung entgeht dadurch der Entartung zum Erwartungsdruck, wenn in ihr das Wissen mitschwingt, daß jemand seine Störung, seine Symptome *zur Zeit* braucht.

Wenn SIGMUND FREUD davon spricht, daß »schwebende Aufmerksamkeit« eine der wichtigsten Fähigkeiten eines Psychoanalytikers sei, meint er vermutlich eben dies.

Diese Art von handlungsleitendem Glauben ist die einzige, die sich meines Erachtens einerseits einigermaßen wahnfrei im Blick auf das, was machbar ist, und andererseits burn-out-frei auf das Nicht-Machbare halten kann.

Das Positive, das geschehen kann, wird letztlich nicht vom eigenen therapeutischen Tun erwartet. Therapeutisches Handeln öffnet Raum, stößt an, lenkt den Blick auf neue Möglichkeiten, geht mehr indirekt als direkt vor. Wenn es direkt wird, dann eher kompensatorisch als auf Veränderung drängend. Daß zuviel Absicht leicht von Übel ist, kennen wir alle aus dem Alltag: »Ich will so richtig haargenau nach Rezept kochen – prompt wird das Gericht nicht gar. Ich nähere mich meinem Kind mit vorsätzlich erzieherischen Absichten – prompt haben wir den größten Krach.«[4]

Einige Dimensionen dieser Art des Umgangs sollen durch zwei Beispiele aus dem therapeutischen Alltag verdeutlicht werden:

Frau A. wünschte bei mir »eine ambulante Psychotherapie zu machen«, um den zahlreichen, teils bunten, teils düsteren Wahngebilden, die sie vier Wochen lang heftig umgetrieben hatten, nachträglich einen Sinn abzuluchsen. Außerdem wollte sie »dahinterschauen«, um ihnen nicht aufs Neue aufzusitzen. – Hier Ausschnitte aus dem Dialog mit einer Wahnexpertin:

Frau A.: »Heute möchte ich über Erlösungswahn sprechen. In meiner Psychose wollte ich immer alle erlösen. Jetzt beunruhigt mich das.« Es sei auch sonst eine Konstante ihres Lebens, daß sie Leute erlösen wolle, ob die wollten oder nicht.

R. S.: »Warum eigentlich Wahn?«

Frau A.: »Ja, weil ich glaube, daß es eine Übersteigerung ist, zu glauben, man könnte alle Leute erlösen, das ist ein Wahn, das ist nicht normal, da hab' ich irgendwie so einen Rappel drüber [...] Meine letzte Beziehung, den O., den wollte ich auch erlösen.«

R. S.: »Wovon?«

Frau A.: »Der war ewiger Student, schon 30 Jahre alt. Hatte nie 'ne Freundin gehabt und war auch impotent. Irgendwie habe ich mir vorgestellt, daß ich sein Leben erfülle und ihn beiläufig natürlich von seiner Impotenz erlöse. War total übersteigert und hat überhaupt nicht geklappt. Ich habe dauernd an ihm 'rumgenörgelt (das hielt der Freund nicht aus, und die Beziehung zerbrach).«

R. S.: »Das, was Sie jetzt Wahn nennen, spielte das auch schon vor ihrer Psychose eine Rolle?«

Frau A.: »Ja, in meiner Psychose war das ja ganz offensichtlich. Da habe ich ja ganze Truppen ausgesandt, um die Menschheit zu erlösen. Jetzt bin ich wieder drauf gekommen, weil ich etwas in dieser Art geträumt habe. Nach dem Traum habe ich gedacht, ich habe einfach nicht mehr alle Sparren dicht, wenn ich alle Leute erlösen will. Es scheint mir so übersteigert zu sein. In dem Traum war ich in einen Mann verliebt, und diesen Mann wollte ich dann erlösen. Er wollte aber nicht. Und dies ist auch ein konstantes Merkmal meiner Psychose, daß die Leute immer nie wollen. Die wollen gar nicht von mir erlöst werden. Aber ich, eisern und mit Disziplin und mit starkem Willen will die erlösen ... Und ich will ihn also erlösen, und die Interaktion zwischen uns klappt überhaupt nicht. Ich will da irgend etwas, das überhaupt nicht paßt. Und dann verliert sich der Traum in andere Einzelheiten und ich wache auf und denke, ›jetzt hast Du schon wieder jemanden erlöst‹, und denke, das ist so unbefriedigend, weil ich mit meinem Erlösungsdrang überhaupt nicht weiterkomme und merke, ich falle anderen Leuten auf den Geist. Aber ich bin auch selber nicht zufrieden, weil ich merke, das ist so ein übersteigerter Anspruch, so kann man gar nicht an Leute herangehen, was habe ich denn da für einen Anspruch?«

R. S.: »Wenn Sie andere Worte für das Wort ›Erlösen‹ finden sollten, welche Worte wären das?«

Frau A.: »Blockaden aufmachen, entwickeln.«

R. S.: »Das Gegenteil von Erlösen, was wäre das?«

Frau A: »Die Leute in Ruhe lassen.«

R. S.: »Und das Gegenteil von Erlösungswahn, was wäre das?«

Frau A.: »Zufriedenheit«. Dann stockt Frau A. und sagt: »Das ist ja komisch, das hinter diesem Erlösungswahn die pure Unzufriedenheit steckt. Nur – ich habe unheimlich Power gekriegt, wenn ich diesen Erlösungswahn hatte.« Dann lächelt sie und sagt: »Mit diesem Drive und dieser Power drücke ich meine eigene Unzufriedenheit weg, aber eigentlich finde ich das blöd, die Leute erlösen zu wollen, weil ich ja weiß, daß Erlösung von sich selbst kommen muß, *aus dem eigenen Drive* der Leute …«

R. S.: »Was müssen Sie denn aktiv machen, um wieder in so einen Wahn zu kommen?«

Frau A.: »Ich müßte nur ein Problem sehen, bei dem ich mich imstande fühle, es bei einem anderen zu lösen.«

Diese Erkenntnis, die sich Frau A. aus den zum Teil sehr wüsten Gefilden ihrer Psychose herausrettete, hat meines Erachtens unschätzbaren Wert für alle, die in der Psychiatrie arbeiten und ab und zu mal »so'n Rappel drüber« kriegen, jemanden retten zu wollen. Machbarkeitswahn wäre nach der Erkenntnis von Frau A., wenn sich erstens ein Mensch einbildet, er erkenne bei einem anderen ein Problem, wenn er zweitens glaubt, er könne es lösen, und wenn er drittens diesen Impuls nicht als Frühwarnzeichen erkennt und schleunigst versucht herauszufinden, was ihn unzufrieden macht. In diesem Fall hätte er, um mit Frau A. zu sprechen, »nicht mehr alle Sparren dicht.«

»Frau O., abgemagert bis auf die Knochen, mit Blutwerten, die für Lebende eigentlich nicht wahr sein dürfen, lernte ich etwa vor 10 Jahren kennen. Zu diesem Zeitpunkt hatte sie bereits drei psychotherapeutische und unzählige körpertherapeutische Behandlungsversuche hinter sich. Sie war 25 Jahre alt und psychiatrischerseits mit zwei Diagnosen versehen worden: Schizophrenie und Epilepsie. Die zweite Diagnose kam als Nebeneffekt der Behandlung der ersten zustande. Frau O. schluckte Unmengen von Neuroleptika in eigenartigen, unüblichen Mischungen.

Frau O. ließ sich durch keine Therapie heilen und führte statt dessen jahrelang – vor allem durch Hungern und Selbstverletzung – einen Seiltanz zwischen Tod und Leben auf. Sie war eine interessante Gesprächspartnerin, die flexibel, nachdenklich und interessiert therapeutische Gespräche nicht nur annahm, sondern auch suchte. Ich z. B., die ich ihr zeitweilig zur Verfügung stand, fühlte mich von ihr als Psychotherapeutin schmeichelhaft bestätigt, um allerdings zum Schluß immer in einer rätselhaften Hilflosigkeit feststellen zu müssen, daß Frau O. alles verstand und sich fast nichts dadurch änderte. Immer wieder wurde im Team diskutiert, ob wir nicht endlich etwas *Durchgreifendes machen* müßten. Bei einem Besuch auf einer Durchreise ermutigte uns ALEXANDER VELTIN (ehemaliger Leiter der psychiatrischen Klinik Mönchengladbach), das Rätsel nicht knacken zu wollen, die Prinzessin nicht erlösen zu wollen, sie zu lassen, sie zu begleiten und abzuwarten. Das war schwierig genug, denn neben all den Verhaltensweisen, die sich als psychiatrische Symptome klassifizieren ließen, schrie sie vor Angst und Einsamkeit, klopfte an unsere Türen (und Herzen natürlich), brauchte und bekam viele Gespräche, viel Medizin und noch vieles mehr. Schließlich wurde sie mit einem gehörigen Anschub von unserer Seite aus der Klinik in eine kleine Wohnheimgruppe entlassen, jedoch über Jahre hinweg weiter von mir und einer Ärztin begleitet, auch psychotherapeutisch, denn wie sollte man untherapeutisch mit jemandem, der ständig an der Todesgrenze experimentierte, sprechen?

Nach Jahren – der Abstand zwischen ihr und ihrer Familie war aus externen Gründen größer geworden – teilte Frau O. uns mit, sie habe sich zu einer stationären Therapie in einer Spezialklinik entschlossen. Wir reagierten herb: Helfen könne ihr nur ihr eigener Entschluß zur Gesundheit, nicht eigentlich eine neue, noch speziellere Therapie. Wenn sie diesen Entschluß fassen wolle, so könne hier durchaus eine Chance liegen. Um es nicht zu Verwechslungen kommen zu lassen, bei wem die treibende Kraft zu diesem erneuten Therapieversuch zu liegen hatte, nahmen wir ihr nichts ab, was an Formalien in die Wege zu leiten war. Frau O. entschied sich für die erneute Behandlung und unternahm alle notwendigen Schritte selbst. In der Folge kämpfte sie sich sozusagen mit Blut, Schweiß und Tränen endlich zu einer schmerzlichen Wahrheit durch, die sie bisher nicht hatte zulassen können und die mit ihrem Vater zusammenhing. Sie gewann in einer für alle, die sie lange kannten, großen Geschwindigkeit ihre Gesundheit zurück. Jetzt lebt sie allein, geht mutig Beziehungen ein und hat inzwischen sogar eine Ausbildung mit Bravour abgeschlossen. Sie sagt unter anderem: »Daß ich gesund bin, heißt nicht, daß ich nicht noch mit vielen Problemen zu kämpfen habe…«. »Sie haben früher gefragt, warum ich mich so sehr vor der Gesundheit fürchte. Dies weiß ich jetzt.« Das Annehmen und Aussprechen der Ereignisse, welches ihr den Sprung in die Gesundheit ermöglichte, bewirkte gleichzeitig schlagartig den Verlust aller Fürsorge durch die Mutter, brachte ihr die erbitterte Feindschaft sämtlicher Verwandten und Geschwister (lediglich eine Schwester bekennt sich zu ihr) sowie schmerzliche Diffamierungen von Seiten des Vaters ein. Den Kontakt zu mir suchte der Vater noch einmal mit dem Anliegen, sich die Unzurechnungsfähigkeit seiner Tochter bestätigen zu lassen. Diese Hilfe konnte ich nicht leisten. Ein anderes Angebot konnten beide Eltern nicht annehmen. Frau O. sagt weiter: »Es war gut, daß Sie mich jahrelang nicht gedrängt haben. Damals hätte ich nicht geschafft, was ich auch jetzt nur mit Mühe aushalte.« Zu den Neuroleptika sagt sie: »Ich brauchte sie, um mich zuzuschütten, um mich vor den Erinnerungen zu schützen.«

Worin bestand nun unsere jahrelange psychiatrisch-psychotherapeutische Arbeit? Ich glaube, vor allem darin, Frau O. mal behutsam und mal energisch (letzteres, wenn sie die Pathologie allzusehr wuchern ließ) am Leben zu halten, bis sie soweit war, sich ohne Lebensgefahr zur Gesundheit entschließen zu können (die unbewußt geahnte und panisch befürchtete Abwendung der Familie von ihr stellte für sie in früheren Jahren so etwas wie die Angst vor einem psychosozialen Tod dar).

Alles, was wir taten, ob im Alltagshandeln, im medizinisch-ärztlichen oder psychotherapeutischen Handeln hielt ihr nur jahrelang verschiedene Möglichkeiten offen, stellte nur den lebensnotwendigen Raum her, den Frau O. brauchte, bis ihr aufgrund sehr verschiedener Faktoren die Möglichkeit zuwuchs, in sich selbst »den Drive« zu finden. Vielleicht kann man auch sagen, je weniger der Akzent auf dem effektiven Ergebnis psychotherapeutischen Handelns liegt, desto weniger ist es wahnverdächtig. Handeln durch Nichthandeln? Taoistisches Wu-Wei? Nicht ganz. Zugegebenermaßen taten wir ja vieles. Frau O. brauchte, wie man so schön sagt, jeden Tag eine Alltagsstruktur. Wir konnten das, was wir taten, beschreiben, und es hatte auch methodische Elemente. Wir wußten durchaus, warum wir ihr reittherapeutische Stunden und nicht weitere Gespräche anboten, warum wir sorgfältig darauf achteten, sie nicht für gutes Aussehen zu loben (dies aktivierte sofort ihren Selbstzerstörungshang), warum wir sie zur Arbeit motivierten, warum wir sie ihre Lebensgeschichte aufschreiben ließen, warum wir ihr Eßverhalten überhaupt nicht beachteten usw. Aber genau dieser Teil, der sich aufschreiben und vorweisen ließ, war nicht das Wichtigste.

Das Wichtigste war in alledem unser Verzicht darauf, ihr Veränderungen aufzudrängen. Dies alles dauerte alles in allem zehn Jahre.

Gerade durch den Nachweis, daß in allen Psychotherapien neben dem auch hilfreichen unterschiedlichen methodischen Handwerkszeug grundlegend etwas wirkt, daß menschliche Beziehungen überhaupt hilfreich sein läßt (ohne solche wären wir alle verloren), wird deutlich, daß psychiatrisches Alltagshandeln und Psychotherapie nur graduell zu unterscheiden sind. Beides ist wichtig und aufeinander angewiesen. Eine Psychotherapiestunde in einer öden Klinik mit unfreundlichem »Personal« dürfte dem Tropfen auf einem heißen Stein gleichen. Umgekehrt genügt auch Liebe allein nicht, wenn der Weg aus Verwirrung und Irrsal gesucht wird. Methodisch geschulte Spurensucher können da durchaus hilfreich sein. Hilfreich dann, wenn sie sich auf den Kontext eines zwischenmenschlichen Umgangs einlassen, den Sinn dieses Umgangs im Auge behalten und immer wieder üben, auf Effekte zu verzichten.

So kann es gelingen, der Gefahr eines therapeutischen Machbarkeitswahns nicht zu erliegen.

Unter einem solchen Wahn stehend zu handeln heißt übrigens nicht, daß man nicht wirkungs- oder eindrucksvoll handelt. Es heißt lediglich, daß man sich über die Qualität (nicht marktwirtschaftlich, sondern philosophisch gemeint) des Phänomens, auf das sich die Handlung bezieht, täuscht. Dadurch entsteht die Gefahr, daß diese Qualität verletzt oder letzten Endes zerstört wird.

Im Prinzip könnte man Psychotherapeuten als Menschen ansehen, die mehr als andere die Gabe haben, an die Entwicklungsmöglichkeiten ihrer Mitmenschen zu glauben. Diese Grundhaltung versuchen sie methodisch durch sogenannte Selbsterfahrung, Training und auch theoretisches Lernen zu verfeinern. Sie können dadurch sozusagen zu besonderen Experten für bestens dosierte »positive Erwartung« werden (MARTIN BUBER hält, wenn ich mich richtig erinnere, die gegenseitige Bestätigung für das konstituierende Element einer menschlichen Beziehung). So verstanden, sollten insbesondere Menschen mit psychotischen Erfahrungen in den Genuß von Psychotherapien kommen können, wenn sie es wünschen. Gerade sie brauchen (neben manchem anderen, das eine Therapie bieten kann), sozusagen als Gegengift, Unterstützung dabei, mit den vielen lähmenden und kränkenden, eben nicht bestätigenden gesellschaftlichen Vorurteilen besser fertig zu werden.

In verschiedenen Untersuchungen hat sich übrigens nachweisen lassen, daß Psychotherapie eine deutlichere positive Wirkung erbringt als Placebo. Das heißt, daß die »Anwendung von geplanten und strukturierten psychologischen Behandlungsverfahren« (BROCKHAUS) sich positiver auswirkt als weniger überlegtes Tun. Nicht eindeutig nachweisen ließ sich jedoch, daß *eine* Psychotherapieform grundsätzlich mehr und Besseres leisten kann als eine andere.[5] Allerdings gibt es Hinweise darauf, daß längere Psychotherapien wirksamer sind als kurze und daß die besten Ergebnisse dann erzielt werden, wenn Patienten ihre Psychotherapeuten aussuchen können.[3]

All dies erlaubt uns zur Zeit, sogar wissenschaftlich sanktioniert, nicht allzusehr an *eine* Methode psychologischer Psychotherapie zu glauben und dennoch darauf zu drängen, daß gerade Menschen, die bisher kaum eine Chance hatten, psychotherapeutische Verfahren in Anspruch zu nehmen, nicht von dieser »individuellen Form psychologischer Hilfe«[2] ausgeschlossen werden. Gerade chronisch psychisch kranke Menschen sind auf lange während psychotherapeutische Beziehungen angewiesen. HEINER KEUPP weist darauf hin, daß vor allem die marktförmige Anbietung psychotherapeutischer Dienstleistungen dazu geführt hat, »daß diese in ihrer gesellschaftlichen Verteilung den Mustern sozioökonomischer Priviligierung folgen und für Menschen benachteiligter sozialer Schichten kaum erreichbar sind.«[2] Menschen von niedrigem sozioökonomischen Status mit den massivsten Alltagsbelastungen und daraus folgenden psychosozialen Problemen, hätten kaum Zugang zu psychologischer Hilfe. Dies trage dazu bei, daß gerade sie »bei nicht mehr tolerierbarer Zuspitzung ihrer psychischen Probleme eher unfreiwillig vom psychiatrischen System erfaßt werden.«[2]

Auch dann kann Psychiatrie vielleicht das Schlimmste verhüten, zeitweilig schützen und entlasten, z. B. auch durch Medikamente. Auch dann kann sie bisweilen zu Neuanfängen ermutigen.

Sie könnte dies besser, wenn außerhalb und innerhalb des psychiatrischen Systems die Begleitung psychisch kranker Menschen ergänzt würde durch psychotherapeutische Verfahren von Therapeuten mit langem Atem.

Literatur

1   BATESON, G. U., BATESON, M. C.: *Wo Engel zögern* – unterwegs zu einer Epistemologie des Heiligen, Frankfurt 1993, S. 30
2   KEUPP, H.: *Riskante Chancen* – das Subjekt zwischen Psychokultur und Selbstorganisation, Heidelberg 1988, S. 81
3   MACKENTHUN, G.: *Länger hilft besser*, Untersuchung zur Psychotherapie bringt Dogmen ins Wanken, FR 18.01.1997, Nr. 15
4   OBERT, A.: Evangelischer Rundfunkdienst, Berlin, 04.12.1996
5   TSCHUKE, V. et al: *Gibt es unterschiedlich effektive Formen von Psychotherapie*, Psychotherapeut 1994 / 39, S. 281–295
6   WEISS, H.: *Placebophänomen*, Arzt-Patient-Beziehung und psychotherapeutischer Prozeß, Daseinsanalyse 7, 1990, S. 110

Liebe Johanna –

Ein Brief an die Tochter einer ehemals psychisch kranken Frau

Vorbemerkung: Das Kind Johanna wurde seiner Mutter, Frau Paula Behrend, im Alter von 9 Wochen weggenommen. Der Vater, Egon Baran, reichte sehr bald nach der psychotischen Krise seiner Frau die Scheidung ein.

Frau Behrend stimmte der Veröffentlichung dieses Briefes zu. Bei den Namen handelt es sich selbstverständlich um Pseudonyme.

Liebe Johanna Baran,

während ich diesen Brief schreibe, sind Sie noch ein Kind von siebeneinhalb Jahren, gerichtet ist er jedoch an die Jugendliche, die junge Frau, die Sie einmal sein werden.

Ich schreibe diesen Brief, weil ich dies Ihrer Mutter (Ihrer leiblichen Mutter), die Ihnen unbekannt ist, versprochen habe.

Ihre Mutter hatte die Vorstellung – die ich gut nachvollziehen konnte –, daß Sie vielleicht eines Tages nach ihr fragen werden, daß Sie vielleicht werden wissen wollen, was für ein Mensch sie ist.

Zwischen Ihrer Mutter und mir besteht jedoch die Vereinbarung, daß dieser Brief sie nur erreichen soll, falls eines Tages Fragen von Ihrer Seite an Ihre Mutter oder an Menschen, die Ihre Mutter kannten, gerichtet werden sollten. Wenn diese Fragen bei Ihnen nicht entstehen und Sie nicht das Bedürfnis entwickeln sollten, über Vergangenes mehr Klarheit zu bekommen, wäre dies auch gut. Niemand möchte Sie unnötigerweise beunruhigen, am wenigsten Ihre Mutter. In diesem Fall würde dieser Brief Sie nie erreichen.

Ehe ich nun fortfahre, muß ich mich jedoch selbst erst einmal vorstellen. Ich bin unter anderem Psychotherapeutin und begleitete Ihre Mutter seit dem 20. Januar 1993 während mehrerer Jahre, zunächst als Leiterin der Klinik, in die Ihre Mutter zur weiteren Unterstützung ihres damals noch sehr zerbrechlichen seelischen Gesundheitszustandes eingewiesen worden war, später, als ich eine andere Aufgabe übernahm, begleitete ich sie ambulant. Davor, vom 14. April 1991 bis zum 20. Januar 1993, befand sich Ihre Mutter zur Behandlung einer schweren seelischen Krankheit in einer psychiatrischen Akutklinik.

Ich weiß nun nicht, was Ihnen von Kindheit an über Ihre leibliche Mutter erzählt worden ist und ob überhaupt irgendetwas erzählt worden ist. Außerdem kenne ich Sie nicht. All dies macht das Schreiben schwierig. Ich kenne jedoch Ihre Mutter, soweit diese es mir gestattet hat, sie kennen zu lernen, und ich stelle mir vor, daß Sie, liebe Johanna, von der Sensibilität, der Klugheit, dem feinen Humor Ihrer Mutter und von Ihrer Aufmerksamkeit für andere Menschen etwas an sich haben. Diese Vorstellung dient mir als Ersatz.

Das Schreiben bleibt dennoch schwierig, und der Inhalt wird für Sie in jedem Fall beunruhigend sein. Ich hoffe jedoch, daß neben der Beunruhigung gleichzeitig ein gewisser Trost entstehen kann, geht es doch unter anderem auch darum, Ihnen deutlich zu machen, daß Ihre Mutter zwar psychisch krank war, daß sie handelte, ohne schuldfähig zu sein, daß dies alles aber nicht das Wesen Ihrer Mutter ist, sondern eine verzweiflungsvolle, schreckliche Episode widerspiegelt, von der sie längst genesen ist.

Eine Befürchtung muß ich offen aussprechen: ich befürchte, daß die Menschen, die damals um Ihre Mutter waren, insbesondere Ihr Vater, die eigene Verzweiflung nur so verarbeiten konnten, daß sie Ihre Mutter entweder moralisch ablehnten oder für unheilbar krank erklärten, und daß Sie möglicherweise mit einer oder mit beiden dieser Versionen aufgewachsen sind. Vielleicht gab es auch ein Verschweigen und Verstummen, das Ihnen unheimlich war. Menschlich wäre all dies nur allzu verständlich.

Die Wahrheit über Ihre Mutter liegt darin jedoch nicht.

Ob meine subjektive Sicht, von der ich überzeugt bin, daß sie der Wahrheit zumindest näher kommt, d. h., Ihrer Mutter gerechter wird, Sie so überzeugen kann, daß sie Ihnen hilfreich sein kann, ist nicht sicher. Und doch ist dies der einzige Grund, aus dem heraus Ihrer Mutter an diesem Brief liegt und ich ihn schreibe.

Nun zunächst ein wenig davon, wie ich Ihre Mutter erlebt habe. Ich habe sie stets wahrgenommen als einen seelisch sehr zarten Menschen, dessen Hauptproblem es vor allem war – und in etwas bewußterer Form immer noch ist –, daß sie sich von den Leiden und Sorgen anderer Menschen so sehr anrühren läßt, daß sie Gefahr läuft, sich darin selbst zu verlieren. Ihrem eigenen Leiden so viel Ausdruck zu verleihen, daß es die Herzen anderer Menschen berührt, daß diese sich aufgerufen fühlen, zuzuhören, zu helfen, zu schützen, ist für sie sehr schwer. Die Stimme ihrer Verzweiflung klingt leise, wird sie nicht gleich gehört, ist Ihre Mutter geneigt, sie wieder zurückzunehmen und in sich zu verschließen. Sich selbst nachdrücklicher zum Ausdruck zu bringen ist ihr wohl erst nach der schwersten Krise ihres Lebens allmählich in Ansätzen möglich geworden (zum Zeitpunkt dieser Krise waren Sie selbst etwa 9 Wochen alt).

Ich sage »in Ansätzen«, denn immer noch fällt es Ihrer Mutter schwer, sich selbst so wertzuschätzen, daß es ihr gelingt, sich anderen mit ihren Bedürfnissen zuzumuten. Sie war übrigens in der Klinik, die ich seinerzeit leitete, und auch in einer Reha-Klinik, die sie zu einem späteren Zeitpunkt ihres Rückenleidens wegen aufsuchen mußte, unter Mitpatientinnen und -patienten stets sehr beliebt. Ihre freundliche, einfühlsame Art des Zuhörens brachte ihr manche Freundschaft ein. Wo immer sie auftauchte, wurde sie als diejenige gesucht und gefunden, der alle ihr Herz ausschütteten. Es gehört zum Charakter Ihrer Mutter, daß hier Begabung und Chance mit der Schattenseite, sich nur mit Mühe abgrenzen zu können, sich überfordern und emotional ausnutzen zu lassen, zusammenfallen. Was diesen Schatten ihrer großen sozialen Begabung betrifft, hat sie inzwischen viel dazugelernt.

Alles dies beschreibt übrigens einen gesunden Menschen. Wir haben alle unsere Begabungen nicht ohne entsprechende Schatten.

Ich würde überhaupt sagen, daß Ihre Mutter spätestens seit der Entlassung aus der Klinik, in der ich sie kennen lernte (eher schon früher) als ein gesunder Mensch, der tapfer versucht, mit seinen Schwächen und Anfechtungen zu leben, anzusehen ist.

Schizophrenie – dies die fachliche Bezeichnung für die seelische Krankheit, unter der Ihre Mutter litt – ist in den meisten Fällen heilbar. Ihre Mutter gehört zu den Menschen, bei denen man von Heilung sprechen kann. Kein Mensch würde ihr von außen anmerken, daß sie jemals psychisch krank war.

Dennoch gibt es auch jetzt noch Zeiten, in denen leichtere, aber leidvolle Vorboten einer Verletzlichkeit für die Krankheit auftreten. In solchen Zeiten kann ihr die Benutzung öffentlicher Verkehrsmittel schwer fallen, Ängste können sie bedrängen, der Schlaf will nicht kommen, die Gedanken beginnen, rastlos und zu schnell zu laufen u. ä.

Alles dies sieht ihr niemand von außen an. Man muß sie schon sehr gut kennen, um ihr seelisches Befinden zu erspüren.

Wenn ich gesagt habe, Ihre Mutter sei als gesund anzusehen, dann heißt das auch, sie hat gelernt, mit den beschriebenen Schwankungen zu leben und sich beizeiten Hilfe zu holen durch Gespräche, durch Medikamente, durch Einschränkung von Belastungen etc. Sie geht bewußt mit sich selbst um, sieht sich und ihre Labilitäten. Sie ist diesen gegenüber hellsichtig geworden. Übrigens ist eine gewisse Hellsichtigkeit, ein »das-Gras-wachsen-hören« in sozialen Zusammenhängen, eine große Feinfühligkeit überhaupt typisch für sie. Man kann ihr nichts vormachen.

Den Belastungen eines durchschnittlichen Arbeitsalltages wäre sie – jedenfalls aus heutiger Sicht – nicht gewachsen. Sie bezieht zu Recht eine Rente.

Sie selbst würde natürlich gerne sehr viel mehr tun, Sinn darin erleben, anderen zu helfen. Dies ist ihr nur in Maßen möglich. Zum Zeitpunkt dieses Briefes arbeitet sie stundenweise im Bereich der ambulanten Altenhilfe. Sie ist dort sehr beliebt.

Ihre Mutter war auch als Kind und Jugendliche, soweit ich dies in Erfahrung bringen konnte, schon sehr empfindsam und sensibel. Ich vermute, daß sie mit dieser Konstitution hätte leben können – wir haben schließlich alle unsere Schwächen und Achillesfersen –, ohne daß es zu einer größeren Krise hätte kommen müssen. Mit ihrer Intelligenz und sozialen Zugewandtheit konnte sie vieles kompensieren.

Es gab aber bereits 1984, da war sie 20 Jahre alt, ein traumatisches Erlebnis für sie, das auch einen Menschen mit sehr robuster Konstitution aus der Bahn geworfen hätte. Durch einen Autounfall verlor sie ihren ersten, sehr geliebten Freund. Er war sofort tot. Sie kam mit schweren Verletzungen ins Krankenhaus (der Unfall war durch einen entgegenkommenden, betrunkenen Autofahrer verursacht worden). Der Schock war für Ihre Mutter damals zu groß. Sie konnte Trauer und Schmerz, vielleicht auch Wut und Zorn, nicht zulassen. Wenn etwas zu sehr weh tut, haben wir Menschen die Fähigkeit, es wegzudrücken, nicht zu fühlen. Aber natürlich ist es nicht wirklich weg. Statt dessen überfielen sie unbestimmte Ängste, und sie entwickelte den Wunsch, zu allen Menschen nur noch gut zu sein, »wie ein Engel«. Solche »guten Gefühle« tun scheinbar zunächst nicht weh, aber Ihre Mutter überforderte sich damit natürlich. Wer schafft es schon, immer liebevoll zu sein.

Ich bin überzeugt, daß durch diesen Unfall und die Art seiner Bewältigung seelische Verletzungen entstanden sind, sozusagen als weitere Risse in Willensstärke, eigener Durchsetzungskraft, in der Fähigkeit, auch auf eigene Bedürfnisse zu achten und auf eigenen Füßen zu stehen. Ich glaube, daß dies mit zu der späteren seelischen Erkrankung beigetragen hat.

Dies alles sind nur Bruchstücke aus dem Leben Ihrer Mutter, verbunden mit einigen unvollständigen Hypothesen.

Hinter meinem Bericht steht nicht der Wunsch nach vollständiger Darstellung. Mein Anliegen ist es, Sie anläßlich dieses Briefes wenigstens ahnen zu lassen, daß Ihre Mutter eine Frau ist, die viele Menschen lieb gewonnen haben. Sie gewinnt die Herzen nicht zuletzt durch ihre Ehrlichkeit. Wenn jemand tieferes Vertrauen zu ihr gefaßt hat, so hat sie ihm stets, häufig unter Tränen, erzählt, welche Handlungen im Zustand krankheitsbedingter Schuldunfähigkeit von ihr ausgegangen sind. Sie wollte jedem die Entscheidung freistellen, ob er auch danach weiterhin mit ihr in Kontakt bleiben will oder nicht. Ich habe übrigens niemals erlebt, daß jemand sie daraufhin abgelehnt hätte. Dies hat mich selbst erstaunt. Ich war eher skeptisch, ob die zwischenmenschliche Fähigkeit zum Mit- und Einfühlen auch solchen Abgründen würde standhalten können.

Ich glaube, die Menschen haben die Tiefe der Verlassenheit gespürt, der Ihre Mutter damals hilflos und in psychotischen Wahnvorstellungen gefangen ausgesetzt war, und sie haben Respekt vor ihrem Mut zur Wahrhaftigkeit empfunden.

Das Anliegen Ihrer Mutter hinsichtlich dieses Briefes ist vor allem, daß Sie erfahren, daß sie sich nach der schweren seelischen Krise, die sie 1990/1991 durchgemacht hat, fortwährend Sorgen um Sie gemacht hat.

Sie verstand zwar die gerichtliche Verfügung, aus der hervorging, daß ihr Kind nicht bei ihr selbst bleiben konnte, und mußte diese akzeptieren. Sie wäre damals aus gesundheitlichen Gründen auch noch keineswegs in der Lage gewesen, ein kleines Kind zu versorgen.

Sie hat jedoch der Adoption durch eine andere Frau nicht freiwillig zugestimmt. Sie wußte zwar, daß dies nichts nützen würde, aber: »Wenn ich freiwillig zustimme, so könnte meine Tochter später irgendwann einmal denken, ich hätte sie nicht lieb gehabt und sie freiwillig abgegeben. Dies will ich nicht.«

Ihre Mutter wollte Ihre kindliche Entwicklung nicht stören. Sie wußte, daß ein Kind auf die Eltern angewiesen ist, die es von klein auf kennt. Es braucht deren ununterbrochene, kontinuierliche Zuwendung. Sie hoffte von Herzen, daß Sie in liebevoller Umgebung aufwachsen würden. Gerne hätte sie in Abständen Nachricht über Ihr Ergehen erhalten. Dies wurde ihr nicht gewährt. Nur ein einziges Mal wurde ihr auf ihr inständiges Bitten und Drängen ein Bild von Ihnen zugesandt, mit der – ihre Mutter sehr beruhigenden – Versicherung, Sie seien körperlich und seelisch wohlauf. Die Angst, daß Ihnen in Ihrer kindlichen Schutzlosigkeit irgendjemand zu nahe treten könnte, daß sie als Mädchen nicht genügend geschützt sein könnten, ließ sie dennoch niemals los.

Ich habe bisher nicht deutlich ausgesprochen, was in der schweren schizophrenen psychotischen Episode (so lautet der medizinisch-fachliche Ausdruck), die Ihre Mutter durchlitten hat, geschehen ist. Dies fällt mir allzu schwer. Nur so viel: Ihre Mutter hatte eine ganze Woche vorher versucht, Hilfe zu bekommen. Gelitten hatte sie unter unaussprechlichen Ängsten schon viel länger. Sie hat ihren Mann angefleht, sie in die Klinik zu bringen. Sie war bei einer Psychiaterin. Sie hat die Telefonseelsorge angerufen. Sie hatte zu mehreren Menschen gesagt, daß sie das Gefühl habe, sterben zu müssen. Alle haben verkannt, wie bedroht sie war. Sie fühlte in ihrem seelisch verwirrten Geist immer mehr, daß die Welt um sie herum auseinanderbrach, »unterging«, wie sie selbst formulierte. Sie war sicher, daß sie sterben würde. Sie wollte ihre Kinder retten vor äußerster Gefahr, in der sie sie sah. Sie wähnte sich in der Verantwortung für die Kinder so allein, daß sie nirgends außer bei sich selbst Schutz für sie sah. In ihrer psychotischen Verzweiflung und in ihrem verwirrten Verstand fand sie keinen anderen Ausweg als den, die Kinder mitzunehmen in den Tod, den sie als Rettung und Erlösung ansah. Ihre beiden Schwestern starben, Sie selbst haben überlebt.

Noch niemals habe ich den Ausdruck »dafür ist Gott mein Zeuge« so ernst genommen wie damals, als Ihre Mutter mir zum ersten Mal von alledem erzählte.

Vom Gericht wurde Ihre Mutter auf Grund eines psychiatrischen Gutachtens für das, was geschehen war, als nicht verantwortlich erklärt, für schuldunfähig zum Zeitpunkt des Geschehens.

Ihre Mutter hat natürlich dennoch jahrelang mit den dunkelsten Schuldgefühlen zu kämpfen gehabt. Je gesunder sie wurde, desto mehr litt sie in bestimmter Weise, desto weniger konnte sie sich in ihre damalige psychotische Ver-rückung hineinversetzen.

Wäre diese Bedrohung durch Schuldgefühle, Alpträume und wiederkehrende quälende Bilder nicht gewesen, hätte sie viel früher gesund werden können. Dafür war vor allem notwendig, sie aus ihrer damaligen Situation heilloser Überforderung und Isolierung herauszunehmen, sie zu unterstützen, zu entlasten, zu verstehen und zu verhüten, daß sie sich wieder selbst allzu sehr überlastet.

Daß jetzt viele Menschen, die ihr nahestehen, sorgfältiger auf Bitten um Hilfe, auf Signale, daß es ihr nicht gut geht, achten, ist teuer erkauft – zu teuer.

Liebe Johanna Baran,
beim Schreiben habe ich immer wieder gedacht, dies ist zu schwer für einen jungen Menschen. Es wäre das Beste, sie wären unbeschwert aufgewachsen, würden nicht forschen und fragen, und der Inhalt dieses Schreibens bliebe Ihnen verborgen. Aber wie ich das Leben kenne, ist es mit der Unbeschwertheit so eine Sache. Wer weiß, was Sie erlebt haben. Möglicherweise ist es für Sie schwieriger, mit einer halben Wahrheit zu leben, als mit einer vollständigeren. Vielleicht bleibt es dann beim Lesen dieses Briefes. Vielleicht suchen Sie aber auch eines Tages die Begegnung mit Ihrer leiblichen Mutter. Möge dann der Brief Ihnen zum Verstehen helfen. Was auch immer geschieht, seien Sie behütet!
(Renate Schernus, Bielefeld Juli 1998)

Ich habe diesen Brief gelesen und stimme seinem Inhalt zu.
(Paula Behrend, Juli 1999)

Anmerkung: Frau Behrend hat aus verständlichen Gründen ein Jahr gewartet, ehe sie sich in der Lage sah, diesen Brief, obwohl er von ihr gewünscht worden war, zu lesen.

Verschwiegenes im Fremden

Zur religiösen Thematik
im Psychoseerleben

> »Oft hat man Grund zu sagen: der Teufel ist
> los, nie heißt es Gott ist los.
> Halten ihn die Kirchen so sicher unter Ver-
> schluß?«
>
> (KURT MARTI)

Ist psychotisch sein an sich für Normalbürger schon befrem-
dend genug, so gibt es darin noch etwas doppelt Befremdli-
ches, häufig Verschwiegenes, das selbst erfahrene Psychiatriemitarbeiter so zu irritieren scheint, daß sie daran vorbei zu
sehen versuchen: Religöse Erfahrungen im Zusammenhang
mit Psychosen.

Um in das ungewohnte Thema einzuführen, beginne ich mit
einer Geschichte.

Nasrudin, der berühmte türkische Volksheilige, geht an einem sternklaren Abend in Begleitung eines Gelehrten durch
die Straßen Aksehirs. Der Gelehrte ist angestrengt in einen
Dialog mit Nasrudin vertieft. Er möchte den Sufismus, die
mystische Bewegung, der Nasrudin angeblich anhängt, rational begreifen. Da begegnet ihnen ein Mann. Dieser sagt
nichts, deutet nur auf den Himmel. Nasrudin lächelt. Er versteht den Sinn der Geste: »Es gibt nur eine Wahrheit, die alles
umfaßt.«

Der Gelehrte jedoch schaut verschreckt auf und denkt sofort: »Welch unheimliches Verhalten. Der Mann ist verrückt.
Vorsichtsmaßnahmen wären angebracht. Ob Nasrudin sie ergreifen wird?« Tatsächlich, der Mullah wühlt in seinem Tra-

gesack und bringt ein aufgerolltes Seil zum Vorschein. Der Gelehrte atmet auf und denkt: »Allah sei Dank. Nun können wir den Verrückten ergreifen und fesseln, falls er gewalttätig wird.«

Die wahre Bedeutung von Nasrudins Geste ist jedoch: »Der gewöhnliche Mensch versucht, jenen ›Himmel‹ mit Methoden zu erreichen, die genau so ungeeignet sind, wie dieses Seil.« Der »Verrückte« lacht, schlägt dem Mullah freundschaftlich auf die Schulter und geht weiter. »Gut gemacht«, sagt der Gelehrte erleichtert zu Nasrudin. »Sie haben uns vor ihm gerettet.«

In dieser Geschichte haben wir alle beieinander, um die es im folgenden gehen wird: Heilige, Verrückte und Schlaue. Zu den Schlauen gehören auch wir, die wir begreifen wollen, was es mit den Heiligen und Verrückten auf sich hat. Die Geschichte bietet ferner das Schillern zwischen Heiligkeit und Verrücktheit. Der Gelehrte hält ja den einen für mehr oder minder heilig, den anderen jedoch für verrückt. Nicht übersehen wollen wir die Angst des Intellektuellen vor dem Verrückten, von dem er sich bedroht fühlt. Der Typ mit seinem Gezappel war ja offensichtlich zu einem rationalen Diskurs nicht fähig. Schließlich werden wir verblüfft durch die rasche intuitive Verständigungsmöglichkeit zwischen den beiden Verrückten oder Ent-rückten. Ihre gemeinsame Verständigung funktioniert wie das Erfassen der Pointe bei einem Witz: Lachen und Verstehen fallen zusammen. Und vielleicht sollten wir nicht zuletzt den sich über alle drei wölbenden, schweigenden Sternenhimmel, unter dem sich alles abspielt, beachten.

Gewöhnlich genießen wir Heiliges und Verrücktes nicht in so trauter Vereinigung wie in dieser Geschichte. Sind nicht das Heilige oder die Heiligen Sache der Kirchen, das Verrückte oder die Verrückten Sache der Psychiatrie? Auffallend ist allerdings, daß der Kirche ihre Heiligen, solange sie lebendig sind, meist sehr unangenehm aufstoßen und für alles andere als heilig gehalten werden. Bei JOHANNA VON ORLÉANS z. B., die 1431 als Schismatikerin und Häretikerin zum Feuertod verurteilt wurde, war ein Sicherheitsabstand von ca. 500 Jahren notwendig, um sie als Heilige integrieren zu können. 1920 wurde sie heilig gesprochen. Die 18-jährige Johanna hat »Stimmen« gehört. In den Prozeßakten, die in Rouen erhalten sind, wird zitiert: »Ich führe aus, was mir befohlen ist, und meine Heiligen sagen mir, was ich tun soll ... Diese Stimmen sind von Gott.«[1]

Zu den Stimmen führt sie aus, daß ihr seit drei Jahren der heilige Michael und die Heiligen Katharina und Margaretha fast täglich erscheinen und mit ihr reden. Auch um Einzelheiten kümmern sich die Stimmen. Aus diesem Grund legt Johanna auch im Kerker die Männerkleidung nicht ab, obgleich ihr deswegen die ihr so wichtige Messe verweigert wird. Sie bleibt bei ihrer subjektiven Gewißheit: »Ich würde lieber sterben, als zu widerrufen, was Gott mich zu tun hieß...«.[1]

Eigentümlich, daß die Kirche ihr den Schutzmantel der Heiligsprechung erst in einem Zeitalter gewährt, in dem man gerade beginnt, solche Phänomene subjektiver, unkorrigierbarer Gewißheiten ganz anders zu deuten. Vielleicht steckt hinter dieser späten Heimholung ja eine hellsichtige Ahnung, was der Kirche, der Religion verloren zu gehen droht, wenn sie ihre in solcher Weise eigensinnigen Kinder allzu bereitwillig der Psychiatrie überläßt.

Im großen und ganzen allerdings scheint mir, daß die Kirchen dies weiterhin tun und allenfalls diejenigen heim ins kirchliche Reich zu holen geneigt sind, die, wenn sie schon ihre vorwitzigen Seelen in unkalkulierbare Seinsfühlungen stecken müssen, ihre Erfahrungen wenigstens christlich ausdrücken.

Dabei täten die Kirchen vermutlich gut daran, sich auf die »Mehrsprachigkeit Gottes«[9] einzurichten und sich für die Orte zu interessieren, an denen sich die Anwesenheit von Sehern und Suchern, von Visionären und Stimmenhörern ziemlich häuft.

Soviel zur Einführung. Der Hauptteil gliedert sich wie folgt:

– Mein Zugang zum Thema
– Aspekte mystischer Erfahrung im Umfeld von Psychosen
– Heilig oder verrückt, echt oder unecht?
– Vom ›Entweder - oder‹ zum ›Sowohl - als auch‹

Mein Zugang zum Thema

Mein Zugang zum Thema erfolgte dreistufig. Erstens habe ich mich, als ich noch jünger war, aber auch nicht mehr jung genug, um das von Vätern und Müttern ererbte Glaubensgut ehrfürchtig zu übernehmen, für die exzentrischen Geschichten von Heiligen und Mystikern interessiert. Aus dieser Zeit ist mir z. B. ein Vers von JOHANNES VOM KREUZ im Gedächtnis geblieben:

Ich ging ein ins Unbewußte,
Wohnte drinnen ohne Wissen
Und doch über allem Wissen.

Dieses Wissen ohne Wissen
Ist von so sehr hoher Macht,
Daß, die nur durch Denken wissen
Kein Gedanke siegreich macht, ...[12]

Ich gehöre vermutlich am ehesten zu denen, die SLOTER-
DIJK als »Publikum« für mystische Texte bezeichnet, also
Leute, die selbst keine großartigen Erleuchtungen aufzuweisen haben, die sich aber eigentümlicherweise »von den
Schwingungen solcher Mitteilungen angesprochen fühlen.«[10]
Zweitens arbeite ich seit mehr als zehn Jahren in der Psychiatrie. Hätte man mich vor 1992 gefragt, ob mir nicht auf-
gefallen sei, daß es unter psychosekranken Menschen besonders viele mit religiösen Erfahrungen gibt, hätte ich dies
vermutlich zögernd bejaht, und mir wäre dazu vielleicht auch
noch eingefallen, daß hinter der Scheu, psychotisches Erleben mitzuteilen, und hinter dem, was man gemeinhin Krank-
heitsuneinsichtigkeit nennt, nicht selten ein Erleben zu spüren ist, das gegen jeden als entwertend erlebten Zugriff
verteidigt werden muß. Als entwertend werden häufig diagnostische Etikettierungen und die damit verbundene Pathologisierung der subjektiven Erfahrung erlebt. Wenn zwischen
mir und einem Patienten Vertrauen gewachsen war und bei
Verzicht auf objektivierende Festschreibung, hatte ich bereits
damals den einen oder anderen Einblick in Seelen mit Götterfunken oder in Seelen, die sich identisch mit Jesus Christus
oder Johannes dem Täufer fühlten, machen können. Im Vordergrund stand dieses Thema für mich jedoch nicht.

Dies änderte sich auf der dritten Stufe meines Zugangs zum
Thema: 1992 sprach ich mit einer Frau, die mehrere psychotische Episoden durchlebt hatte und die nicht müde wurde zu
betonen, wie wichtig das zur Sprache bringen der psychotischen Erfahrungen für ihren Heilungsprozeß gewesen war[14].
Nach dieser Begegnung faßte ich den Entschluß zu einer
Gesprächsgruppe etwas anderer Art, als bisher in unserer Klinik praktiziert. Gemeinsam mit einer Kollegin lud ich ein, an
einer Gruppe teilzunehmen, die

a) explizit den Austausch über die subjektiven Erlebnisinhalte während der Psychose zum Thema machte, Kurztitel: Psychoseerfahrungsgruppe, und die

b) offen sein sollte über die Grenzen unserer Klinik hinaus für Bielefelder Bürger mit Psychoseerfahrung, die von sich aus Interesse mitbringen, dem Sinn und der Bedeutung ihrer Erfahrung nachzuspüren.

In dieser Gruppe bekam ich eher unerwartet, dafür aber um so unverdünnter und intensiver esoterisch-mystische Erfahrungen um die Ohren gehauen, daß ich nicht umhin kam, mich seitdem stärker dafür zu interessieren. Sieben von acht Personen wiesen Erfahrungen dieser Art auf. Lediglich einer gab sich erfrischend materialistisch und behauptete, nur Unsinn erlebt zu haben.

Mir ist es bildlich gesprochen bei den meisten Erfahrungsberichten so gegangen, als würde ich jeweils auf eine Segelfahrt aufs offene Meer mitgenommen, ohne bekannten Ausgangspunkt, ohne festgelegte Route, ohne gewußtes Ziel. In besonders spannenden Stunden fiel mir immer mal wieder die Ballade über Nis Randers ein: »Boot oben, Boot unten, ein Höllentanz. Nun muß es zerschmettern, nein, es blieb ganz.« Daß Menschen aus den Selbsthilfebewegungen Psychiatriebetroffener sich selbst als Psychoseerfahrene bezeichnen, leuchtete mir unmittelbar ein, kommt doch das Wort Erfahrung von dem alt-hochdeutschen Wort Irfaran und bedeutet »reisen, durchfahren, durchziehen, erreichen.«

Zuhörend lernte ich neu zu staunen und zu fragen: was sind das für Reisen, wird man zufällig da hineingerissen und wenn man Glück hat, irgendwann wieder an Land gespült, weiß nicht, wo, weiß nicht, wann, weiß nicht, warum? Gibt es Erfahrungen, die bei all diesen Seglern wiederkehren? Gibt es lange vor Antritt der Reise Wünsche, intensive Wünsche nach Erfahrungen, die die Banalität des Lebens erträglich machen?

Was bedeuten die in bewegenden Bildern und Symbolen vor-getragenen Kämpfe zwischen Gut und Böse, Licht und Dunkel, das Hin- und hergeworfen-sein zwischen Erwählt-heitserlebnissen und Verlorenheitsgefühlen, zwischen Erlö-sungsaufträgen und tiefster Verdammnis? Kann die eigene Identität nicht gefunden werden, ohne diese Polaritäten zu versöhnen? Oder warum gerät jemand in wahre Wirbelstür-me, die einem Ausflug in die Hölle gleichkommen, und ein anderer in vorwiegend freundliche Regionen, die ihn zum Bleiben auf See verführen können? Der zum Ausdruck ge-brachte Wille und Wunsch zu erzählen und zu suchen, was das alles zu bedeuten haben könnte, traf mich in so nicht er-warteter Intensität. Gleichzeitig war es bedrückend zu hören, daß fast alle berichteten, niemand in den Kliniken habe bis-her zuhören wollen. Eine Frau, die von einem Kampf auf Leben und Tod in einem Drama mit kosmischen Ausmaßen berichtete, schloß diesen Bericht wie folgt: »Der Psychologe fragte: ›Hören Sie Stimmen?‹ und ich sagte: ›Ja‹, und er sag-te: ›Sehen Sie Wesen?‹ und ich sagte: ›Ja‹. Das war alles. Dann hat mich nie wieder jemand gefragt. Auch in der ganzen Rekonvaleszenszeit nicht.« Solche und ähnliche Aussagen kamen von fast allen Teilnehmern und gipfelten in dem Satz: »Man hat uns unsere Psychosen kaputt gemacht.«[8]

Soviel zunächst meinen Zugang zum Thema betreffend bzw. die Frage, warum ich spätestens seit 1992 auf dem eso-terisch-mystischen Ohr wieder etwas hellhöriger geworden bin.

Aspekte mystischer Erfahrung im Umfeld von Psychosen

Ehe ich im folgenden versuchen werde, die angedeuteten Er-fahrungen nach verschiedenen Aspekten einigermaßen geord-net darzustellen, möchte ich vorab ein Mißverständnis abwehren: Psychosen können, wenn Schutz nicht gelingt oder aus menschlichem Versagen vernachlässigt wird, zu großen Gefährdungen der Betroffenen oder anderer – insbesondere diesen nahestehenden – Personen führen. Stichworte wie Esoterik oder Mystik, die ich in unserem Zusammenhang bewußt synonym gebrauche, sollten niemanden zu dem Mißverständnis einer Verharmlosung psychotischer Irrsal und daraus resultierender Handlungen sowie bisweilen schmerzlich empfundener Veränderungen der Persönlichkeit verführen. Wer meint, es ginge hier um ein psychedelisches Tingeltangel, hat weder etwas verstanden von der Bedrohlichkeit und Gewalt vieler Psychosen, noch von den Abgründen mancher mystischer Erfahrung.

Nun zu den erwähnten Aspekten:

1. Grenzerfahrungen vor der Psychose

Sehr häufig wird von ehemaligen Patienten über Grenzerfahrungen vor der Psychose berichtet, die für sie keine psychotischen sind und die sie teilweise zu den wichtigsten ihres Lebens zählen. So berichtet z. B. der 50-jährige Lehrer Gerhard: »Vier Jahre vor Ausbruch meiner Psychose habe ich schon einmal ein merkwürdiges Grenzerlebnis gehabt. Damals war ich am Ende meiner Kraft. Ich hatte mir Urlaub genommen. Nachts wurde ich auf einmal wach, hatte rasendes Herzklopfen, Kopfschmerzen, ein Stechen im Kopf und bekam überhaupt keine Luft mehr. Da war mir klar, ich bin an eine Grenze gekommen. Entweder werde ich jetzt dem Wahnsinn verfallen, oder ich kriege einen Herzinfarkt, oder ich sterbe jetzt. Da habe ich gebetet: Ich bin bereit zu allem. Mach mit mir, was Du willst. Ich lasse mich jetzt los. Ich lasse mich jetzt fallen. In dem Augenblick habe ich einen solchen Frieden gefunden und auch die Nähe Gottes so sehr gefühlt wie nie zuvor. Danach ging es mir sehr gut. Am Morgen im Wald sangen die Vögel ganz anders. Diese Grenzerfahrung hatte meiner Frömmigkeit sehr großen Auftrieb gegeben. Das hat sich noch einmal gesteigert in der Phase vor Ausbruch meiner Psychose, wo ich nachts immer Besuch kriegte vom lieben Gott (er schmunzelt bei dieser Ausdrucksweise) und wo ich -zig Seiten vollgeschrieben habe.« Das sei inspiriertes Schreiben gewesen. Er glaube nicht, daß er so etwas noch jemals wieder zustande bringen könne.

Die 29-jährige Studentin Hildegard berichtet von folgendem Erlebnis vor Ausbruch ihrer Psychose: »Ich trat eine Bewußtseinsreise an, in der all die Männer, die ich bisher kennengelernt hatte, Zeichen auf einem Wege waren. Das Gefühl dahinter war viel umfassender, als ich es jemals geträumt hatte. Am Ende der Reise erfaßte ich eine Ganzheit, ein Sein, das ich mit den zwei Flügelspitzen meiner Existenz als den mir zugehörigen anderen Teil wahrnahm. Ich berührte ein Ei mit den beiden Enden meiner Selbst und war ganz, zum ersten Mal in meinem Leben […] Ich dachte noch, niemand, der so etwas erlebt, wird jemals Selbstmord machen. Dann verschwand das Erleben.«[9]

2. Gezielte Beschäftigung mit esoterischen Themen vor der Psychose

Daß esoterische Inhalte während der Psychose eine große Rolle spielen, scheint häufig damit im Zusammenhang zu stehen, daß im unmittelbaren Vorfeld der Psychose – meist verbunden mit starkem Rückzug – eine ausgeprägte Beschäftigung mit esoterischer Thematik stattgefunden hat. Stellvertretend für diesen Aspekt nochmals Hildegard: »Dann hatte mich dieser religiöse Bazillus erwischt und ich faßte den Entschluß, nun auch wirklich auf dem spirituellen Pfad zu wandeln (lächelt) ... sollte alles noch einmal neu werden, tabula rasa – saß also in meinem Zimmer, habe geraucht und esoterische Bücher gelesen und fühlte mich wie die vorderste Front der Bewußtseinsforscher. – Und dann inmitten dieser Phase dieser Selbstzurückziehung passierte es, daß ich Halluzinationen hatte, daß ein Magier mir helfen wollte, besser mit meinem Leben zurechtzukommen.« (Sie nennt diesen Magier mit hintergründigem Schmunzeln »das esoterische Würstchen Friedrich«). »Mein Wille hat mein Bewußtsein in diese spirituelle Richtung geschubst, aber da bin ich dann ganz woanders rausgekommen.«[9]

3. Gezielte Beschäftigung mit esoterischen Themen erst nach der Psychose

Die Beschäftigung mit esoterischen/religiösen Themen beginnt bei anderen erst nach der Psychose. So sagt die 32-jährige kaufmännische Angestellte Dorothea folgendes: »Ich hatte eine stark religiöse Psychose und danach habe ich angefangen, mich damit auseinanderzusetzen – nur per Lektüre. Ich habe sehr viel dabei gelernt. Es war das erste Mal, daß ich mich überhaupt mit anderen Religionen und Weltanschauungen auseinandergesetzt habe. Ich hatte eine so starke Sehnsucht, etwas wissen zu wollen. Vor der Psychose hatte ich mich noch nie mit Esoterik befaßt, aber in der Psychose hatte ich Vorstellungen, die man mit östlichen Religionen verbindet. Ich glaubte dann zum Beispiel an Wiedergeburt. Da habe ich vorher und nachher nie dran geglaubt. Ja, und mir ging es so schlecht eine zeitlang (nach der Psychose), da wollte ich wissen, welche Gedanken hinter diesen Weltanschauungsbildern stecken, die einen vollkommenen Menschen aus einem machen wollen. Das hatte eine große Anziehungskraft für mich. Jetzt ist es so, daß die Welt und mein Leben mir wieder sinnvoll erscheinen und daß es da wieder Sachen zu tun gibt, daß mir im Moment nach Höherem einfach nicht der Sinn steht.« Zu einem anderen Zeitpunkt, sagt

Dorothea, habe sie es sehr bedauert, daß ihr in der Psychiatrie keinerlei Interpretationshilfe im Bezug auf die vielfältigen existenziellen, philosophischen und religiösen Fragen gegeben worden sei, die sie damals bewegt hätten. Die an sich auch wichtige Hilfe durch Tagesstrukturierung (Beschäftigungstherapie etc.) habe sie als nicht ausreichend empfunden. Später sei der Quell ihrer Fragen für sie nicht mehr recht zugänglich gewesen.[9]

4. Polaritäten

Dramatische Kämpfe zwischen Licht und Dunkel, guten und bösen Mächten, Erlösung und Verdammnis scheinen ganz wesentlich zu allen religiös gefärbten Psychosen zu gehören.

Hildegard berichtet unter anderem: »Dann bin ich mit irgendeiner Energie über alle Grenzen hinausgeschossen und die Chose fing an, daß ich einen Kampf auf Leben und Tod zu bestehen hatte. Die waren immer hinter mir her, das war ganz kalte Energie ... Um mich herum zog sich ein immer kälterer Kokon. Ich fühlte mich total eingekesselt, bis mir irgendwann ein Lied einfiel, das mir die gute Kraft in meiner Psychose eingegeben hat [...] Dann war ich also von denen befreit ...« (Allerdings nicht lange, in immer neuen Bildern, mit manchen dramatischen Höhepunkten vollzieht sich der weitere Kampf.)

Sich nach solchen erschütternden und bedeutungserfüllten Erlebnissen in anderen Menschen mit Psychoseerfahrung wiedererkennen zu können – dies scheint mir von besonderer Wichtigkeit für weiteres Heilwerden und Integrierenkönnen des Erlebten. So sagt z.B. Hildegard nach dem Bericht eines jungen Mannes: »Als Du erzählt hast, da habe ich gedacht: Ach, der hatte das auch so, der hatte auch Kämpfe zwischen Gut und Böse. Ich habe mich ja immer so einzigartig gefühlt, als einzige vom Universum herausgepickt, diese Schandtaten

zu erleben.« Ihr wird entgegnet: »Auch ich bin so froh, daß
Du das so ausführlich geschildert hast, ich habe vieles auch
bei mir entdeckt, ganz vieles.«

Was untereinander verglichen wird, ist insbesondere die
das Chaos durchziehende Polarität zwischen hellen und dun-
klen Mächten unter verschiedenen symbolischen Bildern.
Ähnlichkeiten werden entdeckt, die wie vielfältige Variatio-
nen desselben Grundthemas wirken.[9]

5. Erlebnisse des Geführtwerdens

Gerhard erzählt: »Ich habe vorher, bevor das ausbrach, eine
große Nähe zu Gott verspürt. Ich bin zum Beispiel in einer
stockfinsteren Nacht durch den Wald gelaufen und bin niemals vom Weg abgekommen, wie vom Radar gesteuert.«

Erfahrungen des Geführtwerdens religiös zu interpretieren,
liegt wahrscheinlich sehr nahe. Franz, ein 34-jähriger Beam-
ter, berichtet, er sei in eine Kirche geleitet worden und habe
»Energieströme«, die von oben nach unten gingen, gespürt.
Zur Abwehr des Bösen habe er sich gedrungen gefühlt, sich
des Weihwassers zu bedienen. »Ich habe meinen ganzen Kopf
ins Weihwasser gesteckt, und dabei bin ich evangelischer
Christ!« An einer anderen Stelle leitet Franz eine »Führungs-
geschichte«, die ihn in eine für ihn im nachhinein peinliche
Situation gebracht hat, mit den Worten ein: »Ne, die Story,
die muß ich unbedingt noch erzählen, wo das hinführt, wenn
man sich führen läßt.«[9]

6. Rückfallgefährdung und/oder
Integrationsmöglichkeit durch Gespräche

Während manche ehemalige Patienten in der Annäherung an
esoterische Themen für sich die Gefahr eines erneuten Über-
gangs in eine Psychose erspüren, können andere über Fragen

im Umkreis von Esoterik, Mystik und Psychose sprechen, ohne sich gefährdet zu fühlen. Dieses Gespräch scheint im Gegenteil zu bestimmten Zeitpunkten für sie notwendig. So sagt z. B. Hildegard: »Ich habe mich auch lange Zeit von religiösen Themen ferngehalten, weil mir klar war, daß das schwierig ist, auf einem guten Level damit umzugehen. Aber für mich ist Religion ein Teil meines Lebens, den ich irgendwie integrieren muß.« Ganz anders Maria, eine 20-jährige Frau, die mit 19 Jahren ihre bisher einzige Psychose durchgemacht hat: »Ich habe mit Esoterik schon lange Zeit vor meiner Psychose aufgehört. Ich habe damals gemerkt, daß ich die Realität, die mich was angeht, aus den Augen verliere und in andere Dimensionen abdrifte. Ich möchte das gar nicht für möglich halten, so Seelenwanderung und Reinkarnation und all so'n Quatsch. – Obwohl das natürlich sein kann. – Ich könnte das nicht, teilweise solche Sachen für möglich halten und gleichzeitig mich von der Psychose fernhalten. – Irgendwie beunruhigt mich das. – Ich will jetzt nicht damit ausdrücken, daß Du psychotisch bist, nur weil ich selbst für mich eine so klare Linie zwangsauferlegt habe.« Auf die Frage, ob sie es aushalten könne, daß Hildegard eine ganz andere Lösung für sich gefunden habe, sagt sie: »Ja, ja. Ich muß eben aufpassen, daß ich das hinterher nicht doch wieder für möglich halte. Für mich ist es gesund, daß ich bei meinem Standpunkt bleibe, daß ich das alles im Moment für unmöglich halte, was da abgeht. Auf der anderen Seite will ich das auch akzeptieren, daß es jemand für möglich hält, diese esoterischen Erscheinungen.« Auch für Therese, eine 30-jährige Verkäuferin, die sich vor und während ihrer Psychose mit dem Gedankengut der Rosenkreuzer beschäftigt hat, sind Gespräche über Esoterik nicht unproblematisch. »Das gibt mir jetzt wieder ziemlich zu denken. Ich hatte das nämlich auch ad acta gelegt. Aber ich interessiere mich da nach wie vor für. Die Rosenkreuzer sind nämlich der Meinung, daß Alkohol die Aura durchlöchert … und daß Medikamente einen materialisieren würden und daß man dann zu Stein werden kann.« Es sind nicht nur und nicht einmal vorwiegend die Therapeuten, die mit solchen – wie mir scheint – sehr ernst zu nehmenden Gefährdungen und wiederauftretenden Ängsten sicher und klar umgehen können. Franz, der mehrere psychotische Episoden in seinem Leben durchgemacht hat, entgegnet Therese spontan folgendes: »Das ist ja gerade richtig. Die Medikamente sollen einen ja materialisieren, damit man wieder auf den Teppich kommt, weil Du sonst viel zu hoch über dem Teppich bist. Man ist viel zu vergeistigt. Man driftet ja ab. Da wird man runtergezogen.«[9]

7. Erschütterung von Glaubensgewißheiten durch psychotische Erfahrung

Berichtet wird von Betroffenen auch über schmerzlich erlebte Einbußen vorher bestehender Glaubensgewißheiten durch die Psychose. Gerhard stellt fest: »Ich war vorher frommer. Frömmigkeit, echte, lebendige Frömmigkeit ist destruiert worden durch die Psychose. Wie intensiv ich da gebetet und meditiert habe, werde ich nie vergessen. So etwas hat es nach der Psychose nie wieder gegeben.« Dorothea sagt in diesem Zusammenhang: »Ich kann sagen, für mich hat die Psychose (in Bezug auf den Glauben) keine guten Auswirkungen gehabt. Ich bin sehr christlich erzogen worden … und dann kriege ich noch so eine religiöse Psychose. Gott redet zu mir, die Menschen werden zu mir geschickt, ich wollte einen Orden gründen usw. – So, und jetzt komm' ich aus der Psychose raus und denk', ich kann mein Leben wieder aufnehmen mit allem, was dazugehört, denn für mich gehörte so eine religiöse Grundüberzeugung zu meinem Leben. Ich bin ganz unbedarft wieder in die Kirche gegangen, und mir ist in der Kirche kotzschlecht geworden. Ich konnte einfach nichts mehr vertragen an irgendwelchen religiösen Aussagen und Liedern. Ich bin in einen unfreiwilligen Atheismus hineingerutscht. Für mich war das ein sehr großes Loch, weil meine ganze Werthaltung darauf basierte, und ich hatte das Gefühl, nichts lohnt mehr. Die Ethik, die ich so mitgekriegt habe, da kann ich noch dahinterstehen, aber sonst, was darüber hinaus geht an religiösem Bezug, das ist ganz weg. Dadurch habe ich zwar auch Freiheiten, daß ich nicht mehr in diesem Rahmen stehe, aber es fehlt ein Tropfen noch. Durch die Psychose ist irgend etwas in mir kaputtgegangen.«

Auf die Frage, was denn eigentlich ihr Glaube beinhaltet habe, sagt sie: »Daß das Leben irgendwie in Ordnung geht.« Sie habe vielleicht nicht gerade daran geglaubt, daß es eine heile Welt gäbe, aber immerhin an die Möglichkeit, »sie heiler zu machen«. Das weitere Gespräch bringt Dorothea zum Nachdenken darüber, ob nicht jeder Mensch irgendwann seinen Kinderglauben verlieren muß, um sich neu und anders der Frage zu stellen, wie Vertrauen in dieser gleichzeitig schönen und schrecklichen Welt überhaupt möglich ist.[9]

Heilig oder verrückt, echt oder unecht?

Vielleicht wird manch einer nach dem bisher Gelesenen denken: sollte denn nun jeder Unterschied zwischen einem gesunden Menschen, der die Fähigkeit zu – wie wir heute gerne sagen – Grenzerfahrungen hat und diesen irrlichtigen, gefährdenden Seelenzuständen aufgehoben sein? Ich behaupte: von der Phänomenologie des Erlebens an sich gibt es keinen Unterschied. Die Probe aufs Exempel läßt sich machen. Ich werde zwei Berichte zum Vergleich vorlegen, und die Leserinnen und Leser mögen entscheiden. Bei der einen Person handelt es sich um einen Menschen, dem über Jahre hinweg, unter Beteiligung vielfältiger psychiatrischer Fachkompetenz, die Diagnose ›schizophrene Psychose‹ zuerkannt worden ist, bei der anderen Person um jemanden, der eine hohe gesellschaftliche Anerkennung genießt und als erleuchteter Weiser gilt.

1. Beispiel: »Ich verlor ganz und gar das Vertrauen in meinen Geist und Körper, lebte wie ein Verfolgter, von Schrecken gejagter Fremder in meinem eigenen Fleisch. Es (mein Bewußtsein) stieg und fiel wie eine Welle, hob mich in einem Augenblick empor aus den Krallen der Furcht, um mich im nächsten Moment wieder in die Tiefen der Verzweiflung zu stürzen. Mich erfaßte immer mehr der schreckliche Gedanke, daß ich unwiederbringlich einem Unheil entgegenging, aus dem ich zu schwach war, mich zu retten. (Jedoch) ich fühlte vom ersten Tag meiner leidvollen Erfahrung an eine tief eingefleischte Abneigung, Ärzte in mein Vertrauen zu ziehen. Ich preßte manchmal meinen Mund zusammen, um nicht laut loszuschreien, und floh von der Einsamkeit meines Zimmers in die bevölkerte Straße, um mich vor einer Verzweiflungstat zu bewahren. In der Stille der Nacht sah ich oft entsetzlich entstellte Gesichter und verunstaltete Formen, die sich auf schreckliche Weise beugten und drehten … manchmal … konnte ich eine hellere Strahlung wahrnehmen … eine Gegenwart, die einen so milden Glanz ausstrahlte …, daß mein Herz überflutet wurde von Glück … Ich konnte nicht aufmerksam lesen oder mich mit ganzer Kraft einer Aufgabe widmen. Mein Gehirn arbeitete verzweifelt, unfähig, den rasenden Gedanken Klarheit zu verschaffen. Die Schlaflosigkeit wurde schlimmer und ich wurde von Tag zu Tag schwächer. Ich fühlte Abneigung … gegen Arbeit und Gespräch. Fromm und gottesfürchtig bis zu meiner anormalen Lage, hatte ich nun alle Gefühle der … Verehrung für das Göttliche verloren. Ich hatte mich vollständig gewandelt. Die krampfartigen Zuckungen meiner Glieder waren mit furchtbaren

Schmerzen längs der Nervenbahnen verbunden, vor allem in Rücken und Unterleib. Schließlich verlor ich alle Hoffnung ... Ich war entschlossen, mein Leben zu beenden, ehe der Wahnsinn mich dieser Möglichkeit beraubte.« Dann aber folgendes Erleben: »Neben mir fühlte ich in einer Glut von strahlendem Licht plötzlich eine, wie mir schien, machtvolle Gegenwart, die aus dem Nichts aufgetaucht war und mich umfaßte, und alle Gegenstände überschattete, die um mich waren.«[5]

2. *Beispiel*: »Ich muß von mir selber sagen, derartige Gefühlszustände kenne ich von mir ... nicht, daß ich Spielball geworden wäre für irgendwelche Energien, die ich selber nicht mehr unter Kontrolle gehabt hätte. Ich habe auch immer noch den Blick gehabt für meine Realität. Habe andererseits gemerkt, daß ich mich sehr stark zurückgenommen habe, daß ich meine Konzentration auf ganz andere Punkte geleitet habe. Aber es ist niemals irgend etwas gewesen, was sich meiner Kontrolle entzogen hätte – hat mir niemals Angst eingeflößt. Auch nachts hatte ich keine größeren Schwierigkeiten ... Schlafstörungen kenne ich nicht ...«

»Ich stand mit einem weiblichen Bewußtsein bzw. einem weiblichen Prinzip in Verbindung. Dieses Bewußtsein drückt sich auch in Form von Worten aus. Ich habe das Gefühl, daß mir dieses Bewußtsein deutlich zu machen versucht, wie sehr diese Existenz leidet und daß es Gott ist, der leidet. Es ist etwas, was außerhalb von mir steht, etwas, womit ich mich konfrontiert fühle ... Es ist wie eine intime Kommunion. Ich bekomme von außen etwas, das hat seinen Reflex in mir. Es fällt mir schwer in Worte zu fassen.«[9]

Das erste Beispiel stammt aus dem Buch »Kundalini« von GOPI KRISHNA, einer Fundgrube präzisester Beschreibungen all dessen, was wir gewohnt sind als Basisstörungen, Entfremdungserlebnisse, Beeinflussungsgefühle, Halluzinationen, etc. zu kennzeichnen. Der Brahmane GOPI KRISHNA wird von C. F. VON WEIZSÄCKER, der ihn kennengelernt hatte, unter anderem folgendermaßen beschrieben: »Ein bescheidener und sicher auftretender Mann ..., dem Partner ruhig ins Auge blickend ... Er ist ein verehrter Führer in der Hindu-Minorität, der auch Respekt von den Moslems genießt und mit vielen von ihnen befreundet ist. Er war jahrelang Leiter eines Hilfswerkes für Arme ...«[13]. Beruflich arbeitete GOPI KRISHNA als Regierungsbeamter in Kaschmir, war verheiratet und hatte drei Kinder.

Das zweite Beispiel beinhaltet die Aussage eines 31-jährigen, unverheirateten, meist sehr freundlichen und höflichen deutschen Mannes, der in Zeiten, die sein Umfeld als psychotisch bezeichnet, völlig unansprechbar und bedrohlich werden kann. Medikamente, die er ablehnt, beeinflussen diesen Zustand in erstaunlich positiver Weise, was er keinesfalls so wahrnehmen möchte. Er sagt über sich selbst: »Ich bin diagnostiziert worden als schizophren-psychotisch. Und ich habe mich immer dagegen gewehrt, weil ich der Ansicht bin, daß die Erfahrungen, die ich in den letzten Jahren gemacht habe, nicht als psychotisch bezeichnet werden müßten.«

Vom »Entweder – oder« zum »Sowohl – als auch«

Der im zweiten Beispiel erwähnte junge Mann reibt sich seit Jahren an der Psychiatrie und sie an ihm auf. Ich habe lange Zeit mit ihm gearbeitet. Auch mir ist es nicht gelungen – obgleich wir manchmal kurz davor zu stehen schienen –, aus diesem Teufelskreis einen Ausweg zu finden. Er scheint sich immer mehr in einem recht starren Zustand einzurichten, der ihm wenig Kommunikation mit anderen, keine regelmäßige Tätigkeit geschweige denn eine Partnerbeziehung erlaubt.

Immer mal wieder werden, um Gefährdungen anderer Menschen zu verhüten, Einweisungen per PsychKG in die Akutpsychiatrie notwendig.

Vielleicht hätte in seinem Fall frühzeitig eine sorgfältige und wertschätzende Hermeneutik seines Erlebens einsetzen müssen. Vielleicht wäre dadurch ein für die Therapie unfruchtbares, starres Entweder – oder verhütet worden. Vielleicht hätte es gelingen können, sich auf ein fruchtbareres und kreativeres Sowohl – als auch zu einigen.

Allerdings hätte diese Wertschätzung und sorgfältige Begleitung vermutlich bereits in dem Ashran der Baghwan-Leute vorhanden sein müssen, in dem er sich als 18-jähriger beim ersten Auftreten seiner Erleuchtungserlebnisse und seinem damit beginnenden waghalsigen Weg, der ihn weg von der Kommunikation mit anderen führte, befand. Statt dessen wurde er unter dem Diktat des auch in dem Ashran herrschenden Entweder – oder (Entweder heilig oder verrückt) rigoros und rasch ausgegrenzt.

Psychose oder mystisches Erleben? – Von wem wird eigentlich so gefragt? Wer in vulgär-materialistischem Wissenschaftsglauben jeden Wahrheitsgehalt des Religiösen überhaupt leugnet, kann nach dem Entweder – oder gar nicht mehr fragen, weil es für ihn das »oder« ja gar nicht gibt. Wer jedoch nicht dazu neigt, von vornherein zu leugnen, was sich mit dem Begriffsinventarium der Wissenschaften, speziell der Naturwissenschaften nicht fassen läßt, der ist zu einer Entweder-oder-Entscheidung nicht verpflichtet. Ob etwas als religiös erfahren und interpretiert wird, hängt – bei aller gesellschaftlich-sozialen und kulturellen Bedingtheit – letzten Endes von dem Erlebenden und sein Erlebnis interpretierenden und gestaltenden Subjekt ab. Objektive Bewertungsmaßstäbe für wirkliches oder nicht ganz so wirkliches religiöses Erleben dürften schwer zu finden sein. Allerdings nehmen wir unsere Mitmenschen hinsichtlich ihrer religiösen Authentizität intuitiv unterschiedlich wahr. Der eine Mensch überzeugt uns, etwa in der Weise, wie C. F. VON WEIZSÄCKER von dem indischen Mystiker GOPI KRISHNA überzeugt worden ist. VON WEIZSÄCKER: »Als er ... mein Zimmer betrat, empfand ich im Bruchteil einer Sekunde: dieser Mann ist echt.«[13] Einen anderen halten wir eher für einen Spinner, nehmen ihn nicht recht ernst. Dies ist ein seltsames Phänomen. Es scheint mir zu hohen Teilen mit der Integrations- und Gestaltungskraft der jeweiligen Person, also dem, was man in der Psychoanalyse als Ich-Stärke beschreibt, zusammenzuhängen. Dem einen Menschen gelingt es, wie etwa GOPI KRISHNA, nach einer Zeit, in der er von allen Schrecken des Wahnsinns geschüttelt worden ist, schließlich ein mystisches Erleuchtungserlebnis ganz und dauerhaft in seine Persönlichkeit zu integrieren. Viele andere, in dieser Hinsicht weniger begnadet, kommen über die vorwiegend chaotischen Zustände, die für KRISHNA nur Vorstufe waren, nicht hinaus und tun für ihren Teil gut daran, ein wenig Haldol oder besser noch, eines der neuen weniger nebenwirksamen Neuroleptika in Anspruch zu nehmen, um sich nicht ganz in den Gefilden des Wahnsinns zu verirren und womöglich nicht wieder herauszufinden. Denn, um mit MICHELLE MICHEAUX zu sprechen: »Selten sind die Wahnsinnigen, die ihrem Wahn gewachsen sind.«

Neben den Kräften des Ich spielen, wie bereits angedeutet, sicher auch soziale und gesellschaftliche Variablen eine große Rolle dafür, in welcher Weise ein Mensch aus dem, was ihm als Schicksal begegnet – und sei es eine Psychose –, erleidend, gestaltend und interpretierend, das heißt, sich selbst verstehend, hervorgeht.

Auf eine gewisse Distanz zu jenen, die meinen, man könne einfach per Logik und Definition zwischen echter religiöser Erfahrung und Wahnideen unterscheiden, geht auch der alte Psychiater EUGEN BLEULER. Er rekuriert auf die »Lebenserfahrung«, die einen spüren lasse, was eher in die eine und was eher in die andere Richtung gehöre. Vorsichtig formuliert er: »... obschon es vor dem Forum der Logik schwer hält oder unmöglich ist, die Grenzen zwischen persönlicher Überzeugung im Rahmen des Gesunden und einer Wahnidee zu ziehen.«[2] Mutiger formuliert 1994 die Psychotherapeutin SALLY CLAY: »Eine psychotische Episode kann den Keim zu einem geistigen Durchbruch enthalten. Die spirituellen Qualitäten extremer Bewußtseinszustände sind durchaus real und wirksam und begleiten die Qual, die Verwirrung und Gefahren des Wahnsinns wie ein Schatten. Wer diese spirituellen Aspekte entwertet oder negiert, entwertet und negiert den Menschen, der diese Erfahrungen macht. Denn sie sind von der Person nicht zu trennen. Darin eben besteht das Stigma, mit dem man einen solchen Menschen versieht: man entwertet oder negiert ihn, wenn man die Eigenschaften, die sein innerstes Wesen ausmachen, als Eigenschaften brandmarkt, für die er sich schämen muß.« (aus PODVOLL[7])

In MARTIN BUBERS Sammlung mystischer Zeugnisse aus allen Zeiten und Völkern, den »ekstatischen Konfessionen«, findet sich der Bericht eines Mannes aus der zweiten Hälfte des 17. Jahrhunderts, eines HEMME HAYEN, den man nur beglückwünschen kann, daß er keinem modernen Psychiater in die Hände gefallen ist, so deutlich affekt-psychotisch stellt sich sein Zustand dar. Er kann nicht mehr schlafen, Gehör- und Geschmackssinn ändern sich auf eigenartige Weise, er kann nicht mehr lesen, er läuft unruhig hin und her, kann sich, wie er selbst erzählt, des »Schreiens« nicht enthalten und läuft zu Hinz und Kunz, um sein Glück der Teilhabe an göttlicher Erleuchtung allen mitzuteilen. Nicht zuletzt hört er die allerschönsten Stimmen. Gott sei Dank war nicht nur er selbst in tiefster Seele fromm, sondern lebte auch in einer äußerst frommen Gemeinde, so daß alle seine Glaubensbrüder und

-schwestern sein Erleben genauso interpretierten wie er selbst und sich mit ihm freuten. Nach einiger Zeit gelang es ihm, seiner Erregung wieder Herr zu werden. Er fühlte sich bereichert und gefestigt und konnte dem Leben besser als zuvor die Stirne bieten. Durch die mit anderen geteilte Hermeneutik fiel er nicht aus der sozialen Gemeinschaft heraus.[11]

Mir scheint, daß auch Menschen mit Psychosen ähnlich wie ihre – an der Psychiatrie vorbeigekommenen – mystisch begabten Schwestern und Brüder früherer oder auch bisweilen gegenwärtiger Zeiten in augenfälliger Weise »mit Hoffnungsinhalten experimentieren«[3]. Mit einer ausschließlich an den Naturwissenschaften orientierten Grundhaltung können wir ihnen nicht gerecht werden und auch nicht dem eigentlichen »Intentionsgehalt«[3] solcher Erfahrungen, der über die Jahrhunderte hinweg stets in religiösen Symbolen und Metaphern zum Ausdruck gebracht worden ist. Es ist nicht logisch, einer Gruppe von Menschen das, wie SLOTERDIJK es nennt, »allgemeine Geburtsrecht« des Menschen für mystische Zustände abzuerkennen, nur weil sie bisweilen in Irrungen und Wirrungen stecken bleiben oder eine unserer schönen modernen Diagnosen erhalten haben. Es spricht zuviel dafür, daß wir es dann auch JOHANNA VON ORLÉANS, JOHANNES VOM KREUZ, GOPI KRISHNA oder gar der Visionärin HILDEGARD VON BINGEN aberkennen müßten. Auch die sogenannten Heiligen unterliegen schließlich den gleichen physikalischen und chemischen Gesetzen wie jeder normale Verrückte. Ich persönlich neige eher dazu, mich einer Formulierung MUSILS anzuschließen: Vielleicht haben wir »dieses Gebiet des Glaubens, das sich zwischen der Sicherheit des Wissens und dem Dunst des Ahnens breit macht« in den letzten Jahrzehnten zu sehr »verwahrlosen« lassen[6]. Die gängige Psychiatrie scheint mir immer noch recht karg, was hermeneutische Hilfestellung bei der Verarbeitung des Psychoseerlebens betrifft, speziell wenn dieses in der einen oder anderen Weise mit religiösem Erleben zu tun hat.

Meiner Ansicht nach lassen sich manche Erfahrungen im Kontext von Psychosen durchaus mit dem mystischen Erleben religiös-genialer Menschen vergleichen, andere lassen sich zumindest von diesem her interpretieren und können als nicht ganz unbeschadet überstandene, bisweilen in äußerste Irrungen und Wirrungen führende Varianten derselben angesehen werden.

Uns selbst, den sogenannten Gesunden oder wie man manchmal vielleicht auch sagen könnte, den »Normopathen«, würden wir mit dem Aufgeben des Entweder – oder vermutlich einen Gefallen tun. Denn heute sind die meisten Menschen scheuer und verschwiegener hinsichtlich ihrer religiösen Erfahrungen oder, wie man modern sagen könnte, hinsichtlich ihrer »transformativen Krisen«[4] als hinsichtlich ihres sexuellen Erlebens. Der Psychotherapeut HARTMUT KRAFT z. B. berichtet, daß er sehr erstaunt war, als in Kursen für Ärzte und Psychologen, in denen es eigentlich um Initiationsgebräuche bei den Schamanen gehen sollte, nicht wenige Teilnehmer von eigenen Erlebnissen, häufig zum ersten Mal in ihrem Leben, berichteten, Erlebnissen, die sie bisher aus Angst vor Pathologisierung niemandem mitgeteilt hatten. Wer tauscht schon gerne lebendige Götterfunken gegen graue diagnostische Etikettierungen ein?

Während der erwähnten Psychoseerfahrungsgruppe stellte ein Teilnehmer folgende Frage: »Warum wünschen wir uns ein Gotteserlebnis, paradiesische Zustände oder die absolute Harmonie oder wie immer ihr es ausgedrückt habt? Welche Gefühlslage bringt uns eigentlich zu diesem Wunsch?«

Ja welche? Vielleicht ist es ja die schlichte, alte, in allem Bizarren und Verrückten doch immer so deutlich spürbare Suche nach dem – unausgemachten – Sinn des Lebens; eine

Suche nach Erfahrungen, die ihre unreduzierbare Gültigkeit nur in den Religionen behalten haben.[3]

Mit einer Geschichte habe ich begonnen, mit einer Geschichte möchte ich schließen.

Einige Monate vor seinem Tod soll GRAF DÜRKHEIM von einem seiner Anhänger besorgt nach seinem Befinden gefragt worden sein:»Herr Dürkheim, ich habe gehört, Sie hatten einen Herzinfarkt.« Darauf DÜRKHEIM:»Was? Von wegen! Die Ärzte hatten einen Herzinfarkt, ich hatte eine Erfahrung.«

Literatur

1 BEUYS, BARBARA: *Johanna von Orléans*, in HOLL, ADOLF: *Die Ketzer*, Hamburg, 1994

2 BLEULER, EUGEN: *Lehrbuch der Psychiatrie*, ergänzter Neudruck der 10. Auflage von MANFRED BLEULER, Berlin, Heidelberg, New York, 1966

3 BLOCH, ERNST: *Religion im Erbe*, Frankfurt a.M., 1967

4 KRAFT, HARTMUT: *Transformative Krisen in der Psychotherapie*, in: KRUSE, G. und GUNKEL, S. (Hg.): *Impulse für die Psychotherapie* – 25 Jahre Psychotherapiewoche Langeoog, Hannover, 1996

5 KRISHNA, GOPI: *Kundalini – Erweckung der geistigen Kraft im Menschen*, Bern, München, Wien, 1990

6 MUSIL, ROBERT: *Der Mann ohne Eigenschaften*, Reinbek, 1987

7 PODVOLL, E.M.: *Verlockung des Wahnsinns*, München 1994, S. 213

8 SCHERNUS, RENATE / SCHINDLER, DIETMAR: *Psychose-Gruppe oder Das Suchen der gemeinsamen Sprache*, in: *Akutpsychiatrie – durch Auflösung der Grenzen zum kommunalen Krankenhaus der Zukunft*, 44. Gütersloher Fortbildungswoche, Gütersloh, 1992

9 SCHERNUS, RENATE: *Psychose, Mystik und ein Hauch Humor*, in: BÜHRIG, M. / LEIDINGER, F. / WOLLSCHLÄGER, M. (Hg.): *Herr Dörner hat eine Idee ... – Begegnungen mit Klaus Dörner*, Bonn, 1993

10 SLOTERDIJK, PETER (Hg): *Der mystische Imperativ* – Bemerkung zum Formwandel des Religiösen in der Neuzeit, in: *Mystische Zeugnisse aller Zeiten und Völker*, gesammelt von MARTIN BUBER, München, 1993

11 SLOTERDIJK, PETER (Hg): *Mystische Zeugnisse aller Zeiten und Völker*, gesammelt von MARTIN BUBER, München, 1993

12 VOM KREUZ, JOHANNES: *Die dunkle Nacht der Seele* – Sämtliche Dichtungen. Aus dem Spanischen übertragen und eingeleitet von FELIX BRAUN, Salzburg 1952

13 VON WEIZSÄCKER, CARL-FRIEDRICH: *Biologische Basis religiöser Erfahrung*, Weilheim, 1971

14 ZERCHIN, SOPHIE: *Auf der Spur des Morgensterns – Psychose als Selbstfindung* – Ein Erlebnisbericht, München, Leipzig, 1990

»Da ist Hopfen und Malz verloren«

Interesse für längerfristig psychisch gekränkte Menschen

Im folgenden will ich die Geschichte von Maximilian Wegesam in drei Teilen erzählen. Bei Herrn Wegesam handelt es sich um einen Menschen, der im Laufe seiner Lebensgeschichte eine schizophrene Psychose entwickelt hat oder – in der Sprache des Bundessozialhilfegesetzes ausgedrückt – der »nicht nur vorübergehend seelisch behindert« ist.

Jeder gestaltet seine eigene Schizophrenie

Schizophrene Psychosen fallen nicht vom Himmel, schlagen nicht ein wie der Blitz, sondern sie haben immer eine mehr oder minder verborgene, komplexe Vorgeschichte. Prägnant werden diese Zusammenhänge von dem Psychiater LUC CIOMPI in folgendem Zitat zusammengefaßt: »Einerseits genetisch-organisch-biochemische und andererseits psycho- und soziogene Faktorenbündel führen in wechselnder Kombination zu verletzlichen, praemorbiden Persönlichkeiten, welche dazu neigen, auf Belastungen überdurchschnittlich stark mit Spannung, Angst, Verwirrung, Denkstörungen, Derealisations- und Depersonalisationserlebnissen bis zu Wahn und Halluzinationen zu reagieren. Nach (einer oder mehreren) akut psychotischen Phasen ist die weitere Entwicklung in Wechselwirkung mit der Ausgangspersönlichkeit wahrscheinlich vorwiegend durch psycho-soziale Faktoren bestimmt, woraus die enorme Vielfalt der Verläufe zwischen völliger Heilung, Residualzuständen verschiedenen Ausmaßes und schwerster Chronifizierung resultiert.« (CIOMPI, zitiert nach DÖRNER/PLOG[2])

D. h., als den Eltern Wegesam ihr Sohn Maximilian im Gegensatz zu seiner älteren Schwester schon als kleines Kind eigenartig erscheint, befinden sie sich am Anfang einer Geschichte, deren Ausgang noch weitgehend offen ist. Die Geschichte Maximilians wird ab jetzt sozusagen an jeder Biegung seines Lebensweg in hohem Maße von unterschiedlichsten Variablen des Kontextes, auf den er treffen wird, abhängen.

Den Eltern fällt zu diesem frühen Zeitpunkt insbesondere auf, daß Maximilian nicht altersgemäß zu sprechen beginnt. Als er drei Jahre alt ist, versuchen sie zum ersten Mal, fachliche Hilfe in Anspruch zu nehmen. Sie bringen ihn zur Untersuchung in ein Kinderkrankenhaus. Folgender Befund, den ich hier zwar gekürzt, aber ungeschönt wiedergeben will, wird ihnen mitgeteilt: »Debiles Kind. Wird gebracht, weil es noch nicht redet. Das Kind ist motorisch normal entwickelt [...] Daß der Junge alles versteht, sieht man daran, daß er kleine Anordnungen richtig ausführt. Ein echter Kontakt ist zu dem Kind nicht herstellbar. Selten spricht es einzelne Worte klar aus, häufiger spricht es in einem langen, nicht verständlichen Wortsalat vor sich hin. Meistens schweigt es ganz und lächelt nur süßlich.« Der Entwicklungsquotient wird mit 0,60 als stark unter der Norm liegend angegeben. Dann heißt es weiter: »Wir haben die Eltern auf die Debilität des Kindes sowie auf die Möglichkeit der Unterbringung in einer Behinderteneinrichtung hingewiesen und das Kind wieder entlassen.«

Die Eltern sind so geschockt durch das Ergebnis der Untersuchung, daß sie sämtliche seelischen Reserven mobilisieren, um sich selbst und dem Arzt, den insbesondere der Vater in Grund und Boden verdammt, das Gegenteil zu beweisen. Für den Vater, von Beruf Techniker, sind Probleme dazu da, daß man sie löst. Täglich wird mit Maximilian Sprechen geübt, auf Sauberkeit und Wohlverhalten wird besonderer Wert gelegt. (»Er sollte später nicht auffallen.«) Insbesondere verlegen sich jedoch beide Eltern auf spezielle »gesunde« Ernährungspraktiken. Sie bilden sich die Hypothese, daß die Probleme ihres Kindes mit einer Stoffwechselstörung zusammenhängen. Durch Diäten hoffen sie, den Stoffwechsel günstig zu beeinflussen. (»Während der Schwangerschaft hatte ich eine Nierenerkrankung. Das hat bestimmt den Stoffwechsel von Maximilian durcheinander gebracht.«)

Als Maximilian zehn Jahre alt ist, wissen die Eltern nicht mehr weiter. Maximilian hat eine extreme Bakterienphobie entwickelt, ißt und trinkt nur noch von Geschirr, das er in ritualisierter Weise vorher säubert, spricht nicht mehr mit anderen, schließlich auch nicht mehr mit seinen Eltern. Aus dieser Zeit stammt die zweite fachliche Beschreibung dessen, was man als objektive Behinderung meint fassen zu können. Sie beinhaltet in manchen Punkten das Gegenteil der ersten.

»Auffällige Bewegungsmuster, Bewegungsvermögen hypodynamisch mit rasch einschießenden groben Bewegungsimpulsen im Schulter- und Armbereich. Erheblich gestörte visomotorische Koordination. Ausgeprägte Dysdiadochokinese (d. h. Beeinträchtigung der Fähigkeit, eine Folge von antagonistischen Bewegungen auszuführen). Erheblich unsicherer Strichgang. Beim Springen auf dem Trampolin Spitzfußhaltung rechts und links mit ausfahrenden Bewegungsimpulsen.« Im Körperkoordinationstest werden Maximilian Leistungen unter der Altersnorm bescheinigt sowie schwere Koordinationsstörungen beim Balancieren. Seine Intelligenz wird nach dem Hamburg-Wechsler-Intelligenztest für Kinder als »noch im Normbereich liegend« beschrieben. In der kinder- und jugendpsychiatrischen Klinik, von der der Befund stammt, werden mit ihm nun motorische Übungsprogramme durchgeführt. Erhebliche Fortschritte werden aufgezeichnet.

Die Eltern sind begeistert. Endlich wird auch von berufener Seite etwas Faßbares, Zielgerichtetes unternommen, und zwar auf einem Gebiet, das ihnen bisher als Problembereich und mögliches Übungsfeld nicht bewußt geworden war.

Die Hypothese der Klinik lautet: Was immer an diesem Kind nicht der Norm entspricht, ist als Folge einer cerebralen Bewegungsstörung zu interpretieren. Wie dem auch sei, ein nicht unbedeutender Nebeneffekt ist, daß sich Eltern und Kind für die Zeit eines halbjährigen Klinikaufenthaltes voneinander erholen können. Und vor allem ist Maximilian eine Zeitlang nicht den Hänseleien seiner Klassenkameraden ausgesetzt. In den letzten Wochen hatten diese es sich u. a. zum Sport gemacht, Maximilian im Schulbus so lange zu ärgern, bis er laute, hohe tierähnliche Heullaute von sich gab. Dies führte dann regelmäßig dazu, daß der Busfahrer ihn, begleitet vom Gelächter der unschuldig tuenden Quälgeister, rausschmiß.

Nach langsamer Heranführung an seinen heimatlichen Schulunterricht von der Klinik aus wird Maximilian als erheblich gebessert entlassen.

Von da ab bringen ihn die Eltern ca. alle zwei Jahre in eine andere Klinik, da immer wieder Schwierigkeiten auftreten. Unter anderem kapselt sich Maximilian weiterhin stark von Gleichaltrigen ab und wird zunehmend aggressiv gegen seine Eltern. Diesen kann man passive Untätigkeit gewiß nicht vorwerfen. Beharrlich verfolgen sie weiterhin das Ziel, »eine Zustandsänderung« ihres Sohnes herbeizuführen. Neben anderen Behandlungsversuchen (schulmedizinischen und alternativen) gelingt es ihnen z. B., Maximilian 1976 in ein verhaltenstherapeutisches Institut zu bringen. Auch hier, wie bei allen anderen Klinikaufenthalten, wird sein Verhalten als freundlich zurückhaltend und passiv beschrieben. Gewisse Fortschritte im Umgang mit anderen Kindern und Jugendlichen werden ihm auch 1976 bescheinigt. Allerdings heißt es abschließend skeptisch: »Bliebe das Sozialverhalten so, wie es zur Zeit ist, würde der Jugendliche wohl kaum in einer Lehrstelle zurechtkommen. Würde die Kontaktbereitschaft und Kontaktfähigkeit aber im weiteren Verlauf ansteigen, wäre das schon eher denkbar.« Aus diesbezüglichen Übungsgründen wird Maximilian das Versprechen abgenommen, sich einem Verein am Ort anzuschließen; ein ziemlich direkter Versuch, ihm »den Umgang mit nichtbehinderten Personen zu ermöglichen«, der jedoch mißglückt.

Den Eltern wird »nach dem verhaltenstherapeutischen Modell konsequentes Verhalten« empfohlen. Insbesondere die Mutter-Sohn-Interaktion gerät in den Blick. Beispiel: »Sie putzt ihm einerseits die Schuhe und achtet andererseits nicht darauf, daß er zeitig zu den Mahlzeiten erscheint, wenn er gerufen wird.«

Allmählich ändern sich die Diagnosen. Hieß es 1974 noch: »Neurotische Fehlentwicklung mit extremer Hemmung«, so wird 1976 von »Schwerer Störung der Persönlichkeitsentwicklung mit regressiven und anankastischen Zügen bei nicht hinreichendem Anhalt für eine Psychose« gesprochen. Gleich bleibt bei jeder Diagnose die Formulierung »Verdacht auf frühkindliche Hirnschädigung«.

1978, nach einer vor allem wegen Schwierigkeiten im Umgang mit den Mitschülern gescheiterten Teilnahme an einer Berufsfindungsmaßnahme klagt Maximilian über ein »verändertes Geschmacksempfinden vor allem für Süßes« und darüber, daß er den Umriß einer männlichen Person neben sich sehe »auch dann, wenn kein Mensch in meinem Zimmer ist«. Er werde unverwandt angeschaut und fühle sich ständig beobachtet. Das mache ihm große Angst. Ferner äußert er: »Ich fühle mich wie sieben und deswegen soll auch meine Seele in der kindlichen Form erhalten bleiben. In tausend Jahren will ich immer noch ein Siebenjähriger sein.« Die Eltern klagen, daß er die Körperpflege vernachlässige (bei ausgeprägter

Bakterienfurcht), daß er monoton hin- und herlaufe, Ansprache erst nach mehreren Erklärungen aufnehme und wenn der Vater versuche, seinen Eigenarten Einhalt zu gebieten, böse werde und zuschlage. Jetzt wird ihm die Diagnose »Verdacht auf Schizophrenie« gestellt.

Zwischen 1978 und 1984 (unterbrochen durch Klinikaufenthalte) versucht der Vater immer wieder, Maximilian in berufliche Maßnahmen zu bringen. Mehrere Versuche scheitern. Schließlich wird er über einen besonderen Förderweg als Dreher angelernt. Dies durchzuhalten hat Vater und Sohn die »letzten Nerven gekostet«. Am Ende – obgleich äußerlich erfolgreich – weigert sich Maximilian, weiter zur Arbeit zu gehen, und verlangt, in eine psychiatrische Klinik eingewiesen zu werden. Dies setzt er gegen den Willen seiner Eltern durch. Bei Aufnahme sagt er, daß seine Eltern so unter ihm leiden, daß er seiner Ansicht nach von zu Hause weg müsse. »Mein Vater fordert mich so heraus, daß ich wild werde und gegen Türen schlagen muß.« Von dieser Klinik wird Maximilian schließlich für eine längere psychiatrische Rehabilitationsbehandlung angemeldet.

Im Übergabebericht wird zur Familiensituation vermerkt: »Die Familie droht zu zerbrechen. Der Vater kommt nur noch ungern nach Hause. Die Mutter flüchtet sich in die Arbeit und klagt über depressive Zustände. Die ältere Schwester ist durch den Umgang mit dem kranken Maximilian bedrückt und beschuldigt die Eltern, an seinem Zustand schuldig zu sein.«

Mehr desselben

März 1984 stellt sich Maximilian Wegesam, damals 24 Jahre alt, in Anwesenheit seiner Eltern in einer Bielefelder Rehabilitationsklinik für psychisch kranke Menschen vor. In dieser Klinik lerne ich ihn persönlich kennen.

Mir begegnet dort ein sehr blasser, übermäßig schlanker, etwas nachlässig gekleideter junger Mann, der sich eckig bewegt und dessen Gesichtsausdruck traurig erscheint. Dieser Ausdruck verändert sich in auffällig plötzlicher Weise, wenn Maximilian W. von den Mitarbeitern des Aufnahmeteams angesprochen wird. Seine Eltern werden in Abständen immer wieder gebeten, ihn für sich selbst sprechen zu lassen. Maximilian W. hat eine eigenwillige, fast unnachahmbare Sprechmelodie, die Anwesende in seinen Bann zieht. Er beginnt seine Gesprächsbeiträge in hoher, etwas quäkender Tonlage, behält diese über mehrere Sätze hinweg monoton bei und beendet inhaltliche Abschnitte mit zwei bis drei tiefer intonierten Silben. Bei letzteren Sprechabschnitten erscheint fast regelmäßig ein kindliches, etwas hilflos wirkendes Lächeln auf seinem Gesicht, das seine Gesprächspartner für ihn einnimmt. Maximilian sagt über sich selbst: »Ich kriegte solche Zustände, von denen meine Psyche schlecht wird, immer, wenn ich nach Hause kam … Dr. A. hat gesagt, ich hätte eine endogene Psychose … Ich verspüre für viele Minuten Angst, bis zur Todesangst. Ich sehe mein eigenes Ich, außerhalb meines Körpers, ohne Bewußtsein, meinen Tod mit so Wahnsinnsbildern … Ich sehe auch Uhrzeiger im Unterbewußtsein. Manchmal muß ich mich schütteln. Ich bin innerlich angespannt und kann mich dann nicht rühren.«

Der Vater sagt: »Eigenartig, wenn mein Sohn längere Zeit von zu Hause weg ist, geht es ihm immer besser. Wir haben 24 Jahre für ihn gekämpft. Vor zwanzig Jahren sagte der Kinderarzt schon, da ist Hopfen und Malz verloren … Er muß doch wenigstens sein Brot selbst verdienen können.«

Die Mutter sagt: »Zu Hause hat er die Tapeten abgerissen und den Putz von den Wänden gehauen … Wir haben uns jahrelang aufgeopfert.«

Auf die Frage, was er von der Aufnahme in der Rehabilitationsklinik erwartet, sagt Maximilian W.: »Daß das besser wird mit der Psyche. Man müßte das richtige Medikament finden für mich. Mein Vater sagt, daß ich jetzt das richtige Mittel brauche.« Maximilian W. bleibt knapp zwei Jahre in der Rehabilitationsklinik, zunächst zu Lasten der Krankenkasse, danach zu Lasten des überörtlichen Sozialhilfeträgers.

Ist es richtig, einen Menschen wie Herrn Wegesam in einer Rehabilitationsklinik aufzunehmen? Dazu ist zunächst zu sagen, daß nach dem Stand neuester wissenschaftlicher Erkenntnisse zwar die Prognose der Schizophrenie im allgemeinen als eher günstig anzusehen ist, daß es aber für den Einzelfall keine sichere Vorhersagemöglichkeit gibt. Durch die Verweigerung psychosozialer Hilfen und heilsamer Milieus könnte man allenfalls die Sicherheit – dann allerdings nur negativ – prognostischer Aussagen erhöhen.

Aber ist für Herrn Wegesam ein Milieu mit dem Schwerpunkt Rehabilitation heilsam? Bis zum jetzigen Zeitpunkt ist bei Herrn Wegesam nahezu ausschließlich linear und direkt auf den von außen angeblich sichtbaren Hilfebedarf reagiert worden, ohne daß versucht wurde, ein Verständnis von seinem subjektiven Erleben zu gewinnen und seine Verletzungen durch frühes, übermäßiges Training auf nahezu allen Gebieten zu berücksichtigen. Die Engführung »Hilfebedarf gleich Trainingsbedarf« wurde von Eltern, Fachleuten und Kostenträgern über Jahre hinweg beibehalten und schließlich auch von ihm selbst übernommen.

Seitens der Rehabilitationsklinik entscheidet man sich für eine Aufnahme, entwickelt aber von Anfang an ein Gespür dafür, daß man bei Herrn Wegesam aufpassen muß, nicht nach dem Muster »mehr desselben« seine pathologischen Anpassungsversuche zu verstärken und so womöglich einer Chronifizierung Vorschub zu leisten.

Wenn es nur darum ginge, als Einrichtungsträger eine »erfolgreiche« Arbeit nachzuweisen, könnte man behaupten, daß dieser Aufenthalt gewisse objektivierbare positive Veränderungen bringt:

- Maximilian W. geht – nachdem drei Beschäftigungsversuche zunächst fehlschlugen – vormittags in eine Beschäftigungstherapie. Nur selten läßt er sich durch seine seelische Befindlichkeit daran hindern.
- Er nimmt an regelmäßigen therapeutischen Angeboten, wie Reittherapie, Bewegungstherapie und Lauftrainingsgruppe teil.
- Er läßt sich zum Mitmachen bei allen Freizeitangeboten motivieren.
- Er sitzt im gemeinsamen Wohnzimmer und weicht der Anwesenheit von anderen nicht aus.
- Er nutzt die ihm gebotenen Möglichkeiten, Mitarbeitern und Ärzten gegenüber von seinen seelischen Problemen zu sprechen.
- Die Beziehung zu seinen Eltern wirkt von außen gesehen spannungsfreier. Er besucht sie nie. Sie besuchen ihn regelmäßig.
- Mit Aufforderung und z. T. Anleitung putzt er sich regelmäßig die Zähne, duscht, wechselt Körper- und Bettwäsche, putzt sein Zimmer, kauft für Frühstück und Abendessen ein (ohne Aufforderung und Anleitung würde er verwahrlosen und sich nicht richtig ernähren).
- Die Eltern gehören zu den regelmäßigsten Besuchern der 14-tägigen Angehörigengruppe. Sie haben alle Kontakte zu Verwandten und Nachbarn aufgegeben. Die Angehörigengruppe stellt für sie nach langer Zeit so etwas wie eine erste »Reintegration in die Gesellschaft« dar.

Wie steht es mit dem subjektiven Befinden des Maximilian W.? Er wird durchgängig von inneren Vorgängen gequält, sieht bleich und finster aus, sagt u. a.: »Ich hab so ein komisches Denken gehabt. Ich muß immer weiter denken, auch wenn ich gar nicht denken will. Das Denkenmüssen macht mich schwermütig.« Ohne sichtbaren äußeren Anlaß beginnt er plötzlich heftig zu weinen oder er schlägt gegen Türen und schreit laut: »Ich halte es nicht mehr aus, älter zu werden. Ich halte es nicht mehr aus, daß die Zeit so langsam vergeht.« Dann wieder klagt er über Veränderungen seines Körpergefühls und veränderte Geschmacksempfindungen. Neuroleptika bringen keine deutliche Besserung, schon gar nicht für sein subjektives Befinden.

Wegen seines absolut reaktiven Kontaktverhaltens (u. a. grüßt er niemanden und nennt niemanden bei seinem Namen) wird er von Mitpatienten abgelehnt. Mitarbeiter haben den Eindruck, daß er mit seinen Problemen auf der Stelle tritt und daß hinter seinem reaktiven Kontaktverhalten eine aktive, aggressiv getönte Verweigerung steht.

Er selbst ist enttäuscht, hat er doch von dem Zauberwort Rehabilitation, insbesondere weil er doch alles macht, was die Fachleute ihm sagen, ein »Gesundwerden« erwartet, von dem er nichts spürt. In einem Gespräch mit mir sagt er: »Ich empfinde das so, aber ich bin unsicher, ob da noch was anderes sein muß in meinem Leben – aber nicht so. Das muß jetzt anders werden. Sonst geht nichts mehr.«

Im Mitarbeiterteam gibt es seinetwegen heftige Debatten. Strittig ist, was in Bezug auf Maximilian W. Rehabilitation sinnvollerweise zu bedeuten hätte. Eine Mitarbeiterin sagt: »Ich glaube, daß es nicht gut ist, wenn er noch länger hier bleibt. Er ist doch sozusagen sein ganzes Leben lang rehabilitiert worden. Selbst wenn wir versuchen, ihn nicht unter Druck zu setzen, bekommt er doch mit, was hier Standard ist. Zumindest bekommt er es über seinen Vater vermittelt, der jedesmal nach Fortschritten fragt und ihn dann gleich mit den Überfliegern hier vergleicht. Ich finde, wir sollten ihn in den Langzeitbereich vermitteln.« »Wenn wir für den Langzeitbereich rehabilitieren, können wir gleich einpacken«, erwidert ein Sozialarbeiter. Die Bezugsperson von Herrn Wegesam erwidert heftig: »Das ist Quatsch. Du gehst von Deinem Ehrgeiz aus. Ich kann mir gut vorstellen, daß er in einer familienähnlichen Atmosphäre besser klarkommt als in unserer Internatsatmosphäre.« Dann wird noch ergänzt: »Na ja, in der Psychiatrie muß man alles paradox denken können. Vielleicht bedeutet bei Herrn Wegesam Rehabilitation so etwas wie reflektierte Förderungsaskese.«

Mit Herrn Wegesam werden Gespräche über seine Zukunft geführt. Die unterschiedlichen sowohl in Bielefeld als auch auf dem Gelände der Anstalt Bethel vorhandenen Wohnmöglichkeiten werden ihm erläutert. Er weiß, was er nicht möchte: nicht allein leben, nicht in der Stadt leben, nicht bei seinen Eltern leben. Die für ihn verantwortlichen Mitarbeiter fragen ihn, ob das heißt, daß er lieber in Bethel als in Bielefeld wohnen möchte. Darauf sagt er: »Nein, das heißt, ich möchte in der Natur wohnen, weil ich da meine Ruhe habe.« In Kenntnis der realen Möglichkeiten, die in etwa der Kombination seiner Wünsche und seinem ausgeprägt vorhandenen Unterstützungsbedarf entsprechen, wird ihm ein kleines Wohnheim am Rande Bethels beschrieben, in dem auch viele ältere Frauen wohnen und in dem zufällig ein Platz frei ist. Zur Überraschung der Mitarbeiter reagiert er spürbar erleichtert und mit der verblüffenden, gleichzeitig aber auch sehr erhellenden Bemerkung: »Da kann ich noch tausend Jahre sieben Jahre alt sein.« Er nimmt sofort an.

Die Entdeckung der Langsamkeit

1987 zieht Herr Wegesam in dieses Heim um. Dort leben siebzehn Menschen. Vier der Bewohner und Bewohnerinnen sind unter dreißig Jahre alt. Neun sind über siebzig. Eine Bewohnerin ist bereits neunzig. Für jeden einzelnen gibt es ein individuelles auf ihn abgestimmtes Konzept. Die Jüngeren besuchen meist Beschäftigungstherapien außerhalb des Hauses oder die Werkstatt für Behinderte (WfB), die Älteren beteiligen sich an der Gartenarbeit und an der Zubereitung des Mittags, zeitweilig wird auch ein jüngerer, schwerer gestörter Mensch in diese Alltagsarbeiten hineingenommen, wenn alles andere für ihn noch nicht oder zeitweilig nicht mehr möglich ist.

Das Klima ist in der Tat viel familiärer und engräumiger als in der Rehabilitationsklinik. Die Mitarbeiter sagen, die Arbeit sei deshalb so befriedigend, weil es keine »Patientenmonokultur« gäbe. Zwischen Älteren und Jüngeren entstünden häufig fruchtbare, für beide Seiten hilfreiche Kontakte. Eine Teilhabe an solchen Kontakten zeichnet sich für Herrn Wegesam zunächst nicht ab. Die Jahre bis 1990 bleiben weiterhin schwierig. Sie ähneln dem bisher Beschriebenen. Seine Klagen, seine Alltags- und Kontaktprobleme scheinen sich Tag für Tag zu gleichen.

Drei Jahre lang passiert in diesem Heim von außen betrachtet wenig. Hätte der Kostenträger damals schon so genau hingeschaut wie heute, wären womöglich wegen eines sogenannten kostenintensiven »Hilfeüberangebots« die Mittel vorzeitig gestrichen und der Träger aufgefordert worden, Herrn Wegesam in eine Pflegeeinrichtung zu verlegen. Glücklicherweise war es damals jedoch möglich, Herrn Wegesam diese Situation zu erhalten, ohne ihm ein bestimmtes Entwicklungstempo vorzuschreiben.

Dann, im Frühjahr 1990, entsteht Bewegung: Herr Wegesam ist – wie er nachträglich sagt – über einen von ihm empfundenen Zeitstillstand und das Unverständnis seiner Umwelt diesem Phänomen gegenüber so erbost, daß er mit einem Stein eine Scheibe einwirft. Die Mitarbeiter sind zunächst in der Gefahr, dieses Verhalten als massive Verschlechterung seines Zustandes zu interpretieren. Die Bezugsperson verhindert diese Festschreibung, indem sie sagt: »Vielleicht konnte er sich nicht anders bemerkbar machen. Vielleicht war es jetzt lange genug, daß wir ihn weitgehend in Ruhe gelassen haben.«

In engem zeitlichen Zusammenhang zu diesem Vorfall, scheint seine Stimmung allmählich besser zu werden. Im Sommer 1990 beginnt Herr Wegesam, sich für eine 44jährige Mitbewohnerin, Frau E., zu interessieren, eine kontaktbereite Frau, deren Probleme eher im Suchtbereich liegen. In ihrer freundlichen Art hatte sie ihn einmal zum Tee eingeladen. Anfang 1991 geschieht ein »Wunder«: Herr Wegesam geht seinerseits auf Frau E. zu und lädt sie zum Tee in sein Zimmer ein. Er bereitet alles vor, organisiert sogar eine Tischdecke, unterhält sich mit ihr über Umweltprobleme, Esoterik und das Leben nach dem Tod. Wenig später schenkt er ihr völlig aus eigener Initiative einen Teddybären zum Geburtstag. Frau E. nimmt alles dankend an, verhält sich ihm gegenüber wie eine ältere Schwester. In diesem Zeitraum ändert sich Herrn Wegesams subjektive Befindlichkeit deutlich. Er klagt kaum mehr über veränderte Realitäts- und Körperwahrnehmung. Er spricht andere Menschen mit ihren Namen an und beginnt spontan zu grüßen. Beides hat er seit Jahren nicht mehr getan.

Deutliche Veränderungen lassen sich auch zwischen ihm und seiner Familie beobachten. Die Eltern gehen lockerer mit ihm um, machen ihm keine Ernährungs- oder Übungsvorschläge mehr. Offensichtlich hat sich die eheliche Situation stabilisiert. Maximilian W. traut sich jetzt, in Abständen zu Hause Besuche zu machen.

Wichtig in diesem Zusammenhang ist die Tatsache, daß die Eltern und ihre Probleme, ihre Enttäuschungen, ihre extrem zurückgezogene Lebensart, ihre Erwartungshaltung an Maximilians Gesundheits- und Ernährungszustand, ihre Reparaturwünsche gegenüber den Ärzten sowie auch ihre immer deutlicher werdenden Schuldgefühle sowohl in der Angehörigengruppe als auch in vielen Einzelgesprächen bis Ende 1989 mehr im Vordergrund standen als Maximilians durch »Förderungsaskese« geschützte Situation.

»... es gibt viele Forschungsergebnisse, die zeigen, daß die Angehörigen den Verlauf einer Erkrankung günstig oder ungünstig beeinflussen können. Deswegen brauchen die Angehörigen Hilfe, damit sie nicht ihren Schuldgefühlen und der unzureichenden Problemlösung ihres Kranken unterliegen, sondern ihren Weg gehen können, damit auch der Betroffene neue Lösungen für sich finden kann.«[2] Hier handelt es sich um eine hochwirksame, in bezug auf die Betroffenen allerdings eher indirekt ansetzende Hilfe, die den Umgang mit der Familie oft wieder ermöglicht. Damit geht der Betroffene einen ersten Schritt zu auf ein Leben mit (einzelnen) sogenannten nichtbehinderten Personen.

Neu entdeckt wird in der Beschäftigungstherapie Maximilian Wegesams Fähigkeit, sich künstlerisch zu artikulieren. Er malt ausdrucksstarke Bilder, nimmt an einem Kurs in der Kunsthalle teil, genießt den Erfolg.

Diesen Platz in der Beschäftigungstherapie – er arbeitet inzwischen fünf Stunden täglich und seine Arbeitsleistung hat sich deutlich verbessert – möchte er nicht verlassen. Ungefähr zwei bis drei Stunden vormittags ist er mit Industriemontage beschäftigt, die weitere Zeit füllt er mit Malen aus. Es entstehen Bilder, die ihm wegen ihrer ausgeprägten Originalität sehr viel Anerkennung einbringen. Für einen WfB-Platz war er bisher nicht zu interessieren. Um den Gewinn, den er zur Zeit noch aus den kreativen Gestaltungsmöglichkeiten zieht, die ihm die Beschäftigungstherapie bietet, nicht zu gefährden, wird er nicht gedrängt, in die WfB zu wechseln.

Da er sich nicht uninteressiert an den Stichworten »Rentenversicherung« und »normalerer Arbeitsplatz« zeigte, ist es nicht ausgeschlossen, daß sich hier in den nächsten Jahren noch etwas ändert. Auch diesbezüglich müssen die Anstöße der Mitarbeiter sein individuelles Entwicklungstempo berücksichtigen.

Den Vater von Herrn Wegesam hat es viel innere Arbeit gekostet, die Erwartung: »Er muß doch sein eigenes Brot verdienen«, loszulassen und diesbezüglich keinen Druck mehr auf seinen Sohn auszuüben. Das Beispiel von Herrn W. zeigt, daß die fachliche Hilfe zur Arbeit gerade darin bestehen kann, den auf dem allgemeinen Arbeitsmarkt zwingend bestehenden Zusammenhang zwischen einer zielgerichteten Tätigkeit/Arbeit und einem damit angestrebten wirtschaftlichen Erfolg (zunächst) aufzulösen. Bestimmten psychisch behinderten Menschen gelingt es nur so, den Einsatz ihrer Fähigkeiten selbst sinnhaft zu besetzen. Bisweilen brauchen sie sogar gleichzeitig die Möglichkeit, eine auch nur minimale wirtschaftliche Verwertbarkeit ihrer Produkte als Ziel völlig abzulehnen.

Was Herrn Wegesam betrifft, ist der Vollständigkeit halber zu ergänzen, daß er sowohl in der Wohnheimgruppe als auch in der Beschäftigungstherapie immer noch wenig Kontakte hat. Das Grundmuster eines eher reaktiven Kontaktverhaltens ist geblieben. Er wird im Gegensatz zur Anfangszeit jedoch durchaus von anderen akzeptiert, da er jetzt als freundlich empfunden wird.

Man kommt nicht umhin zu bemerken, daß bei dieser ganzen Entwicklung, neben alledem, was objektiv zu beobachten, zu dokumentieren und zu leisten ist, der subjektive Faktor eine nicht zu unterschätzende Rolle spielt. Dieser subjektive Faktor betrifft erstens das Einfühlungsvermögen, die Beziehungsfähigkeit der Mitarbeiter sowie ihre Fähigkeit, die Hoffnung nicht aufzugeben. Hier ist übrigens anzumerken, daß der höchst subjektive Faktor »Hoffnung«, meist ausgedrückt als »positive Erwartung«, einer der wenigen ist, der, objektiv feststellbar, sehr hoch mit einer positiven Prognose der Schizophrenie korreliert.

Der subjektive Faktor ist aber zweitens auch in besonderer Weise auf seiten der Menschen, die schizophren erkrankt sind, zu berücksichtigen. Bei jeder Krankheit können wir beobachten, daß das subjektive Empfinden sich nicht völlig deckungsgleich mit parallel dazu erhobenen objektiven Befunden verbessert oder verschlechtert. Zur schizophrenen Psychose gehört es wesensmäßig, daß die Korrelation zwischen dem, was objektiv befundet oder beobachtet werden kann, und der subjektiven Selbstwahrnehmung äußerst locker ist und bisweilen gegen Null geht. Bei keiner anderen Krankheit ist die subjektive Befindlichkeit so sehr im Kern berührt wie bei einer Psychose. Die neu entstandenen Selbsthilfebewegungen Psychoseerfahrener kritisieren – wie ich meine, zu Recht – die Vernachlässigung des subjektiven Faktors bei den herkömmlichen psychiatrischen Behandlungsmodellen und fordern eine »subjektorientierte« Psychiatrie. Anhand von Herrn Wegesams Geschichte ist eindrücklich nachzuvollziehen, daß ein Mensch sozusagen »todunglücklich« bleiben kann trotz (oder auch zum Teil wegen) der von außen an ihn herangetragenen Anstöße zur »Zustandsänderung«[3]. Daß Herr Wegesam sich solchen Anstößen zeitweilig relativ widerspruchslos unterwirft, liegt vor allem daran, daß Zwanghaftigkeit zu seiner speziellen psychischen Struktur gehört. Letztlich legt seine Geschichte aber den Eindruck nahe, daß eine Verbesserung seines subjektiven Befindens die Voraussetzung für alle weiteren Entwicklungsschritte war.

Manchmal äußert Herr Wegesam Angst, das Heim verlassen zu müssen. »Ich habe Angst, daß die Todesangst wiederkommt und ich nichts mehr machen kann.« Seine vielen anderen Ängste äußert er überhaupt nicht mehr. Nur mit dem Versprechen, daß er noch jahrelang bleiben könne, ist er 1994 zu motivieren, zusammen mit Frau E. sowie Frau H. und Herrn L. in eine kleine Wohneinheit mit mehr Möglichkeiten zur Selbstversorgung in den Anbau des Hauses zu ziehen.

Auch dort braucht er noch Anleitung und Hilfestellung, da sein Grübeln über das Leben nach dem Tod und über das erstaunliche Phänomen der vergehenden, subjektiv aber manchmal stillstehenden Zeit ihn oft so sehr in Anspruch nimmt, daß Hygiene, Zimmerreinigung und Ernährung darunter leiden.

Die erfreuliche Entwicklung Herrn Wegesams wäre vermutlich nicht möglich gewesen, wenn die Mitarbeiter des Heims nicht mit der besonderen Kunst psychiatrischer Arbeit mit schizophrenen Menschen vertraut gewesen wären, die darin besteht, zwischen Lassen und Anstoßgeben die jeweils für eine bestimmte Person angemessene Mitte zu finden. Dieses Gleichgewicht war bei Maximilian W. früh bedroht. Das (Fehl-)urteil des Kinderarztes über Maximilians angebliche Debilität und Kontaktunfähigkeit, aus dem der Vater entnahm, »da ist Hopfen und Malz verloren«, hat zu den regelrecht panischen Förderungsversuchen der Eltern beigetragen. Daß Angst (Todesangst) zu einem frühen Kernproblem dieses Kindes wurde, ist nicht aus der leichten (möglicherweise vorhandenen) hirnorganischen Vorschädigung zu verstehen, sondern eher aus dem sein Gleichgewicht ständig störenden Umgang mit ihr. Was dieses Thema betrifft, ist die Geschichte Maximilians typisch für alle Menschen mit seelischen Krankheiten. Sowohl Eltern als auch Fachleute bewegen sich immer in dieser Gefahrenzone der Unter- oder Überforderung, der Unter- oder Überstimulation.

Gerade aus diesem Grunde sind überspezialisierte Angebote für längerfristig psychisch kranke Menschen als Lebensmilieu eher ungeeignet. Ein Milieu, das ausreichend Anregungen und Angebote vorhält, ohne zur Teilnahme zwingen zu müssen, in dem man alten und jungen, starken und schwachen Menschen begegnen kann, ist am ehesten dazu geeignet, den Selbsthilfepotentialen der Betroffenen Raum zu geben und ihnen zu ermöglichen, die pathologischen Selbstschutzfunktionen ihrer Symptome zugunsten angemessenerer Möglichkeiten aufzugeben. Bei Maximilian W. wird dieser Effekt verblüffend deutlich. Nach drei Jahren des Verzichts darauf, bei ihm »Zustandsänderungen« zu erzeugen, ist er allmählich in der Lage, von selbst Schritte zu machen.

Die bei ihm zunächst zu beobachtende Stagnation ging vorrangig darauf zurück, daß der in seiner Kindheit und Jugend durchaus vorhandene Hilfebedarf einseitig interpretiert wurde als Trainingsbedarf. Es wäre allerdings fatal gewesen, wenn bei Maximilan W. dem ersten Mißverständnis von Hilfe ein zweites gefolgt wäre. Eine derartige weitere Fehlinterpretation seines Hilfebedarfs hätte vorgelegen, wenn die Phase seines Rückzuges und seiner »Rehabilitations-Abstinenz« als Status interpretiert worden wäre, der weitere Förderungsangebote und Anregungen entbehrlich machte. In diesem Falle wäre er vermutlich nicht von wachsamen Menschen begleitet worden, die sorgfältig die von ihm ausgehenden Signale zu interpretieren versuchten, die warten konnten und zur Stelle waren, als er bereit war, weitere Schritte zu riskieren.

Nicht nur bei Herrn Wegesam, sondern bei fast allen psychisch kranken Menschen wechseln aus unterschiedlichen Gründen Zeiten, in denen sie eine eher schonende pflegende Hilfestellung benötigen mit solchen, in denen Forderung und Förderung angemessener ist. Daraus ergeben sich phasenhaft Schwerpunkte im Zugang. Darüber hinaus muß jedoch auch in der tagtäglichen psychiatrischen Arbeit beides miteinander in Ausgleich gebracht werden. Bisweilen wird in diesem Zusammenhang von ganzheitlicher Sicht gesprochen.

Der Begriff der Ganzheitlichkeit wird zugegebenermaßen bisweilen inflationär gebraucht und erweckt den Verdacht, daß man sich mit ihm einer genauen Beschreibung entziehen will. Eine detailgenaue Beschreibung des Unterstützungsbedarfs eines Menschen hat natürlich auch in der Psychiatrie ihren Wert. Ich muß als Mitarbeiter erkennen, ob jemand sich die Zähne putzt, sich wäscht, sein Zimmer reinigt, bei Kälte und Wärme angemessene Kleidung trägt, genügend trinkt oder – schon etwas komplexere Verhaltensweisen betreffend – andere Menschen grüßt, sich Namen merken kann, ein Gespräch führen kann etc. Ich muß dies jedoch immer auf die Lebensgeschichte und die subjektive Erfahrungswelt des Betroffenen beziehen. Ich muß die Bedeutung solcher Verhaltensweisen erschließen. Nur in den seltensten Fällen beruhen in der Psychiatrie sogenannte Defizite auf einem grundsätzlichen Mangel an Fertigkeiten. Zu allermeist stehen sie entweder im Zusammenhang mit psychotisch bedingten Basisstörungen oder sie weisen auf Bedeutungszusammenhänge hin, die nur unter Einbeziehung der individuellen Lebensgeschichte und ihrer je subjektiven Verarbeitung verstehbar werden können. »Psychotherapie aber ist auch für Langzeitpatienten sinnvoll, wenn sie viel stärker als bisher als ›heuristischer Prozeß‹ begriffen wird.« (GRAWE, zitiert nach BOCK[1])

Abschließende Bemerkung

Durch die Geschichte von Herrn Wegesam sollte exemplarisch deutlich gemacht werden, daß kleinräumige, intensiv betreute Angebote im psychiatrischen Bereich nicht nur einer kleinen Minderheit psychisch kranker Menschen zur Verfügung gestellt werden dürfen, nämlich denjenigen, die bereit und in der Lage sind, sie intensiv, mit objektiv nachweisbaren Erfolgen und innerhalb eines in Relation zum Kostenfaktor angemessenen Zeitraumes zu nutzen. Angebote von Einrichtungen und Diensten müssen sich vielmehr gerade auch an Menschen richten, die sich dem modernen Fortschrittstempo verweigern.

Was für den einzelnen ein angemessener Zeitraum ist, läßt sich nicht standardmäßig festlegen.

In Zeiten wie den unseren, in denen durch jahrelange und lautstarke Debatten über die Umstrukturierung unseres Gesundheitswesen eine hohe Sensibilität der Öffentlichkeit für Kostenfaktoren in diesem Bereich hergestellt wurde, mag es naiv klingen, dies auszusprechen. Wenn jedoch für Menschen wie Herrn Wegesam die entsprechenden Mittel nicht in ausreichender Weise zur Verfügung gestellt werden, könnte es auf Seiten der Mitarbeiter leicht geschehen, daß sie sich unter dem Einfluß des auf lineare Effektivität dressierten Zeitgeistes und unter dem Druck der Nachweispflicht gegenüber dem Kostenträger an Förderplänen festbeißen oder umgekehrt, chronische Pflegebedürftigkeit vorschnell attestieren, wo aufmerksame Geduld dem Hilfebedarf am besten entspräche.

Damit aufmerksame Geduld ihre Wirksamkeit entfalten kann, benötigt eine entsprechende Einrichtung oder ein entsprechender Dienst vor allem Mitarbeiter in ausreichender Zahl und mit guter Qualifikation, durch die gewährleistet werden kann, daß der einzelne auf psychiatrische Unterstützung angewiesene Mensch auf feste Bezugspersonen zurückgreifen kann. Diese müssen zeitlich verläßlich für ihn da sein können, wenn er bei ihnen oder über sie mitmenschliche Gemeinschaft sucht.

Eine flexibel verfügbare, fachlich spezialisierte, ärztliche Betreuung, sowie differenzierte Beschäftigungs- und Arbeitsangebote und unterschiedliche Wohnmöglichkeiten im Rahmen des Heimatortes gehören natürlich ebenfalls zur Konkretion von »aufmerksamer Geduld«.

Literatur

1 BOCK, TH.: *Grundrechte in der Psychiatrie*, in: PFÄFFLIN, F. (Hg.): *Der Mensch in der Psychiatrie*, Berlin 1988, S. 206
2 DÖRNER, K. / PLOG, U.: *Irren ist menschlich*, Bonn 1996, S. 151/162
3 LANDSCHAFTSVERBAND WESTFALEN-LIPPE: Positionspapier zur Abgrenzung der Eingliederungshilfe (§ 39) von der Hilfe zur Pflege (§ 68) nach dem Bundessozialhilfegesetz (BSHG), 1996

Entgleiste Gesellschaft

Ein Anstaltsschicksal zwischen 1933 und 1943

»Die extremsten und gut dokumentierten Fälle globaler ›Sozialtechnologie‹ in der modernen Geschichte (die von Stalin und Hitler organisierten) waren ungeachtet all ihrer begleitenden Scheußlichkeiten weder Ausbrüche einer Barbarei, die noch nicht vollkommen von der neuen rationalen Ordnung der Zivilisation ausgelöscht war, noch der Preis, der für Utopien entrichtet wurde, die dem Geist der Moderne fremd waren. Ganz im Gegenteil, sie waren legitime Kinder des modernen Geistes, jenes Dranges, den Fortschritt der Menschheit zur Vollkommenheit zu unterstützen und zu beschleunigen, der durchweg das hervorstechendste Merkmal der Moderne war – jener ›optimistischen Ansicht, daß wissenschaftlicher und industrieller Fortschritt im Prinzip alle Beschränkungen der möglichen Anwendung von Planung, Erziehung und Sozialreform im Alltagsleben beseitigt habe‹, jenes Glaubens, daß soziale Probleme endgültig gelöst werden konnten.«

(ZYGMUNT BAUMAN[4])

»Ich fürchte, daß jede Gesellschaft entgleisen kann, je komplexer sie ist, desto leichter. Und ich fürchte, daß die größte Gefahr dann besteht, wenn sich die Bürger eines Gemeinwesens weismachen lassen, daß es für schwierige soziale, wirtschaftliche und politische Probleme einfache Lösungen gibt.«

(ASMUS FINZEN[5])

Einsichtnahme in verstaubte Akten

Anna Moser, geboren am 08.02.1906, starb im Alter von 37 Jahren am 23.11.1943 gegen 8.00 Uhr. Mit einem nur jeweils wenige Minuten betragenden zeitlichen Abstand starben am selben Vormittag 14 weitere Menschen. Die Uhrzeiten offenbaren, daß es sich um ein geplantes Sterben handelte, dennoch machte man sich die Mühe, für jeden Menschen eine individuelle Krankheit als Todesursache anzugeben. Anna Moser starb in der Heil- und Pflegeanstalt Meseritz/Obrawalde im deutsch okkupierten Polen.

Sehr wahrscheinliche tatsächliche Todesursache: Mord durch Veronalgabe und/oder Morphium-Scopolaminspritze.[8]

Sehr wahrscheinlich erlogene, aber sorgfältig aufgezeichnete Todesursache: Geisteskrankheit, Schizophrenie, Pneumonie, Lungenentzündung (in den Sterberegistern von Obrawalde, die eingesehen werden konnten, sind die psychiatrischen Diagnosen in einer Aufzählung neben der angeblichen Todesursache verzeichnet).

An Schizophrenie stirbt man nicht. Sie ist meistens, wie wir heute glauben, heilbar, heilbar bei manchen Menschen auch in dem Sinne, daß man lernen kann, mit ihr zu leben, ihr nicht völlig ausgeliefert zu sein. Ausgeliefert war Anna Moser der Geisteskrankheit ihres Zeitalters. Daran starb sie letzten Endes.

Wir wissen über Anna Moser, geb. zu Bielefeld, fast gar nichts. Die Akte mit den Aufzeichnungen der Krankengeschichte der Anstalt Bethel, die etwas mehr Aufschluß geben könnte – zumindest darüber, wie sie von den psychiatrischen Fachleuten ihrer Zeit gesehen wurde, ist November 1943 von der Provinzial-Heilanstalt Gütersloh nach Meseritz/Obrawalde mitgegeben worden, dort aber nicht mehr auffindbar. Um über das Leben der 1933 psychisch erkrankten Frau Aufschlüsse zu erhalten, lag lediglich die Verwaltungsakte der Anstalt Bethel[1], Auszüge aus den Aufnahmebüchern der Anstalt Gütersloh sowie die Kopie der Sterbebücher der Anstalt Meseritz/Obrawalde[2] vor.

Die Spuren des Lebens von Anna Moser sind geronnen zu Aktenvermerken. Es gibt wenig Text. Was in den Akten vermerkt wurde, ist eher Kontext; der Text ihres Lebens, ihrer subjektiven Welt, scheint Lichtjahre dahinter, darunter verborgen. Aber es gab sie, sonst lägen uns nicht einmal die kargen Reflexe ihres Lebens in den Akten vor. Die ihrer Person gegenüber versäumte Achtsamkeit können wir nur noch diesen widmen. Wenig genug!

Anna Moser war eine junge Frau von 27 Jahren, als sie das erste Mal in Bethel aufgenommen wurde. Das war am 02.03.1933, ein unheilvolles Jahr für Deutschland, ein unheilvolles Jahr für alle, die anders waren, dem »deutschen Wesen« fremd.

Zum zeitgeschichtlichen Kontext:

Am 14.07.1933 wurde das Gesetz zur Verhütung erbkranken Nachwuchses angenommen, am 01.01.1934 trat es in Kraft.

»Die Forderung, daß defekten Menschen die Zeugung anderer, ebenso defekter Nachkommen unmöglich gemacht wird, ist eine Forderung klarster Vernunft und bedeutet in ihrer planmäßigen Durchführung die humanste Tat der Menschheit. Sie wird Millionen von Unglücklichen unverdiente Leiden ersparen, in der Folge aber zu einer steigenden Gesundung überhaupt führen.« ... »Das Gesetz ist demnach als eine Bresche in das Geröll und die Kleinmütigkeit einer überholten Weltanschauung und einer übertriebenen selbstmörderischen Nächstenliebe der vergangenen Jahrhunderte aufzufassen.« (Aus einem Vorwort zur 1. Auflage eines Kommentars zum Gesetz zur Verhütung erbkranken Nachwuchses, zitiert nach KLEE[8]*)*

Anna Moser war seelisch krank.

Angaben zur Person finden sich in einem *»Fragebogen*

zum Zwecke der Aufnahme in die zur Anstalt Bethel bei Bielefeld gehörende Abteilung für Gemütskranke«. Der Fragebogen ist vermutlich »ordentlich« ausgefüllt worden. Er beginnt mit einer Ermahnung, die helfen soll, den reibungslosen Ablauf des Aufnahmevorgangs zu garantieren: *»Zur Beachtung: Den Aufnahmegesuchen ist ein Geburtsschein beizufügen! Im Interesse der Beschleunigung der Aufnahmeverhandlungen wird dringend gebeten, die Fragen möglichst ausführlich zu beantworten, um Rückfragen zu vermeiden«.*

Von Frau Moser ist von nun ab meist nicht mehr die Rede, sondern nur noch von dem *»Pflegling«* oder bestenfalls von der *»Patientin«.*

»Der Rufname ist zu unterstreichen.« Wir kennen ihn bereits. Bei *»Stand oder Gewerbe«* wird eingetragen: *»Näherin/Vorzeichnerin«.* Der *»Pflegling«* ist *»ehelich, evangelisch und ledig«.* Er hat schon immer in Bielefeld, Kleine Hove 18, gewohnt. Der Vater, August Moser, geb. 06.02.1880, war Metallarbeiter in Bielefeld und ist im Krieg gefallen. Zu diesem Zeitpunkt muß Anna Moser zwischen 8 und 12 Jahren alt gewesen sein. Ob *»der Pflegling«* Geschwister hat, wird nicht abgefragt. Die Mutter, Agnes Moser, geb. Pott, bringt ihre Tochter zur Aufnahme und ist zu diesem Zeitpunkt 58 Jahre alt.

»Der Aufzunehmende« wird als *»mündig«* bezeichnet, jedoch wird vermerkt, daß ein Pflegschaftsverfahren bei Gericht in der Schwebe sei.

Mutter, wir müssen beide sterben

Unter der Rubrik Krankheitszustand ist eingetragen, daß Geisteskrankheiten in der Verwandtschaft nicht bekannt sind, die Eltern oder Großeltern nicht blutsverwandt waren, keine körperlichen Krankheiten oder bedeutende Gemütsaffekte auf die Mutter störend während der Schwangerschaft eingewirkt haben und keine Konvulsionen oder sonstige Kinderkrankheiten gravierender Art stattgefunden haben. Der Genauigkeit halber wird hinzugefügt: *»Patientin war Siebenmonatskind, Geburt leicht (Steißgeburt), Gewicht: knapp 3 Pfund. Genitalien nicht völlig entwickelt.«* Zur Begabung wird vermerkt: *»Normale Begabung, Rechnen fiel ihr etwas schwer. Patientin besuchte die elfte Bürgerschule, machte alle Klassen durch, blieb nie sitzen.« »Erste Menses mit ca. 15 Jahren, nicht regelmäßig, oft langdauernd ..., bisweilen dysmennorrhöische Beschwerden.«*

Auf die Frage, was als praedisponierende Ursache der Geisteskrankheit angesehen wird, wird nach Angaben der Mutter aufgezeichnet: *»Patientin machte sich öfter in letzter Zeit Sorgen um ihre Mutter, die letzthin mager geworden war und schlecht aussah.«* Auf die Frage, wann und wie sich die Spuren der jetzigen Geisteskrankheit zeigten, wird vermerkt: *»Seit 25.02.1933 zunehmende Unruhe, Schlaflosigkeit. Am 02.03. steigerte sich die Unruhe zur Angst, sie sagte immer wieder: ›Mutter, wir müssen beide sterben‹. Weinte, klammerte sich an, die Mutter durfte nicht fortgehen ... Auf dem Wege zur Anstalt verkannte sie mehrfach Personen, hielt Vorübergehende für Verwandte und Bekannte.«* Bei »gegenwärtiger Zustand« wird eingetragen: *»Mittelgroß, mittelkräftig, guter Kräfte- und Ernährungszustand. Kein Fieber, frische, rote, gesunde Gesichtsfarbe, normale Behaarung.«* Im Folgenden wird Anna Moser dann als ein äußerst ängstlicher Mensch beschrieben, *»spricht wenig, zögernd, angstvoll«. ... »klammert sich wiederholt an die Schwester, sagt immer wieder: ›Wo ist meine Mutter? Sie soll nicht sterben!‹ Blickt suchend und lauschend umher ... Fängt an zu weinen, wiederholt ihren Ausspruch: ›Meine Mutter soll nicht sterben‹«.* Auch am 04.03.1933 wird nochmals in der Akte betont, daß Frau Moser bei der körperlichen Untersuchung angstvoll ist

und weint, und immer wieder fragt: »Wo ist meine Mutter?«
Es wird angenommen, daß sie halluziniert. *»Wegen der Angst
und Unruhe, Gefahr der Selbstbeschädigung... der Anstaltspflege auf geschlossener Abteilung bedürftig (gez. Dr.
Dickel).«*

Zu ihrem Beruf als Weißnäherin muß Frau Moser gesagt
haben, daß er für sie anstrengend sei, denn es wird aufgezeichnet *»angeblich anstrengende Tätigkeit«.*

Daß Frau Moser bisher in der Lage war, finanziell für sich
selbst zu sorgen, wird mit der Bemerkung *»hatte ihr Auskommen«* festgehalten. Heute würde man möglicherweise an
dieser Stelle notieren, daß es höchst erstaunlich ist, daß jemand, der psychisch erkrankt, bis zum akuten Ausbruch der
Psychose in der Lage war, einen Beruf, der hohe Konzentration erfordert, auszuüben. Daß dies als äußerst anstrengend
erlebt wird, ist das Mindeste, das zu glauben wir verpflichtet
sind.

Vom 12.04.1933 dann folgende Notiz: *»Anna Moser, geb. am
08.02.1906, befand sich vom 03.03.–10.04.1933 als Pflegling
in der Anstalt Bethel bei Bielefeld wegen traurig ängstlicher
Gemütsverstimmung. An letztgenanntem Tage wurde sie als
gebessert gegen dringendes ärztliches Anraten entlassen.«*

Die Mutter ließ sich damals vermutlich vom Mitleid mit ihrer
nach Hause drängenden, angstgetriebenen Tochter leiten,
denn sie unterschrieb folgende Erklärung: *»Hiermit erkläre
ich, daß ich meine Tochter gegen ärztliches Anraten aus der
Anstalt nehme. Ich bin auf die eventuellen Folgen aufmerksam gemacht worden und verpflichte mich, die Verantwortung
für alle daraus entstehenden Folgen zu übernehmen.«* gez.
Frau Moser, Bethel, den 10.04.1933 (nach Vordruck).

Wäre es dabei geblieben, würde Anna Moser vielleicht
noch lange gelebt haben.

Außer ihr selbst hatte damals wohl keiner Todesahnungen. Sie selbst aber war »geisteskrank« und litt an Wahnvorstellungen. Kaum einer sonst sah voraus, daß die Zeit gekommen war, in der die Wahnsinnigen mit ihren ahnungsvollen Ängsten der Wahrheit näher waren, als die nichts ahnenden Bürger mit den gut gepolsterten Seelen.

Zum zeitgeschichtlichen Kontext:

Die Weltwirtschaftskrise (Tiefstand 1932) und die mit ihr zusammenhängende Massenarbeitslosigkeit (1932 5,6 Mill. Arbeitslose) veränderten das Gesicht der Wohlfahrtspflege in entscheidender Weise. »Sie mutierte von einer Strategie individueller Hilfe zu einem Instrument standardisierter Massenversorgung auf niedrigstem Niveau.«[13] Der Wohlfahrtsetat, der 1930 56% aller Ausgaben verschlang, wurde bis 1933 um 28% gekürzt«. Ab 1929 war die Diskussion auch in der Psychiatrie vom »Zwang des Sparenmüssens« geprägt. So lautete z. B. die Überschrift einer Preisarbeit: »Kann die Versorgung Geisteskranker billiger gestaltet werden und wie?«[13]

Dieser Zeitgeist bestimmte auch Diakonie (damals Innere Mission) und Kirche sowie ihre Haltung zu eugenischen Maßnahmen: »An die Stelle einer unterschiedslosen Wohlfahrtspflege hat eine differenzierte Fürsorge zu treten. Erhebliche Aufwendungen sollten nur für solche Gruppen Fürsorgebedürftiger gemacht werden, die voraussichtlich ihre volle Leistungsfähigkeit wieder erlangen. Für alle übrigen sind dagegen die wohlfahrtspflegerischen Leistungen auf menschenwürdige Versorgung und Bewahrung zu begrenzen. Träger erblicher Anlagen, die Ursache sozialer Minderwertigkeit und Fürsorgebedürftigkeit sind, sollen tunlichst von der Fortpflanzung ausgeschlossen werden.« (So Dr. Hans Harmsen, Leiter der Abteilung für Gesundheitsfürsorge des Centralausschusses der Inneren Mission 1931 während der ersten Fachkonferenz für Eugenik in Treysa, zit. nach HOCHMUTH[6])

Gegen »Euthanasie« sprach man sich bei derselben Gelegenheit zwar eindeutig, aber u. a. mit folgender Argumentation aus: »Vom Standpunkt des Gemeinwohls ist zu bedenken, daß es in unserer menschlichen Gesellschaft viel größere Schädlinge gibt als die körperlich und geistig Gebrechlichen (z. B. Bordellhalter).« [6]

Anna Moser wird erneut am 18.12.1933 in Bethel aufgenommen. Die Mutter scheint trotz ihres anfänglichen Mutes, ihre Tochter gegen ärztlichen Rat zu sich zu nehmen, schließlich doch überfordert gewesen zu sein.

Ein ärztliches Gutachten vom 24.04.1934 folgt einem Vordruck und bringt wenig Neues. Unter der Rubrik *»Späterer Lebensgang«* ist eingetragen, daß bei Frau Moser vor der jetzigen Erkrankung keine Auffälligkeiten beobachtet worden seien, daß die *»wirtschaftliche Lage relativ günstig sei«*, und daß sie *»stets fleißig«* gewesen sei. Dann folgen die Rubriken *»jetzige Erkrankung«* und *»vermutliche Ursache«*. Sie werden ausgefüllt mit *»Schizophrenie«* und *»endogene Entstehung«*. Unter *»Beginn und bisheriger Verlauf«* findet sich folgende Notiz: *»Seit Ende Februar 33 zunehmend unruhig und schlaflos, sagte immer wieder: Mutter, wir müssen beide sterben, weinte, klammerte sich an die Mutter, wurde sehr ängstlich, verkannte Personen; ... Zur Zeit hört die Patientin dauernd Stimmen, ist unruhig und zerfahren«*.

Unter *»psychischer Befund«* Folgendes: *»Nachts öfter schlaflos und unruhig. Im Wesen autistisch, halluziniert dauernd, verkennt Personen, gibt keine geordnete Auskunft, läuft stundenlang unruhig und planlos auf der Station umher, zeitweilig erregt, ist verschiedentlich aggressiv geworden, zeigt sich oft widerstrebend, verweigert zeitweilig die Nahrungsaufnahme, spricht verworren und zusammenhanglos, beschäftigt sich nur wenig.«*

Unfruchtbarmachungsbedürftig

Der offensichtliche Leidenszustand Anna Mosers, ihre Stör-
barkeit, ihre Ängstlichkeit, ihre innere Zerrissenheit, die sie
nicht mehr schlafen und essen ließ, waren jedoch kein Grund,
sie vor den Konsequenzen des Gesetzes zur Verhütung erbkranken Nachwuchses zu schützen.

In einer mit *»vorläufiges ärztliches Zeugnis«* beschriebenen Durchschrift vom 20.02.34 heißt es: *»Anna Moser, geb.
am 08.02.1906 in Bielefeld ist seit dem 18.12.33 in der
Anstalt Bethel und leidet an Schizophrenie. Da in absehbarer
Zeit eine Beurlaubung in Aussicht genommen ist, erscheint
sie unfruchtbarmachungsbedürftig. Ein eingehendes Gutachten steht dem Erbgesundheitsgericht auf Anfordern zur Verfügung« (gez. Prof. Dr. (Villinger), Leitender Arzt der Anstalt
Bethel, Anstaltsoberarzt und Stationsarzt).* Unter bitte wenden, wird Folgendes hinzugefügt *»die Bescheinigung betr.
Belehrung der Kranken über die Unfruchtbarmachung kann
nicht beigefügt werden, da die Kranke z. Z. derartig erregt
und abweisend ist, daß die Belehrung vorläufig unmöglich
erscheint«.*

Am 13.11.1934 wird an den Oberpräsidenten (Verwaltung
des Provinzialverbandes) Münster über den Vollzug der Sterilisation Bericht erstattet *»zu AZ. I a M.229. Die geisteskranke Anna Moser aus Bielefeld ist in der chirurgischen
Abteilung sterilisiert worden. Die Kosten betragen nach dem
vereinbarten Pauschalsatz RK 70.–. Wir werden uns gestatten, diesen Betrag in die nächste Rechnung mit einzusetzen«
(gez. der leitende Arzt Prof. Dr. (Villinger)).*

Zum zeitgeschichtlichen Kontext:
*Leitende Ärzte in der Anstalt Bethel waren
von 1930–1933 Dr. Carl Schneider*

von 1933–1939 Prof. Dr. Villinger
von 1940–1967 Prof. Dr. Gerhard Schorsch

*Schneider muß 1933 unter dem wachsenden Einfluss natio-
nalsozialistischer Ideologie eine eugenische Kehrtwende
vollzogen haben. 1931, während der Konferenz von Treysa,
gehörte er noch zu denjenigen, die sich sowohl dezidiert
gegen die Euthanasie als auch gegen Sterilisationsmaßnah-
men wandten. Hinsichtlich letzterer formulierte er: »Wir erfassen niemals eine Rasse als solche, sondern ein historisch
gewordenes Volk, das aus vielen Rassen zusammengesetzt ist.
Wir können also keine Rassenhygiene treiben, sondern nur
Erbgesundheitspflege in Angriff nehmen.«*[9]

*Schneider brachte wissenschaftlich begründete Bedenken
vor und »verwarf die Sterilisation selbst für den Fall, daß die
Erblichkeit einer Erkrankung einwandfrei erwiesen« sei.*[9]

*Der modernen Eugenik warf er vor, daß sie einseitig auf
»Ausmerzung« ausgerichtet sei und bei Fixiertheit auf un-
günstige Vererbungsmerkmale die positiven übersehe, die
ebenfalls vererbt würden.*[9]

*Was die Euthanasie betrifft, sah er »in der Konsequenz
einer Sterbehilfe von Staats wegen die Schaffung eines ärztlichen ›Henkerstandes‹ und damit die Pervertierung seines
Berufs.«*[9]

*Kaum glaublich, daß Schneider knapp zwei Jahre später
Sterilisationen »als verantwortungsvollen Versuch vor Gott,
eine neue Zeit mit neuen Menschen zu versehen« befürworte-
te*[9] *und später »maßgeblich an der Planung des Euthanasie-
programms beteiligt« war sowie an »Euthanasie«-Opfern ge-
forscht hat.*[12]

*Villinger war später »als Gutachter für die ›Euthanasie-
Zentrale‹ tätig.«*[12]

*Schorsch sah sich 1941 unter dem Druck der vom Regie-
rungspräsidenten legitimierten »Euthanasie«-Ärztekommis-*

sion gezwungen, die Betheler Patienten in 7 Kategorien auf-
zuteilen. [6]

Wir wissen weder, wie die Sterilisation bei der »*erregten und
abweisenden*« Frau vor sich gegangen ist, noch, wie die Mutter dazu stand. Da jedoch Beurlaubungen von der Sterilisation abhängig gemacht wurden, ist zu vermuten, daß die Mutter, selbst wenn sie gegenüber der Sterilisation ihrer Tochter
ablehnend gewesen wäre, keine Möglichkeit gesehen hätte,
sie zu verhindern, ohne ihrer Tochter jegliche Besuchsmög-
lichkeit zu Hause zu nehmen.

Möglich ist auch, daß Anna Moser letztlich nicht erfuhr,
was mit ihr geschah, da ja eine »Belehrung« als nicht durch-
führbar angesehen wurde.

Im Kontrast dazu stehen zahlreiche weitere amtliche
Schreiben, die sich um die Sterilisation drehen und die zeigen, daß man zwar nicht um das Wohlergehen und subjektive
Erleben von Einzelpersonen besorgt war, wohl aber um die
flächendeckende Kontrolle des »Erbgutes«.

Am 08.10.1935 fragt das Gesundheitsamt der Stadt Bielefeld bei dem Vorstand der Anstalt Bethel mit folgendem
Schreiben nach: »*G. z. Verhütung erbkr. Nachwuchses.*

*Ich bitte um Mitteilung, ob bei der umstehend Bezeichne-
ten die Unfruchtbarmachung durchgeführt ist, wann, von
welchem Gesundheitsamt (Kreisarzt) veranlaßt. Wann erfolgte der Beschluß und von welchem Erbgesundheits- oder Erb-
gesundheitsobergericht?*«

Die Antwort erfolgt pünktlich am 15.10.1935 »*1243 MAH.
an das Gesundheitsamt der Stadt Bielefeld. ERW.A.D. Schr. v.
08.10.35.50/3. betr.: Ges. z. Verhütung erbkr. Nachwuchses.
Anna Moser, geb. am 08.02.06 in Bielefeld ist am 12.10.1934
im Krankenhaus Nebo* [16]*, hiesige Anstalt, auf Veranlassung
des Herrn Kreisarztes, Bielefeld, sterilisiert worden. Es handelt sich um den Beschluß des Amtsgesundheitsgerichtes Bie-*

lefeld vom 07.05.1934.« (Der leitende Arzt Prof. Dr. (Villin-
ger))

Anna Moser hat sich 14 Tage, vom 12.10.–26.10.1934, auf
der chirurgischen Station des Krankenhauses Nebo[16] befunden. Diese relativ lange Verweildauer könnte darauf hin-
deuten, daß es entweder seelisch oder somatisch begründete
Komplikationen gegeben hat. Hinweise darauf finden sich in
der Verwaltungsakte nicht. Aus dem erhaltenen Sterilisations-
buch des Krankenhauses Nebo[16] läßt sich entnehmen, daß am
gleichen Tag außer ihr noch sieben weitere Menschen sterilisiert wurden, zwei Männer und fünf Frauen.

Zum zeitgeschichtlichen Kontext:
  *»Gott sei Dank dafür, daß er uns wieder einen solchen
  Staat gab, der in die Zukunft blickt. Dieses Staates Anliegen
  ist es auch und muß es sein, künftiges Krankheitselend zu verhüten da, wo es heute erreichbar ist, in den Erbkranken. Er
  ruft uns Ärzte zur Mitarbeit auf. Wir werden uns ihm nicht
  versagen.« (Dr. Hans Wilmers, Bethel, in: Aufwärts, 25.01.
  1934, zitiert nach* HOCHMUTH[6])
  *Ähnlich wie bei Carl Schneiders Äußerungen nach 1933 ist
  hier die nachdenklich-wissenschaftliche Analyse von Möglichkeiten und Auswirkungen eugenischer Maßnahmen einer
  hochgespannten ideologischen Rhetorik gewichen, die sich
  berauscht an dem Ziel, das »Krankheitselend« als solches mit
  Hilfe des Staates abzuschaffen.*

In der noch erhaltenen Krankenakte einer anderen Patientin
aus Mahanaim[16] (Hiltrud Fenner), die ebenfalls in Meseritz
ermordet worden ist und die später noch Erwähnung finden
soll, fand sich das folgende amtliche Schreiben des Gesund-
heitsamtes Bielefeld.

Es sagt viel aus über den menschlichen und sprachlichen
Stil, mit dem in diesen »schwierigen und zarten Dingen« (v.
BODELSCHWINGH 1934) amtlicherseits umgegangen wurde.

Gesundheitsamt der Stadt Bielefeld

Geschäftsstelle	Geschäftszeit	Fernruf	Postschließfächer
Viktoriastraße 3a	8-13, 15-18 Uhr	Sammelnummer 6000	Nr. 86, 88 und 89

Einschreiben!

An   Frau
Hiltrud F e n n e r

Bethel b/Bielefeld
- - - - - - - - - - - - -
Haus Mahanaim

Unser Zeichen   Tag 14.09.38
50/3 I F 34

Betr.: *Hiltrud Fenner geb. Simon, geb. 30.03.1906 zu Bielefeld*
Beschluss d. EGG Bielefeld vom 29.07.38, Aktz.: XIII F 569/3

Nachdem das Erbgesundheitsgericht Ihre Unfruchtbarmachung wegen *Schizophrenie* endgültig be-
schlossen hat, fordere ich Sie hiermit gemäß Artikel 6 der Verordnung zur Ausführung des Gesetzes
zur Verhütung erbkranken Nachwuchses vom 05.12.1933 auf, den Eingriff binnen 2 Wochen in einer
der nachfolgenden Krankenanstalten vornehmen zu lassen:
a) ~~Städtisches Krankenhaus Bielefeld~~
b) Krankenhaus Gilead, Bethel bei Bielefeld, *Oberarzt Dr. Wilmanns od. Vertreter im Amt*
c) ~~Krankenhaus Naboo (16) Bethel b. Bielefeld~~

Bei der Aufnahme im Krankenhaus ist folgendes vorzulegen.
1. Diese Aufforderung
2. Den mit dem Vermerk der Rechtskraft versehenen Beschluss des Erbgesundheitsgerichtes, durch
   den Ihre Unfruchtbarmachung angeordnet ist.
3. Einen Ausweis (Paß, Parteiausweis usw.)

Die Vornahme des Eingriffes kann nur ausgesetzt werden, wenn Sie sich in eine geschlossene Anstalt
aufnehmen lassen und solange Sie sich dort aufhalten.

Der Eingriff wird auch nötigenfalls gegen Ihren Willen vorgenommen werden.

Falls Sie einer Krankenkasse angehören, werden die Kosten des Eingriffs von dieser übernommen.
Sonst trägt die Kosten im Falle der Hilfsbedürftigkeit der zuständige Fürsorgeverband, in allen anderen Fällen bis zur Höhe der Mindestsätze der Gebührenordnung und der durchschnittlichen Pflegesätze in den öffentlichen Krankenanstalten die Staatskasse.

Der Amtsarzt

(Unterschrift)

Wegen der nicht auffindbaren Krankenakte ist nicht bekannt, ob Anna Moser 1934 ein ähnliches oder gleichlautendes Schreiben per Einschreiben erhalten hat, jedoch ist dies zu vermuten.

Schaut man die Kolonnen des Sterilisationsbuches durch, kann man feststellen, daß bis zu zehn Sterilisationen pro Tag ohne weiteres möglich waren. Inzwischen weiß man, daß in Nebo[16] 1092 Menschen sterilisiert worden sind, rechnet man die Sterilisationsopfer, die im Krankenhaus Gilead[16] sterilisiert wurden, hinzu, kann man festhalten, daß von den Patienten der v. Bodelschwinghschen Anstalten mindestens 1176 sterilisiert worden sind[11/15].

Von der Krankenhauspflege der dritten Klasse zum Pflegling der Fürsorge

Die Kosten für den Aufenthalt Anna Mosers in Bethel werden zunächst von der Näherei-Krankenkasse Bielefeld bezahlt. Hierzu findet sich ein Verpflichtungsschein der Näherei-Ortskrankenkasse, *»die Kosten der Krankenhauspflege der dritten Klasse vom 02.03.1933 an zu übernehmen.«*
Bei der zweiten Aufnahme teilt die Näherei-Krankenkasse am 16.12.1933 mit: *»Wir beziehen uns auf die soeben mit Ihnen gehabte fernmündliche Unterredung und teilen Ihnen mit, daß unser Mitglied Fräulein Anna Moser aus Bielefeld, Kleine Hove 18, am Montag, den 18.12.1933, nach Mahanaim eingeliefert werden wird. Die Pflegekosten im Betrage von RM 3,30 pro Tag werden von uns übernommen.«* (An die Verwaltung der Westfälischen Diakonissen Anstalt Sarepta, Bethel, Nr. 2594).
Aufgenommen wurde Frau Moser für einen Tag im Krankenhaus Samaria[16]. Am nächsten Tag wurde sie in das Haus

Mahanaim verlegt. Eine längere klinische Behandlung war, aus welchen Gründen auch immer, für Anna Moser nicht vorgesehen. Der eine Tag wurde sorgfältig in Rechnung gestellt: *»Fräulein Anna Moser wurde am 03.03.1933 nach Mahanaim verlegt. Wir haben bis zum 03.03.1933 berechnet. Die Aufnahme erfolgte am 02.03.1933 in unserem Krankenhaus Samaria[16] (Verwaltung des Krankenhauses Gilead[16]).«*

Bis Januar 1934 erfahren wir hinsichtlich der Kostenregelungsfragen nichts Neues. Dann wieder eine Verwaltungsspur. Die Näherei-Ortskrankenkasse schreibt am 25.04.1934: *»Wir teilen Ihnen hierdurch mit, daß unser Mitglied Anna Moser, welche sich in Mahanaim befindet, am 05.05. ausgesteuert wird und wir die Krankenhauskosten bis zu diesem Tage einschließlich übernehmen. (Heil Hitler)«*

Am 26.04.1934 wird von Bethel aus zur Regelung der Kostenfrage folgendes Schreiben an das Kreiswohlfahrtsamt Bielefeld gerichtet: *»Die in beifolgendem Aufnahmeantrag näher bezeichnete Anna Moser, geb. 08.02.1906 zu Bielefeld ist mittellos. Sie leidet an Geisteskrankheit und bedarf weiterer Anstaltsbehandlung. Ein ärztliches Gutachten liegt bei. Wir beantragen öffentliche Fürsorge und bemerken, daß die Hilfsbedürftige bei Eintritt der Hilfsbedürftigkeit ihren gewöhnlichen Aufenthalt in Bielefeld gehabt hat. Die Pflegekosten sind uns von der Näherei-Ortskrankenkasse bis zum 05.05.1934 zugesichert. Die Kranke kann auf Kosten des verpflichteten Fürsorgeverbandes weiterhin in der hiesigen Anstalt verbleiben. (gez. Pastor)«*

Dezember 1935 gibt es offensichtlich Unklarheiten darüber, wer denn eigentlich die Kosten für die Sterilisation zu tragen habe. Der Landesfürsorgeverband fragt mit folgendem Text beim Vorstand der Anstalt Bethel nach: *»I a TgB. Nr. M.229 z. Schr. v. 13.11.1934, A.Z. 1243 MAH. Um beurteilen zu können, ob die Kosten der Sterilisierung der geisteskran-*

ken Anna Moser aus Bielefeld noch von der Krankenkasse zu tragen sind, bitte ich, mir genau anzugeben, während welcher Zeit sich die M. zu dem genannten Zweck in der dortigen chirurgischen Abteilung befunden hat. (Auf Anordnung, Landesinspektor)«

Am 04.02.1936 wird mit folgendem Text nochmals wegen einer »Detailfrage« nachgefragt. *Es sei »nötig anzugeben, ob die Anstaltsbewahrung nach dem 06.05.1934 aufgrund des Gesetzes zur Verhütung erbkranken Nachwuchses erfolgt«* sei.

Die Antwort erfolgt prompt am 10.02.1936: *»Die Anstaltsbewahrung der kranken Anna Moser nach dem 06.05.1934 war sowohl wegen ihres Geisteszustandes (häufige halluzinatorische Erregungszustände mit aggressivem Verhalten) als auch wegen des damals laufenden Verfahrens vor dem Erbgesundheitsgericht notwendig – Anzeige März 1934 – Gutachten vom 12.03.34, Sterilisation am 12.10.1934 – (Der leitende Arzt Prof. Dr. Villinger).«*

Aggressives Verhalten als begründend für die Anstaltsunterbringung wird hier zum ersten Mal betont. Alle bisherigen Notizen geben vorwiegend Hinweise auf äußerste Angst. Damit ist das Kapitel der Kostenübernahme anscheinend abgeklärt.

An den Landeswohlfahrtsverband als Kostenträger wird in Abständen Bericht über »den Pflegling« erstattet. Diese Berichte folgen Vordrucken und sagen über den Menschen Anna Moser nichts aus. Sie gleichen sich über die Jahre hinweg in monotoner Weise. So heißt es z. B. 1938 :

A. *körperliches Befinden:* gut, 57 kg
B. *geistiges Befinden:*
    a. *Art des Leidens:* Schizophrenie
    b. *Stand des Heilverfahrens:* unheilbar
C. *Ist weitere Anstaltspflege unbedingt erforderlich:* Ja

D. Wie wird der Pflegling beschäftigt oder ist er völlig arbeitsunfähig? *Arbeitsunfähig, nur zeitweise einfache Handarbeiten.*

Eine Auskunft wie bei D kam in damaliger Zeit für viele Menschen der Bedrohung ihres Lebensrechtes gleich.

Die Jahre vergehen, kein Schrei des Menschen Anna Moser dringt aus den Akten zu uns. 1940 ist die bis dahin selbständig lebende Frau bereits 7 Jahre in der Anstalt. Vom 07.06.1940 existiert ein Schreiben des Amtsgerichtes Bielefeld, Geschäftsstelle 2: *»GNr. VIII M 1336 betr. Pflegschaft Anna Moser. Die Ehefrau Maria Papenburg, geb. Dengel, Bielefeld, Mühlenstr. 74, ist als Pfleger für die geistig gebrechliche Näherin Anna Moser aus Bielefeld, Kleine Hove 18, jetzt in der Anstalt Bethel, Haus Mahanaim, geb. am 08.02.1906, bestellt. – Ihr Wirkungskreis umfaßt die Erwirkung und Verwaltung der Invalidenrente. (Auf Anordnung: Justizobersekretär)«*

Am 02.08.1940 wird von der Wohlfahrtsverwaltung (Verwaltung und Gesundheitsamt) der Stadt Bielefeld folgendermaßen nachgefragt: *»Ich bitte um einen Bericht über Anna Moser, geb. 08.02.1906. Ist in ihrem geistigen Befinden noch eine Besserung eingetreten oder bedarf sie noch für lange Zeit der Anstaltspflege?«.* Die Antwort vom 08.08.1940 lautet: *»In dem Befinden des Pfleglings Anna Moser, geb. am 08.02.1906, ist seit dem letzten Bericht eine Besserung nicht eingetreten. Sie bedarf wegen Geisteskrankheit weiterhin für lange Zeit der Anstaltspflege. (Der leitende Arzt i. V.)«*

Zu vermuten ist, daß hinter dieser Anfrage bereits wirtschaftliche Überlegungen standen. Man forschte nach, ob sich die jahrelangen Zahlungen rentierten. Man entnahm der Antwort, daß dies nicht der Fall war.

In der Folge stellte man Listen zusammen von Menschen, die auf Kosten des Landeswohlfahrtsverbandes in Bethel untergebracht waren. Darauf bezieht sich das Schreiben der Wohlfahrtsverwaltung, Fürsorgeamt A, vom 30.10.1941.

»M.Z. 51/1 Betr. Moser, Anna, LV Westfalen, 11/882 J/ 1906 Unter Bezugnahme auf das Rundschreiben des Oberpräsidenten der Provinz Westfalen (Verwaltung des Prof. Verbandes) vom 11.10.1941 Abt. VI b Nr. 359 übersende ich anliegend ein Verzeichnis der von hieraus dort untergebrachten Geisteskranken pp., soweit diese Rente beziehen. (i. A. gez.)«

»Mit kalter Hand«-Transporte

Das Rad der Verwaltung dreht sich jetzt schnell. Vom 18.11.1941 existieren gleich zwei Schreiben. Das eine ist der Übergabeschein für die Anstalt Gütersloh. Das zweite die Benachrichtigung von der beabsichtigten Verlegung an die Mutter.

Bei dem Übergabeschein handelt es sich um einen Vordruck. Eingetragen wurden die Worte: *»Schizophrenie«*, zweimal die Vorsilbe *»un«* nämlich bei unheilbar und bei unruhig. Gestrichen wurde das Wort *»nicht«*, denn das Erbgesundheitsverfahren war bereits durchgeführt worden. Hier der vollständige Text:

Übergabeschein
Anna Moser, geb. am 08.02.1906 zu Bielefeld, ohne Beruf, Konfession: ev., ledig, befindet sich seit dem 18.12.1933 als Pflegling in der hiesigen Anstalt. Patientin leidet an **Schizophrenie***. Die Krankheit ist voraussichtlich* **un** *heilbar. Die Patientin bedarf der weiteren Pflege in einer geschlossenen Anstalt.*
Die Kranke ist **un** *ruhig und … reinlich.*
Erbgesundheitsgerichtsverfahren ist bereits durchgeführt – nicht durchgeführt –.

Anzeige an den Amtsarzt in Bielefeld-Land wurde – nicht –
erstattet (die letzten beiden »nicht« wurden gestrichen).
Erbbiologische Bearbeitung ist – nicht – erfolgt. (Nicht
zutreffendes ist zu durchstreichen). Kontrolle: ...
Zahlungspflichtiger: Oberpräsident in Münster.
A.Z. VI b M 229
Der leitende Arzt Prof. Dr. Schorsch

Neben der in diesem Formular so unverkennbar entwertenden
Reduzierung auf die »Diagnosen« Unbequemlichkeit (unruhig) und Unheilbarkeit fällt auf, daß Frau Moser kurzerhand
auch ihr Beruf abgesprochen wird.

Der Text an die Mutter lautete: »*Sehr geehrte Frau Moser!*
Der Herr Oberpräsident in Münster hat angeordnet, daß eine
Anzahl der Kranken, die auf seine Kosten bei uns unterge-
bracht sind, in die Prov. Anstalten Gütersloh und Lengerich
verlegt werden. Wir müssen daher zu unserem großen Bedau-
ern Ihre Tochter Anna nach Gütersloh überführen. Voraus-
sichtlich findet die Verlegung am kommenden Freitag statt.
Nachdem dies geschehen ist, geben wir Ihnen noch einmal
Bescheid. Mit Deutschem Gruß, Pastor (Wörmann)«

Zum zeitgeschichtlichen Kontext:
Pastor F. v. Bodelschwingh hatte im Vorfeld immer wieder
versucht »die Provinzialverwaltung vom Pfad der rein wirt-
schaftlichen Betrachtungsweise abzubringen«, u. a. »indem
er die Folgen dieses Denkens in konkreten Beispielen vor
Augen führte.«[13] *v. Bodelschwingh: »Ich denke in erster Linie*
an die persönliche Auswirkung einer solchen Verfügung. Die
betreffenden Kranken haben zum Teil seit Jahren bei uns ihre
Heimat. Ihre Angehörigen sind mit uns verbunden. Die nicht
einfache medizinische und pädagogische Behandlung ihrer
Sorgenkinder und ihre zweckmäßige Beschäftigung ist in fest-

er Bahn. Nun wird das alles abgebrochen.« (*zitiert nach* WALTER[13])

Der Eingang der Meldung, daß *»der Pflegling«* Anna Moser am 21.11.1941 nach Gütersloh i. V. Prov. Heilanstalt zu entlassen ist, wird mit Stempel des Bürgermeisters in Gadderbaum am 20.11.1941 bestätigt. Unterschrift: *Die Polizeibehörde.*

Das letzte in der Betheler Verwaltungsakte befindliche Dokument stammt vom 25.11.1941 und lautet folgendermaßen:
»Sehr geehrte Frau Moser!
Am Freitag, den 21. ds. Mts., ist Ihre Tochter Anna nach Gütersloh verlegt worden. Die neue Anschrift lautet: Provinzial-Heil- und Pflegeanstalt Gütersloh, i. W. Wir wünschen Ihrer Tochter alles Gute für die Zukunft. Mit Deutschem Gruß, Pastor Wörmann«

Mit Frau Moser wurden 41 weitere Menschen, 23 Frauen und 18 Männer, verlegt. Außer Frau Moser gab es bei diesem Transport noch 4 weitere Bielefelder. Die übrigen stammten ursprünglich aus anderen Städten, vorwiegend Nordrhein-Westfalens[3].

Zum zeitgeschichtlichen Kontext:
Dieser Transport war einer von fünf Transporten, mit denen Patienten aus den v. Bodelschwinghschen Anstalten auf Weisung des Provinzialverbandes zwischen 1936 und 1941 in andere Anstalten gebracht wurden. Die Transporte von 1936/ 1937 erfolgten nach den Worten des Landeshauptmanns Kolbow aus »Gründen der erhöhten Wirtschaftlichkeit der gesamten provinziellen Geisteskrankenpflege.« (*zitiert nach* WALTER[13]) *Sie standen noch nicht im Zusammenhang mit Euthanasieaktionen, sondern sind in den Kontext der rigorosen »planwirtschaftlichen« Maßnahmen einzuordnen, dem*

die gesamte Wirtschaft in Ausrichtung auf Hitlers Kriegsziele unterworfen wurde. *Im Zusammenhang mit dem Versuch, die letzten Reserven aus dem vorhandenen Arbeitskräftepotential zu holen, ist die extreme Betonung von Leistung und Leistungsfähigkeit zu sehen.*

Über den Transporten von 1941 stand bereits die Ahnung tödlicher Bedrohung. Welche Befürchtungen die Anstaltsleiter hegten, wird u. a. aus einem Schreiben von Pastor Fritsch (Tannenhof) vom 22.07.1941 an Pastor Wörmann (Bethel) deutlich: »Auch möchte ich wünschen, daß persönliche Verhandlungen dahin führen, daß der Landeshauptmann Euch die Patienten beläßt, denn die Gefahr, in die Eure Kranken kommen, wenn sie erst einmal von Bethel weg sind, kennen wir alle. Man kommt natürlich auf den Gedanken, ob hier nicht mit kalter Hand etwas von dem geschehen soll, was man sich unmittelbar Bethel gegenüber zu veranlassen nicht traut.«[6] *Auch außerhalb der Anstalten wurde über die Ermordung kranker Menschen gesprochen. So hält* VIKTOR KLEMPERER *in einer Tagebuchnotiz vom August 1941 folgendes fest:* »Frau Paul ... erzählt verzweifelt, ihre Mutter, 89 Jahre, gebe Anzeichen von Altersirrsinn. ›Ich kann sie in kein Krankenhaus bringen, da wird sie getötet.‹ Man spricht jetzt allgemein von der Tötung Geisteskranker in den Anstalten.«[10]

Der Transport nach Gütersloh, an dem Anna Moser teilnehmen mußte, fand knapp drei Monate nach dem geheimen Führererlaß vom 24.11.1941 statt, durch den die »geplanten« *Euthanasiemaßnahmen offiziell zum Ende kommen sollten. Dies hat ihr Leben möglicherweise verlängert, geschützt hat es sie und viele andere Menschen, die der sogenannten* »wilden Euthanasie« *zum Opfer fielen, nicht.*

Am 21.05.1946 schreibt Prof. Dr. Schorsch aus Bethel nach Gütersloh und fordert unter Bezugnahme auf sein Schreiben vom 23. Mai 1942 die »baldige Rückgabe der hier geführten

Krankengeschichten derjenigen Pfleglinge, die am 21.11. 1941« nach Gütersloh verlegt wurden. Prof. Schorsch erhält eine sorgfältige Aufstellung über den Verbleib sämtlicher Akten. 23 der 1941 nach Gütersloh verlegten Menschen wurden weiterverlegt. 10 von ihnen in die Tötungsanstalten Wartha (Wartegau), Bernburg (Saale), Meseritz und Gnesen.

Nach zwei Jahren gestundeter Lebenszeit auf einer psychiatrischen Abteilung in Gütersloh, von der es keine Spuren gibt, wurde Anna Moser am 12.11.1943 nach Meseritz/Obrawalde gebracht. Von den am 21.11.41 aus Bethel nach Gütersloh verlegten PatientInnen gehörte zum gleichen Transport noch eine weitere Patientin, Petra Münds, eine anfallskranke Frau, die in Bethel zuletzt in einem Haus mit dem Namen »Adullam[16]« geschlossen untergebracht war. Sie war ursprünglich Dortmunderin.

»Die Akten und Krankengeschichten wurden mitgegeben, gez. Dr. med. Schneider, Anstaltsdirektor Gütersloh, 29.05.1946«

Zum zeitgeschichtlichen Kontext:
1943 war der Krieg in eine entscheidende Phase getreten. Heftige Bombardements ließen die Zahl der Toten und Verwundeten sprunghaft ansteigen. Man brauchte die Krankenhäuser und Anstalten, um sie in die nun völlig im Vordergrund stehende Katastrophenschutzplanung miteinzubeziehen. »Mit einem Fernschreiben des Regierungspräsidenten Arnsberg an das Reichsinnenministerium wurde am 12. Juni 1943 eine neue Verlegungswelle aus der Provinz Westfalen angestoßen.«[13] Regionale »wilde Euthanasiemaßnahmen« und die sogenannte »Sonderaktion Brandt«, die Räumung der Anstalten aus Luftschutzgründen, begannen ineinander zu greifen. Wahrscheinlich lag nicht allen Verlegungen in diesem Zeitraum ein »intentionales Mordkonzept« zugrunde. Jedoch:

»... die Lenkung von Transporten in Tötungsanstalten wie Hadamar und Meseritz/Obrawalde war kalkulierter Mord, um der ›Aktion Brandt‹ den Erfolg zu sichern.«[13] *Anna Moser wurde zum Opfer dieser »Erfolgssicherung«.*

Meseritz-Obrawalde

Während einer Reise nach Polen im Rahmen der Partnerschaft zwischen den psychiatrischen Kliniken Bethel und Krakau besuchten wir 1989 auch die Anstalt Obrawalde. Sie liegt etwa 1,5 Kilometer von der Stadt Meseritz entfernt und stellt, ursprünglich geplant für 5.000 Patienten, ein stattliches Krankenhausgelände dar. Die zahlreichen Bauwerke wirken pompös, gebaut aus rotem und gelbem Klinker.

Hier kam Anna Moser am 12.11.1943 vermutlich gegen Abend an. Vielleicht auch einen oder zwei Tage später. Über die näheren Umstände ihres Tranportes wissen wir nichts Genaues.

Zum zeitgeschichtlichen Kontext:

»Die Transporte, winters bei strenger Kälte in ungeheizten Waggons, häufig auch mit nicht transportfähigen Kranken, dezimieren die Zahl der Patienten bereits vor der Ankunft in Obrawalde.«[7]

»Die Neuankömmlinge werden noch am Bahnhof selektiert und je nach Arbeitsfähigkeit auf verschiedene Häuser verteilt. Zumindest bei den letzten Transporten werden die Euthanasieopfer allerdings sofort getötet.«[7]

Damals war das ganze Gelände mit Stacheldraht umgeben. Es gibt viel Wald um Meseritz, eigentlich eine schöne Gegend. Anna Moser sah davon mit Sicherheit nichts.

1989 befand sich in Obrawalde eine kleine Ausstellung zu den Verbrechen, die während des Nationalsozialismus in diesem Krankenhaus von den Deutschen verübt worden sind. Wir standen damals in dieser Ausstellung und lasen die Namen verschiedener Einrichtungen, aus denen Patiententransporte nach Meseritz gekommen sind. Wir entdeckten, daß auch Bethel angegeben ist. In einem der Schaukästen fanden wir einen Brief von einem Herbert Simon vom 20.01.1947. Er schreibt an die Staatsanwaltschaft Berlin wegen seiner Schwester Hiltrud Fenner aus Bielefeld, Langemarkstr. 34. Er selbst scheint in der Feldstr. 27 in Bielefeld gewohnt zu haben. Er fragt nach den genauen Umständen des Todes seiner Schwester. Sie sei 1943 aus Mahanaim Bethel nach Gütersloh und später eigenmächtig nach Meseritz verlegt worden.

Daß auch in Bethel nicht alle Menschen während des Nationalsozialismus geschützt werden konnten, wird uns hier erneut schmerzlich bewußt.

Von Dr. Jarmuzek, dem ärztlichen Direktor von Meseritz/ Obrawalde, hören wir 1989, daß sich in der Anstalt keine PatientInnen mehr befinden, die die Kriegszeit überlebt hätten. Beim Einmarsch der Sowjets habe es vermutlich 600 Überlebende gegeben (andere Quellen sprechen von 1.000 Überlebenden, von denen aber wohl nicht alle Patienten waren). Das Krankenhaus sei 1904 errichtet worden und bis 1942 ein gewöhnliches psychiatrisches Krankenhaus gewesen, 1942 wurde die Leitung von den Nazis ausgewechselt. Die Vorbereitungen zu dem der Anstalt zugedachten Vernichtungsprogramm begannen.

Zum zeitgeschichtlichen Kontext:
Aus der Erklärung des gerichtsmedizinischen Hauptexperten der 1. Weißrussischen Front geht hervor, daß Obrawalde nur bis 1937 als normales Krankenhaus bezeichnet werden kann. »Im Jahre 1938, als das Krankenhaus in die Zustän-

digkeit der Polizei überging – Kommissariat Pommern –, fan-
den einzelne Tötungsfälle von Kranken statt, mit der Ankunft
des Direktors Walter Grabowski, eines leidenschaftlichen Fa-
schisten und Tiermenschen häuften sich diese Fälle.« (Zitiert
nach KLEE[8]*)*

Mitte 1942 seien die ersten Transporte nach Meseritz gebracht worden. Sie seien erst an bestimmten Orten in
Deutschland gesammelt worden, z. B. in Berlin, und dann
gemeinsam nach Meseritz geschickt worden. Die Kranken
seien zunächst als Arbeitskräfte benutzt und später überwiegend mit pharmakologischen Mitteln getötet worden. In der
in Meseritz befindlichen Gedenkstätte sei eine Zahl von
10.000 Opfern angegeben. Die Dunkelziffer sei jedoch sehr
hoch. In neueren Forschungen werde vermutet, daß die reale
Zahl eher bei 30.000 Opfern läge. Es seien vor allem deutsche Patienten vernichtet worden. Leider seien die
Standesamtsbücher verloren gegangen. Die Familien der
Patienten seien durch Briefe mit erlogenen Todesursachen
informiert worden, und man habe sogar versucht, die Begräb-
niskosten von ihnen erstatten zu lassen. 1945, nach Einmarsch der Sowjets, sei direkt in Meseritz ein Militärgericht
abgehalten worden. An drei Krankenschwestern sei die To-
desstrafe vollzogen worden. In einem weiteren Prozeß 1946
in Berlin sei die Ärztin Frau Dr. Wernicke zum Tode verurteilt
worden. 1965 habe es in Frankfurt einen weiteren Prozeß
gegeben, bei dem 20 Krankenschwestern angeklagt, jedoch
sämtlich freigesprochen worden seien.

Sie hätten nach dem Krieg zum Teil wieder in deutschen
psychiatrischen Anstalten gearbeitet.»In Gabersee, Haar, Lü-
neburg, Andernach und Hamburg-Rothenburgsort.«[7]

Zum zeitgeschichtlichen Kontext:
»Nachforschungen in Gütersloh (1982) und Lengerich
nach dem Verbleib der dorthin Verlegten ergaben, daß im

Rahmen einer Großaktion im Jahre 1943, bei der aus Güters-
loh etwa 500 Patienten (nach anderen Erkenntnissen sollen
es über 700 gewesen sein), abtransportiert wurden, neun Be-
thelpatienten mit im Transport waren. Als Anfang März 1945
Truppen der Roten Armee die Anstalt Meseritz-Obrawalde
befreiten, trafen sie dort noch etwa 1.000 Kranke lebend an,
darunter zwei aus Bethel.« [6]

In Polen hören wir zum ersten Mal, daß auf der Wewelsburg
bei Paderborn Kopien der Sterbebücher von Meseritz/Obra-
walde vorhanden sein sollen.

Noch unter dem Eindruck der Namenlosigkeit der Schick-
sale, die uns in den Euthanasieanstalten in Polen anfaßten,
fahre ich im Anschluß an diese Reise mit zwei Kolleginnen
zur Wewelsburg. Dort finden wir tatsächlich Kopien mehrerer
Bände der Sterbebücher der Anstalt Meseritz/Obrawalde.
Drei Bände aus dem Jahre 1943 sind verlorengegangen. Wir
tun etwas sehr Laienhaftes. Wir sehen alle vorhandenen Bände auf Bielefelder hin durch. In dem Band, der Sterbefälle des
Jahres 1942 enthält, finden wir keine Bielefelder Bürger und
auch fast keine Menschen aus Nordrhein-Westfalen, statt dessen sehr viele Hamburger, Berliner und Stettiner. Die meisten
Bielefelder finden wir in den erhaltenen Büchern von 1943.
Neben den Namen von uns unbekannten ehemaligen Biele-
felder Bürgern stehen uns vertraute Straßennamen, z. B.:
Schloßhofstr. 13a, Saronweg 29, Wiehagen 61a, Herforder
Str. 116, Am Finkenbach 26 usw.

Unter anderen finden wir die Namen Anna Moser und Hiltrud Fenner, letztere die Frau, deren Namen wir bereits in der
Ausstellung in Meseritz begegneten. Bei beiden konnten wir
mit Hilfe des Betheler Archivs feststellen, daß sie Betheler
Patienten waren. Hiltrud Fenner allerdings ist nicht im Zusammenhang mit den uns bekannten Transporten nach Meseritz gekommen, sondern als Einzelverlegung.

Zum zeitgeschichtlichen Kontext:
Laut Krankenakte wurde Hiltrud Fenner am 18.01.1942 nach Gütersloh verlegt.

Anders als bei den PatientInnen des Transportes vom Nov. 1941 wurde ihre Krankenakte am 04.02.1942 nach Bethel zurückgesandt, möglicherweise war sie von Bethel angefordert worden, weil der Bruder von Frau Fenner (Herr Simon) sich intensiv, aber leider vergeblich, um eine Rückverlegung seiner Schwester nach Bethel bemüht hatte.

Schreiben Pastor Wörmanns an Herrn Simon vom 12. 08. 1942: »*Für ihre Schwester war die öffentliche Fürsorge beantragt. Daraufhin mußte sie nach Gütersloh verlegt werden, weil der Herr Oberpräsident von Westfalen Geisteskranke, für die er fürsorgepflichtig wird, in seinen eigenen Anstalten unterbringt, soweit dort Plätze frei sind. Wir konnten diese Maßnahme nicht verhindern....*«[1] *Es ist mir bisher nicht bekannt, zu wievielen Einzelverlegungen dieser Art es neben den bekannten Transporten gekommen ist.*

Obwohl durch die angegebene gleiche Uhrzeit bei den jeweils an einem Vormittag oder Nachmittag getöteten Menschen die Morde offensichtlich werden, sind bei jedem einzelnen individuelle Todesursachen aufgezeichnet.

Anna Moser starb gemäß dem unfaßbar penibel geführten Sterberegister am 23.11.1943 um 8.00 Uhr. Am selben Vormittag starben 14 weitere Menschen. Sie hat nach ihrer Ankunft in Meseritz noch höchstens 11 Tage gelebt.

Zum zeitgeschichtlichen Kontext:
Aussage einer Krankenschwester, die an den Tötungen beteiligt war: »*Nachdem die Entscheidung zur Tötung gefallen war, dürfte Dr. Wernicke zu Ratajczak etwa gesagt haben: ›Sagen sie Frl. E., daß sie dieser Patientin 5 Gramm Veronal verabreichen soll.‹ Nachdem die Visite beendet war, führten*

Ratajczak und ich die Patientin, die gut gehen konnte, in ein Extrazimmer. Dieses Extrazimmer diente ausschließlich dem Zweck der Tötung von Patientinnen. ... Da diese Patientin nach rund acht Stunden noch lebte, was ansonsten bei einer Gabe von 5 Gramm Veronal ungewöhnlich ist, ging ich zu Ratajczak, um ihr zu berichten. Sie sagte daraufhin, daß wir dann der Patientin eine Spritze Morphium-Scopolamin verabreichen müßten. ... Die Spritze wurde subcutan in den Oberschenkel injiziert.« (zitiert nach KLEE[8])

Hiltrud Fenner starb, gemäß Sterberegister, am 17.11.1943 um 10:00 Uhr, sechs Tage vor Anna Moser. Unter Diagnose/Todesursache wird angegeben: *»Spaltungsirresein und Lungenentzündung«*. Mit ihr zusammen starben zur ungefähr gleichen Uhrzeit 21 weitere Menschen.

Ersichtlich wird aus den uns zugänglichen Sterberegistern, daß Ende 1943 in Meseritz täglich zwischen 14 und 29 Menschen umgebracht wurden. Von dem gerichtsmedizinischen Hauptexperten der 1. weißrussischen Front wird von 20 bis 50 Morden pro Tag gesprochen.

Zum zeitgeschichtlichen Kontext:
»Der Mehrzahl der Kranken war bekannt, daß niemand Obrawalde mehr verlassen würde, und jeder von ihnen bemühte sich gut zu arbeiten und sich gut zu führen, um nicht ›gespritzt‹ zu werden.« (Erklärung des gerichtsmedizinischen Hauptexperten der 1. Weißrussischen Front, zitiert nach KLEE[8]).

»Zum ›Spritzen‹ wurden gewöhnlich Kranke von dem Oberarzt des Krankenhauses Mootz während des Morgenrundganges bestimmt, wobei er mit dem Kopf in Richtung des Opfers nickte.« (ebd.)

Auf der Wewelsburg fällt mein Entschluß, den Spuren von wenigstens einem der psychisch kranken Menschen, die ursprünglich in Bethel/Bielefeld lebten, nachzugehen. Ich entscheide mich für Anna Moser. Die Spur bleibt karg.

Dennoch ist selbst aus dieser äußersten Kargheit in erschreckender Weise zu erkennen, wie mit ihrer Angst vor Trennung von ihr vertrauten Personen, die anfangs so deutlich beschrieben wird, immer brutaler umgegangen wird.

Seelische Schmerzen, verursacht durch wiederholte Umgebungs- und Beziehungsabbrüche, hatten keinerlei Gewicht gegenüber ökonomischen Erwägungen und natürlich schon gar nicht gegenüber einem immer erkennbarer werdenden Tötungswillen.

Die Todesangst, die Anna Moser beim Eintritt in die Betheler Psychiatrie hatte, bestätigte sich in Meseritz auf schreckliche Weise als Vorahnung.

Ihr Sterben begann schon früher.

»Mutter wir müssen beide sterben«, diese angstvollen Worte Anna Mosers wurden in der Verwaltungsakte aufgezeichnet.

Nachforschungen, hinsichtlich der Mutter Agnes Moser, ergaben, daß diese am 04.11.1947 in Bethel in der psychiatrischen Abteilung, Haus Kidron[16], an einem Schlaganfall verstarb.

Spätestens ab 1943 wurde bei Agnes Moser zunehmender Gedächtnisverlust und ausgeprägte Verwirrung beobachtet.

Ab 1944 war für sie ein weiteres Wohnen in der eigenen Wohnung nicht mehr möglich, da die Hauswirtin, die sich bisher intensiv um sie gekümmert hatte, verstarb. Am 16.12. 1944 wird Agnes Moser in Bethel zunächst in einem Altersheim aufgenommen, acht Tage später jedoch in das erwähnte Haus Kidron verlegt, da sie sehr unruhig war, sich nicht zurechtfinden konnte und planlos fortlief. In der Krankenakte wird ihr Zustand 1944 folgendermaßen beschrieben: *»Alters-*

demenz, zeitlich u. örtlich desorientiert, hochgradige Merk-schwäche, auch weitgehender Zerfall des Altgedächtnisses, Neigung zum Konfabulieren, Wortfindungsschwierigkeiten... Stimmung euphorisch/dement. Fühlt sich zufrieden u. wohl hier.« Nach ihrer Tochter wurde Agnes Moser offensichtlich gefragt, es wird folgendes notiert: *»Auch die einzige Tochter sei gestorben, kann aber nichts Näheres darüber angeben, weder über deren Krankheit noch über die Anstaltsaufenthal-te«.*

Ob Anna Moser, die bei ihrer Aufnahme in Bethel große Sorgen hinsichtlich des Gesundheitszustandes ihrer Mutter äußerte, die ersten Anzeichen einer Altersdemenz bereits intuitiv als beunruhigende Veränderung wahrgenommen hatte oder ob der Gedächtnisverlust von Agnes Moser erst um 1943, dem Todesjahr ihrer Tochter einsetzte, wissen wir nicht.

In der Krankenakte Agnes Mosers fanden sich folgende Dokumente:
– die Mitteilung aus Gütersloh, daß die Tochter Anna am 12.11.1943 *»im Zuge der Räumung von Anstalten in den luft-gefährdeten westdeutschen Gebieten ... in die Heil- und Pfle-geanstalt Meseritz/Obrawalde verlegt worden ist«*
– das Telegramm aus Meseritz, mit dem die Mutter vom Tod ihrer Tochter am 23.11.1943 informiert wurde.
Es hat folgenden Wortlaut:

TOCHTER ANNA SANFT ENTSCHLAFEN
BEERDIGUNG FREITAG FALLS UEBERFUEHRUNG
ODER EINAESCHERUNG EIGENE KOSTEN
SOFORT DRAHTNACHRICHT SOFORT
GEBURTSURKUNDE SENDEN =
LANDESKRANKENANSTALTEN MESERITZ OBRA-
WALDE

– die Sterbeurkunde Anna Mosers, datiert in Meseritz vom 27.01.1944
– die Mitteilung des Standesamtes Meseritz/Obrawalde,»*daß durch die Kriegsverhältnisse bedingt ... eine Verknappung der Vordrucke für Sterbeurkunden eingetreten*« sei; es wird gebeten »*selbst Abschriften fertigen und ... polizeilich beglaubigen zu lassen.*«

Möglicherweise war Agnes Mosers »Altersdemenz« für sie ein Schutz. Vielleicht hat die Nachricht vom Tod ihrer Tochter und die dahinter verborgene Realität des Grauens sie nicht mehr mit voller Wucht treffen können.

Zum zeitgeschichtlichen Kontext:
»*Auf dem Krankenhausfriedhof wurden zwei Gräben entdeckt, die zugeschüttet und mit Leichen gefüllt waren. Ein Graben war mit Leichen gefüllt, die in vier/fünf Reihen gestapelt waren. Man kann davon ausgehen, daß sich in jedem Grab ca. tausend Leichen befanden. Die Bodenbeschaffenheit läßt den Schluß zu, daß die Gräber nicht länger als seit dem Herbst 1944 bestanden. Daneben befanden sich dort noch eine Reihe ähnlicher, wahrscheinlich älterer Massengräber. Alle Gräber sind durchnumeriert.*« (*Erklärung des gerichtsmedizinischen Hauptexperten der 1. Weißrussischen Front, zitiert nach* KLEE[8])

Auf die Frage, inwiefern zwischen den angeordneten Verlegungen ab 1936/37 in die Provinzialanstalten und dem späteren »Euthanasie«-Geschehen eine Verbindung zu sehen sei, antwortet BERND WALTER vom Westfälischen Institut für Regionalgeschichte Münster u. a. Folgendes:
»Die aus rein ökonomischem Kalkül betriebenen Verlegungen und die bewußte Hinnahme schlechterer Lebensbedingungen waren weitere Schritte im Prozeß der Durchset-

zung rassenhygienischer Prinzipien in der Fürsorge, der schließlich mit letzter Konsequenz in der Vernichtung der nicht-leistungsfähigen Kranken, der ›Ballastexistenzen‹ mündete.«[13]

Von den 280 000 bis 300 000 seelisch kranken und geistig behinderten Menschen, die in den über 900 Anstalten Deutschlands untergebracht waren, wurde jeder Dritte durch die nationalsozialistische Euthanasie ermordet.[5]

Literatur

1 v. B. A. Bethel, TA Bethel, Registratur der Bethelkanzlei: Kranken- und Verwaltungsakten (Anna Moser, Agnes Moser, Hiltrud Fenner, Petra Münds)

2 Sterberegister der Irrenanstalt Meseritz-Obrawalde, Jahr 1943 – Reg.No. 1 – 2235 (Standort: Wewelsburg bei Paderborn)

3 Kopie der Nachweisliste der 1941 aus der Anstalt Bethel in die Provinzialheilanstalt Gütersloh verlegten bezirks- und landeshilfsbedürftigen Kranken (Zur Verfg. v. 02.12.1941, VI b Tgb. Nr. 401)

4 BAUMAN, ZYGMUNT: *Moderne und Ambivalenz*, Frankfurt 1995, S. 45/46

5 FINZEN, ASMUS: *Massenmord ohne Schuldgefühl – Die Tötung psychisch Kranker und geistig Behinderter auf dem Dienstweg*, Bonn 1996

6 HOCHMUTH, ANNELIESE: *Spurensuche* – Eugenik, Sterilisation, Patientenmorde und die v. Bodelschwinghschen Anstalten Bethel 1929–1945 Hg.: BENAD, MATTHIAS, Bielefeld 1997

7 KLEE, ERNST: *»Euthanasie« im NS-Staat* – Die »Vernichtung lebensunwerten Lebens«, Frankfurt 1983

8 KLEE, ERNST: *Dokumente zur »Euthanasie«*, Frankfurt 1985

9 KAISER, JOCHEN-CHRISTOPH: *Sozialer Protestantismus im 20. Jahrhundert* – Beiträge zur Geschichte der Inneren Mission 1914 – 1945 München/Oldenbourg 1989

10 KLEMPERER, VIKTOR: *Tagebücher*, Berlin 1996

11 PÖRKSEN, NIELS: *Zwangssterilisation in Bethel*, in: FRIEDRICH V. BODELSCHWINGH d. J. und die Betheler Anstalten, Hg.: BENAD, MATTHIAS, Stuttgart 1997

12 SCHMUHL, HANS-WALTER: *Fritz v. Bodelschwingh, die Ärzte und der medizinische Fortschritt*, in: *Friedrich v. Bodelschwingh d. J. und die Betheler Anstalten*, Hg.: BENAD, MATTHIAS, Stuttgart 1997

13 WALTER, BERND: *Zwangssterilisationen und Planwirtschaft im Anstaltswesen. Die Konfrontation der v. Bodelschwinghschen Anstalten in Bethel mit den rassenhygienischen Maßnahmen des NS-Regimes*; in: *Friedrich v. Bodelschwingh d. J. und die Betheler Anstalten*, Hg.: BENAD, MATTHIAS, Stuttgart 1997

14 WALTER, BERND: *Psychiatrie und Gesellschaft in der Moderne* – Geisteskrankenfürsorge in der Provinz Westfalen zwischen Kaiserreich und NS-Regime, Paderborn 1996

15 ZECHERT, CHRISTIAN: *Krankenakten der psychiatrischen Frauenklinik Magdala[16] (1934–1945) als Quellen zur Anstaltsgeschichte*, in: *Friedrich v. Bodelschwingh d. J. und die Betheler Anstalten*, Hg.: BENAD, MATTHIAS, Stuttgart 1997

16 Erklärungen zu den im Text erscheinenden biblischen Häuser-Namen Bethels (Friedrich von Bodelschwingh der Ältere verband mit der Namensgebung der Häuser meist eine symbolische Bezugnahme zu Not, Gefahr, Sterben und Errettung, wie sie in entsprechenden Bibelstellen beschrieben werden.)

ADULLAM: Eine Höhle, in der sich David auf der Flucht vor König Saul, der ihm nach dem Leben trachtete, versteckte. Dort sammelten sich um David »allerlei Leute, die sich in bedrängter Lage befanden« (1. Sam. 22, 1 f).

GILEAD: Landstrich in Ostjordanland. Gilead war berühmt für seine Wälder und seine Heilkräuter. (Jer. 8, 22).

KIDRON: Ein Tal zwischen Jerusalem und dem Ölberg; führt durch die judäische Wüste ins Tote Meer; bevorzugte Begräbnisstätte, da als Tal Josaphat lokalisiert, in dem nach Joel 4,12 das Weltgericht stattfinden soll.

MAGDALA: Ort in Israel bei Tiberias am See Genezareth, Heimatort der Maria Magdalena

MAHANAIM: Lagerplatz Jakobs und Stätte seines Kampfes mit Gott (1. Mos. 32), Fluchtort Davids vor Absalom (2. Sam. 17).

NEBO: Berg am Westrand des Ostjordanlandes, 1.100 m über dem Nordende des Toten Meeres gelegen. Von hier aus soll Mose vor seinem Tod das gelobte Land gesehen haben (5. Mos. 23, 49, 34, 1).

SAMARIA: Hügellandschaft in Palästina zwischen Galiläa und Judäa, benannt nach der antiken Stadt Samaria. In der frühchristlichen Zeit wurde Samaria mit der Tradition vom Grab Johannes des Täufers verbunden und war zeitweilig Bistum.

Abschied von der Kunst
des Indirekten? oder:
Umwege werden nicht bezahlt

Wie bekommt man ein Gefühl für die Strömungen der eigenen Zeit? Mir fällt dazu ein Bild ein, das der Romanistikprofessor Viktor Klemperer in seinen Tagebüchern aufzeichnete. Viktor Klemperer war jüdischer Herkunft und überlebte die Nazizeit in Deutschland dank der Tapferkeit seiner Frau. Juli 1942 zeichnete er Folgendes auf: »Das Badezimmer hier (Judenhaus) wird vom Abgasspeicher gespeist. … Man zündet ein winziges Flämmchen an. Läßt man dann Wasser einlaufen, so entzündet sich in einem gegebenen Moment explosiv (schlagartig) eine ganze Flammenreihe und erhitzt sehr schnell das durchströmende Wasser. – Mir geht das heute den ganzen Tag als Bild durch den Kopf. Als Einzelflämmchen ist jede Idee in fast *jeder* Zeit vorhanden. Die Rassenidee, der Antisemitismus, die kommunistische Idee, die nationalsozialistische, der Glaube, der Atheismus – jede Idee. Wie kommt es, daß plötzlich *eine* von diesen Ideen eine ganze Generation erfaßt und nun dominiert? – Wenn ich Rosenbergs ›Mythos‹ bei seinem Erscheinen 1930 gelesen hätte, ich hätte ihn bestimmt als Flämmchen gewertet, als Irrsinnsprodukt eines Einzelnen, einer kleinen desequilibrierten Gruppe. Ich hätte niemals geglaubt, daß das Flämmchen zünden – in Deutschland zünden könnte.«[11]

Ob ein Flämmchen sich zusammen mit vielen anderen zu einem Flächenbrand vereinigt, dürfte mit dem Gasgemisch, das in der Luft liegt, zusammenhängen. Fraglich ist, ob man als Zeitgenosse der Gegenwart die einzelnen Flämmchen seines eigenen Arbeitsfeldes hinsichtlich ihrer Entwicklungs-

richtung erkennen kann und ob man ein Gespür für das Ge-
misch, das sich zusammenbraut, auch dann entwickeln kann,
wenn man täglich diese Luft einatmet. KLEMPERER war in
der Lage, die Frühwarnzeichen der eigenen Zeit erstaunlich
genau zu erfassen, und zwar durch das Hören auf die Art, wovon und wie gesprochen wird.

Ich will im Folgenden versuchen, auf einige »Flämmchen«
unserer Zeit hinzuweisen, die wir meines Erachtens im Auge
behalten sollten, da sie sozialethische Dimensionen wegbren-
nen könnten, die uns heute noch als ziemlich selbstverständlich gelten. Diesen »Flämmchen« habe ich folgende Überschriften gegeben:

1. Kolonisierung des Denkens durch Veränderung
   der Sprache
2. Vom Patienten zur Person zum Kunden
3. Zuspitzungen direkten Handelns
4. Für's Soziale fehlt das Geld
5. Gesetzesänderungen und Auswirkungen
6. Qualitätssicherung als Feigenblatt für Sparpolitik

Nach diesen Umwegen, bei denen ich das, worum es mir
geht, eher indirekt umkreise, komme ich in Abschnitt 7,
»Umwege und die Kunst des Indirekten in der Psychiatrie«
zurück zum Hauptthema.

1. Kolonisierung des Denkens durch Veränderung der Sprache

1988 kam ein wenig beachtetes, höchst interessantes kleines
Buch von dem Germanisten UWE PÖRKSEN heraus. Es trägt
den Titel: »Plastikwörter – die Sprache einer internationalen
Diktatur«. Unter anderem heißt es in diesem Buch: »Es
schwärmt seit einiger Zeit ein Trupp neuartiger Wörter aus
…, dazu gemacht, der Zivilisation, die mit wachsender Geschwindigkeit den Erdball überzieht, die Schienen zu legen

und die Bahn vorzuzeichnen.«[15] »Sie infizieren ganze Wirklichkeitsfelder und sorgen dafür, daß die Wirklichkeit sich auf sie, als ihren Kristallisationspunkt zuordnet.«[15]

In den letzten Jahren schwärmte meines Erachtens ein ganz besonderer Trupp von Wörtern in die Bereiche sozialer Arbeit, und wenn man darauf beharrt, weiterhin verständliches Deutsch zu sprechen – also z. B. von der Begleitung von Menschen und nicht von *case work*, vom arm werden und nicht vom *driften*, von Hilfestellung und nicht von *Leistungsmodul* – ja, dann wirkt man damit irgendwie altmodisch oder wird als Ökonomie- oder zumindest Qualitätsmuffel empfunden und etikettiert. Insbesondere der Begriff Qualität in Verbindung mit marktwirtschaftlichem Denken dient zur Rechtfertigung der Invasion.

Noch ein besonders prägnantes Beispiel: *clinical pathways* – so las ich in einer Zeitschrift – sind ein »potentes Instrument zur Optimierung von Verfahrensabläufen«[20]. Was in Gottes Namen sind nun aber clinical pathways? Nichts leichter erklärt als das: sie sind »eine integrative Wegbeschreibung zur Koordination einer Vielzahl paralleler Aktivitäten in einem engen Zeitrahmen«[20]. Was immer das heißen mag, mit der Entdeckung von Langsamkeit hat es jedenfalls nichts zu tun.

Ich habe mir die Mühe gemacht, beim Studium entsprechender, meist auf sogenannte Qualitätssicherung im sozialen Bereich bezogener Literatur Worte zu sammeln und darauf zu lauschen, in welche Richtung sie weisen. Ich teile sie vorläufig in vier Kategorien ein

- *Worte mit Maximalisierungstendenz*, z. B.: flächendeckend, umfassend, total, effektiv, hocheffizient, exakt, ideal, potent, oder als Hauptworte z. B.: Maximierung der Resultate, Ablaufoptimierung, Hyperlearning, Optimierung von Potentialaussagen etc.

- *Worte mit Tendenz zur Linearität*, z. B.: kontinuierlicher Verbesserungsprozeß (auch KVP genannt), Ablaufschritte, Schnittstellenregulierung, Betreuungsplanung, Outcome, Weiterentwicklungsoption, Sachzielorientierung, Leistungserstellungsprozeß, oder als verbale Wendung z. B.: Strukturen zielorientiert ausrichten.
- *marktorientierte Worte*, z. B.: Kaufkraft, Kunden, Nutzer, Verkaufsverhandlung, Konkurrenzfähigkeit, Wertschöpfungsprozeß, arbeitsmarktrelevanter Schulabschluß, Konsumentensouveränität, Humankapital, Pflegemarkt, kostentreibende Altersentwicklung etc.
- *Worte mit Atomisierungstendenz*, z. B.: Modul, Baustein, Leistungspaket, Maßnahme oder auch die berühmten ADL's im Rahmen von Pflege (soll heißen: existenzielle Alltagsverrichtungen des täglichen Lebens).

Die 1997 aufgetauchte »Wäschewechselhäufigkeit unterer Einkommensgruppen«, die »Sozialdetektive« zur Verhinderung von angeblichem Sozialhilfemißbrauch (PETER RAMSAUER, CSU) und das »sozialverträgliche Frühableben« (KARSTEN VILMAR 1998) legen nahe, noch eine fünfte Kategorie aufzumachen. Sie müßte dann wohl heißen: *»Nicht mehr getarnte Entwertungen«*. Hier würden wir dann ohne Mühe auch Rentnerschwemme, Altenberg, Belegschaftsaltlasten und soziale Hängematte unterbringen können. Begriffe, die schon längere Zeit im Umlauf sind und an die wir uns schon fast zu sehr gewöhnt haben.

Ich zitiere nochmals UWE PÖRKSEN: »Sie (die Wörter) sind nicht isoliert, sondern zwischen ihnen gehen Fäden hin und her wie zwischen Knotenpunkten und insgesamt ergibt sich ein Netz, das unser Bewußtsein von der Welt überwölbt und vielleicht gefangen hält.«[15] Aber sind die Wörter an sich nicht unschuldig? Das meint man gewöhnlich und macht sich nicht klar, daß Wörter äußerst wirksam sind. Wörter machen nicht nur sichtbar, sondern sie wirken auch genau in die Richtungen, die sie kennzeichnen. Je mehr wir uns an sie gewöhnen, desto mehr sind wir in Gefahr zu vergessen, daß ein Wort, ein Name, nur eine »begrenzte Sicht und Sichtung beinhaltet«, und verwechseln die Bezeichnung mit der Sache. »Wörter sind Bahnungen, die der Geschichte vorauslaufen, und diese folgt ihr.«[15] Auf eines weist UWE PÖRKSEN bereits 1988 hin, das mir im sozialen Bereich zur Zeit in voller Blüte zu stehen scheint. Er sagt, ein Merkmal von Plastikwörtern sei, daß sie das Bedürfnis nach expertenhafter Hilfe verankern. Das scheint so zu sein, denn wer ist heute noch so selbstbewußt, ohne Projektmanager, Qualitätsbeauftragten und Zertifizierungsinstitut an die Angemessenheit seiner Arbeit und an die Kraft eigener Kreativität zur Weiterentwicklung und Erneuerung zu glauben?

2. Vom Patienten zur Person zum Kunden

Das Wort »Menschenwürde« paßte noch in eine Zeit, in der man vom Patienten zur Person fand, von der Krankheitsgeschichte zur Lebensgeschichte vordrang. Wir sind jedoch inzwischen weiter fortgeschritten, und zwar – mit irgendeiner besonderen Sprungtechnik – von der Person zum Kunden, manchmal auch Nutzer genannt. Der Begriff des »Kunden« ist insofern ein nützlicher, als er die Emotionen von vornherein neutralisiert und befreit von unbequemen Beziehungs- und Begegnungsansprüchen. Diejenigen Psychiatriekollegen, die durch letzteres schon immer die Wissenschaftlichkeit der Psychiatrie bedroht sahen, bekommen jetzt üppig Hilfe von der marktwirtschaftlichen Fraktion. Und seitdem der in KLAUS DÖRNER personifizierte kategorische Imperativ nicht mehr über uns wacht, hat sich vielleicht die Chance vergrößert, etwas von den hochgespannten moralischen Ansprüchen, die schon immer recht schwer auf uns lasteten, abzuschütteln. Auch diese ewigen Verweise darauf, daß bestimmte ideologische Verknüpfungen – z. B. die von ökonomischen und wissenschaftlichen Zielen – unseren fachlichen Vorfahren unmenschliches Handeln mit bestem wissenschaftlichem Gewissen erlaubten, begann uns allmählich zu nerven. So gesehen wird jetzt das Denk-Klima freier: der Begriff des Kunden hilft uns z. B., die soziale Misere, will sagen, die Benachteiligung bestimmter Menschen, nicht an das, was man altmodisch Gewissen nennt, herankommen zu lassen. Kunden sind definiert über das, was sie kaufen wollen oder können, nicht über das, was sie sind. Von Kunden kann man erwarten, daß sie sagen, was sie wollen. Jede Ware bitte einzeln benennen, sonst kommt der Verkäufer durcheinander und kann am Abend dem Chefkontrolleur die Abrechnung nicht in voller Transparenz vorlegen.

Bei den Kunden der Pflegeversicherung geht man offensichtlich davon aus, daß sie immer nur Teile kaufen wollen, die ihr Computersystem ergänzen, die sogenannten Module. Denn ein Modul ist nach BROCKHAUS immer ein Stück Hardware oder Software, das ausgetauscht werden kann, ohne daß Veränderungen am übrigen System erforderlich werden.

Wer mehr zahlen kann, kann mehr Teile kaufen. So entstehen große oder auch ziemlich kleine Leistungspakete. Aufregung über diesen Tatbestand haben wir uns alle schon lange abgewöhnt. Schon vor dem Zusammenbruch des Sozialismus, aber danach mit noch besserem Gewissen. Wer nichts zu brauchen meint, hat selber Schuld. Wer sich im Laden nicht entscheiden kann, wird hinauskomplimentiert. Wer sich nicht benehmen kann, wird hinausgeworfen. Was auf der Straße mit ihm wird, ist sein Problem. Sehnsüchtig schauen wir nach Amerika, wo man diesbezüglich schon so viel weiter ist. Die Beziehung zum Kunden ist eindimensional und direkt. Man nennt das heute adressatengerecht. Sie kann optimiert werden, z. B. durch Zielgruppendefinition. Was wir brauchen, sind kompetente Konsumenten. Und dafür kann man eben-falls sehr direkt, effektiv und flächendeckend etwas tun, z. B. durch Kundenbefragung, Kundenaufklärung, Kundenwerbung etc.

Aber kann seelische Gesundheit als Produkt definiert wer-den, mit dem sich Handel treiben läßt, als Produkt, das von einem Produzenten an einen Verbraucher verkauft wird? Läßt sie sich begreifen als etwas von der Person Abtrennbares? Ist sie nicht zutiefst verwoben mit der gesamten Biographie des betroffenen Menschen?

Zwischen einer Person mit psychotischen Grenzerfahrungen und einem Mitarbeiter welcher Profession auch immer kann es nicht zugehen wie auf einem normalen Markt. Es gibt hier keinen Kunden, schon gar keinen, der König ist, der nach Laune und Belieben eine angebotene Gesundheitsware kau-fen kann oder auch nicht – Zurückgabe bei Nichtgefallen möglich.

Nein, die Rollenverteilung ist nicht die zwischen Verbrau-cher und Verkäufer, sondern, wie HEUBEL vorschlägt, eher die zwischen einer Person und ihrem Treuhänder. Treuhand-schaft ist nicht rationalisierbar. »Auf jeden neuen Patienten und auf jede neue Situation muß sich der Treuhänder einlas-sen und herausfinden, was gerade bei diesem individuellen Menschen das Angebrachte ist.«[9]

ERICH WULFF warnt in einem 1998 erschienenen Aufsatz vor der »Übernahme des neoliberalen betriebswirtschaftli-chen Diskurses durch die Psychiatrie«. Durch diese Begriffe werden »Geschäftsbeziehungen« definiert. WULFF führt wei-ter aus: »Hat es sich einmal im Kopf festgesetzt, daß es sich bei der Krankenhaus-Arzt-Therapeut-Patienten-Beziehung um eine Geschäftsbeziehung handelt und sonst nichts, bei der auch das therapeutische Verhalten, ja, jede menschliche Zu-wendung ökonomisch gesteuert wird und wo das Ergebnis jeder therapeutischen Tätigkeit einen puren Warencharakter hat, dann ist es auch nicht mehr möglich, aus dieser Logik auszubrechen, einer Logik, die die Logik der Kapitalverwertung ist. Man kann sich ihr nur unterwerfen, bestenfalls Schlupflöcher suchen, bis zu denen diese Logik noch nicht ganz vorgedrungen ist, oder aber – indem man etwas schummelt – für eine ein bißchen gerechtere Verteilung der Ressourcen sorgen.«[23]

Ich denke, wir sollten nicht durch Übernahme der ökonomischen »New-speach« dazu beitragen, daß betriebswirtschaftliches Denken, das selbstverständlich in vernünftigen Grenzen seine Notwendigkeit und Berechtigung hat, eine alles überlagernde Dominanz gewinnt. Für den gesamten sozialen Bereich muß festgehalten werden, daß das, was sich nicht vollständig rationalisieren läßt, sich auch nicht vollständig ökonomisieren, d. h. den Prinzipien der Gewinnmaximierung unterwerfen läßt. Engagement nach diesen Prinzipien hört dort auf, wo es sich nicht lohnt. Das Motiv zu helfen hört dort jedoch noch nicht auf, sondern häufig, geschichtlich belegbar, beginnt es vor allem dort. Vielleicht meinen Zyniker, daß dieses Motiv überhaupt nicht mehr ernstzunehmen sei und in irgendwelche diakonischen Klamottenkisten gehöre. Ich meine dies nicht. Meine Beobachtung ist, daß gerade bei den Mitarbeitern, die die meisten Stunden des Tages mit psychisch kranken Menschen verbringen, die Hilfe, die sie leisten möchten, das erste Motiv ist, und erst danach folgt das berechtigte Motiv, diese Bemühungen gesellschaftlich und finanziell auch anerkannt zu sehen (in Anlehnung an HEUBEL[9]). Sich auf den einzelnen Menschen einzulassen oder, neupsychiatrisch ausgedrückt, personenzentriert zu arbeiten, ist nicht möglich ohne dieses Motiv, das nie statisch ist, sondern sich in der Begegnung mit den Menschen, um die es geht, entzündet und nur in der Begegnung erhalten bleiben kann. Es kann auch nur dann erhalten bleiben, wenn der Helfer trotz aller Probleme und Schwierigkeiten wahrnehmen kann, was er dabei seinerseits von seinem Gegenüber geschenkt bekommt. Ist letzteres nicht der Fall, würde die Abwendung der Gefahr der Verobjektivierung nach Gesichtspunkten des Warenverkehrs die geschichtlich auch bekannte Gefahr der Verobjektivierung als Barmherzigkeitsobjekt heraufbeschwören. Letztere Gefahr scheint mir allerdings heute geringer als erstere. Wenn man die medizinischen, die pflegerischen, die sozialen Hilfen immer mehr kommerzialisiert, stärkt dies vor allem das Motiv der Helfer, auf ihre Kosten zu kommen. Sie würden sicher Anstöße zum Helfen zunächst aufgreifen, aber in der Tendenz immer nur so lange, wie es sich lohnt. Dies würde die Professionalität der Hilfe, wie wir sie bisher kennen, zerstören.[9]

3. Zuspitzungen direkten Handelns

Zuspitzungen, von welchen Handlungsweisen auch immer, fallen nicht vom Himmel. Sie entwickeln sich in einem gesellschaftlichen Kontext bzw. Konsens aus Gedankenkeimen, die sich mit unterschiedlichen Sprach- und Denkfeldern verbinden. Lange Zeit kann niemand sicher sein, in welche Richtung das Ganze führt. Ich glaube, jedem, der sich mit der Geschichte der Psychiatrie im Dritten Reich befaßt hat, stellt sich von einem bestimmten Punkt an die selbstreflexive angstvolle Frage »Wie hätte ich mich verhalten?«.

Sich diese Frage zu stellen heißt nicht, damalige Diktatur mit heutiger Demokratie gleichzusetzen. Dies wäre absurd. In dem Bereich, der hier interessiert, geht es gar nicht um Diktatur oder Demokratie, sondern um Beispiele dafür, bis zu welchem Grad das menschliche Denken sich auf scheinbar vernünftigen und humanen Bahnen zur Vorbereitung inhumaner Handlungsabläufe verführen lassen kann. Wegen dieser prinzipiellen Verführbarkeit bleibt der Hinweis darauf wichtig, daß das »Euthanasie«programm des Dritten Reichs, welches wir im Nachhinein in seiner vollen Brutalität und Menschenverachtung zu erkennen meinen, zu seiner Zeit eingebettet war, in eine sich als fortschrittlich verstehende Psychiatrie, die von den bekanntesten Ordinarien ihrer Zeit vertreten wurde und keineswegs gegenläufig zu dieser. Euthanasie war als Mosaikstein in »umfassende Planungen zur Modernisierung der Psychiatrie eingebettet.«[18]

Das Kernstück dieser Planungen bestand in der Trennung der Heil- von den Pflegeeinrichtungen. Für die Heileinrichtungen machte man sich im Bezug auf Rehabilitation viele Gedanken. Man wollte Arbeitsmöglichkeiten für die Patienten schaffen, Durchlässigkeit der Anstalten versus Ghettoisierung durchsetzen und hatte auch bereits erkannt, daß eine gemeindenahe Unterbringung die Verbindung zu den Angehörigen erleichterte, was für die Therapie als förderlich angesehen wurde. Für die Pflegeeinrichtungen indes wurden drei Kategorien von Patienten vorgesehen, für die sich aktiv einzusetzen nicht geplant war. Eine dieser Kategorien sollte aus nicht mehr arbeits- und behandlungsfähigen kranken und behinderten Menschen bestehen, denen, wie der Psychiater ENKE sich ausdrückte, »nur noch eine begrenzte Frist ihres traurigen und lebensunwerten Daseins zugemutet werden wird.«[18] Hier war die aufgeklärte Vernunft am Werk. Es scheint verführerisch, sich den Realitäten und zwischenmenschlichen Verbindlichkeiten des oft mühsamen psychiatrischen Alltags mit beflügelnden Ideen von planbaren Verbesserungen, Fortschritten und Heilungsmöglichkeiten zu entziehen. Treffend formuliert SLOTERDIJK: »Die europäischen Neurose faßt Glück als ein Ziel ins Auge, und Vernunftanstrengung als Weg dahin. Ihren Zwang gilt es zu brechen. Man muß die kritische Sucht des Besserns auflösen, dem Guten zuliebe, von dem man sich auf langen Märschen so leicht entfernt.«[19]

Die sich für aufgeklärt haltende Vernunft ist aus sich heraus – d. h. mit Mitteln der Vernunft – kaum zu bremsen. Hier einige Zuspitzungen der Gegenwart: 1994 las ich in der Zeitschrift »Ethik in der Medizin«, daß es richtig sei, einem schwer leidenden Menschen vom Leben zum Tode zu verhelfen, wenn man vorab seinen »festen und rationalen Willen« zu diesem Vorgehen ermittelt hätte. Ich dachte, welch eigenartiges PC-Modell hier auf den Menschen übertragen wird. Hätte ich mich nicht in ganz anderer Weise mit ihm in Beziehung zu setzen? Drückt sich diese komplexe Beziehung zu einem leidenden Menschen in der Ermittlung seines festen, rationalen Willens aus? Ist nicht der Ausgang durch die Art der vorgeschlagenen Vorgehensweise vorgezeichnet? 1996 trug diese Art des Denkens weitere Früchte. »Der australische Arzt PHILIPP NITSCHKE hat einen Computer an ein automatisches Spritzensystem gekoppelt, das Sterbewilligen eine tödliche Injektion verabreichen kann. Vorher muß sich der Lebensmüde durch mehrere Programmschritte arbeiten, in denen er mit ›Yes‹ oder ›No‹ seine Entschlossenheit dokumentiert.« »Unter dem Stichwort ›Erlösung‹ erscheint auf dem Laptop die ultimative Botschaft: ›Wenn Sie YES drücken, werden Sie in 30 Sekunden eine tödliche Injektion auslösen und sterben. YES or NO?‹« (DIE ZEIT, 23/ 31.05.1996, HANS SCHUH) Am 27.02.1997 erschien in der Frankfurter Rundschau die Nachricht, daß in deutschen Krankenhäusern erstmals Computer getestet werden, die berechnen, ob sich die maschinelle Lebensverlängerung eines todkranken Patienten aus medizinischer und finanzieller Hinsicht lohnt. Die Computer werden mit den Krankendaten des Patienten gefüttert und errechnen dann die Überlebenswahrscheinlichkeit sowie die Kosten einer weiteren Behandlung.

In unserer fortschrittseiligen Zeit könnte ich natürlich noch mit vielen Beispielen von neuen möglichen direkten Zugriffen aufwarten. Ich lasse es bei den genannten PC-Beispielen bewenden. Sie passen in unseren Zusammenhang, weil sie eine spezielle Dimension des Zum-Objekt-Machens von Menschen zeigen. In dieser Art des Verdinglichens tritt das Sich-Herausziehen aus der zwischenmenschlichen Beziehung unter dem Deckmantel wissenschaftlichen Fortschritts und der Zubilligung besonderer individueller Selbstbestimmungsrechte auf. Eins der dazu passenden Stichworte ist die sogenannte »Konsumentensouveränität«.

4. Für's Soziale fehlt das Geld

Oder mit DIETER HILDEBRANDT etwas genauer ausgedrückt: »Krieg den Hütten und alles bestens bei den Palästens«. Zum Thema Krieg paßt die Rede von Explosionen, insbesondere von einer, nämlich der Kostenexplosion im Gesundheitswesen. Jedoch – gesundheitspolitische Experten weisen nach: Seit 1980 ist der prozentuale Anteil der Gesundheitsausgaben am Bruttosozialprodukt fast konstant geblieben und liegt bei etwas weniger als 9%. Das große marktwirtschaftliche Vorbild, die USA, liegt hingegen bei 14%, obgleich oder manche meinen weil ihr System nach marktwirtschaftlichen Gesichtspunkten organisiert ist. Der gesundheitspolitische Experte Professor UWE REINHARDT von der Princeton Universität in Amerika behauptet sogar, es sei nach Gesichtspunkten der Kopfgeldjagd organisiert.[16] Was Kriegstechniken betrifft, neigt der moderne Mensch auf dem Feld des Marktes offenbar zu atavistischen Rückfällen.

Ebenso öffentlichkeitswirksam wie irreführend ist die Behauptung, daß es insbesondere die Altersentwicklung und der medizinische Fortschritt seien, die kostentreibend wirken. Wie ich vor kurzem las, wird diesen Faktoren selbst vom Sachverständigenrat nur marginale Bedeutung zugeschrieben. Es liegt auf der Hand, daß es vor allem die Massenarbeitslosigkeit ist, die den Anstieg der Beitragssätze in der

Krankenversicherung bedingt und nichts anderes. Dennoch wird die genannte Darstellungsweise genutzt, um einer weiteren Öffnung des Gesundheitswesens für Wettbewerb und Markt das Wort zu reden. »Als Steuerungsinstrument wirkt Wettbewerb (jedoch) sozial selektiv und polarisierend und ist damit gegen Solidarität gerichtet«.[4] Genau diesen Effekt kann man im Großlabor USA studieren.

Wettbewerb ist immer ein Bruder des Marktes. Im Zusammenhang mit der Krankenkassenfinanzierung kennt jeder das Gerede über die guten und die zu vermeidenden schlechten Risiken. Natürlich wird diese Mechanik, wenn keine Gegensteuerung stattfindet, auch für die Gemeindepsychiatrie gelten, die ja überhaupt erst dann Gemeindepsychiatrie ist, wenn sie die längerfristig psychisch kranken Menschen, diejenigen, bei denen der Chronos, die Zeit, eine ausschlaggebende Rolle spielt, nicht ausgrenzt.

Unter ökonomisch diktierten Wettbewerbsgesichtspunkten sind gerade diese Menschen, die meistens ihre lebensgeschichtlichen Geheimnisse und die Hintergründe ihrer Lebensart nicht schnell preisgeben, die lieber zugrunde gehen als die Eigenarten ihres Lebensstils aufzugeben, höchst unattraktiv. Wenn sich ökonomische Gesichtspunkte weiter durchsetzen, werden sie entweder gar nicht erst betreut oder in der Weise pseudoversorgt werden, daß irgendwelche Arten von Leistungen gerade noch in die dafür vorgesehenen Bögen eingetragen werden können, Leistungen, die für diesen Personenkreis aber nicht die wesentlichen sind. Letztlich werden solche Menschen offen oder kaschiert ihrem Schicksal, häufig der Verwahrlosung preisgegeben werden. »Freiheit statt Fürsorge«. So wird es in den fortschrittlicheren Regionen aussehen. In Regionen, in denen man noch auf Großanstalten zurückgreifen kann, wird die Pseudoversorgung vermutlich in diesen stattfinden – (entwürdigende) »Fürsorge statt Freiheit«. Ob nun so oder so – die Gesellschaft hat die Fähigkeit, über beide Versorgungsabgründe hinwegzusehen.

Das eben Gesagte war nur zu etwa einem Drittel Gegenwartsbeschreibung und zu zwei Dritteln Horrorvision.

Gott sei Dank sieht es bei uns bisher im Prinzip noch etwas anders aus. Risiken des menschlichen Lebens wie Arbeitslosigkeit, Krankheit, Unfall, Invalidität, Alter und Pflegebedürftigkeit sind in einem Versicherungssystem abgefedert, das sich auf die sogenannte Solidargemeinschaft der Versicherten stützt. Sollte hier jemand das Pech haben, durchs Netz zu fallen, kann er mit einem zweiten Netz rechnen, dem Bundessozialhilfegesetz. Durch dieses wird jedem, der in Not und Armut gerät, ein Leben in Menschenwürde gesetzlich garantiert.

Bisher waren wir bisweilen stolz, daß das soziale Sicherungssystem Deutschlands im europäischen Vergleich ziemlich gut abschnitt – bisher! Ich bin nicht sicher, ob ich schon sagen muß, bis vor kurzem.

»Geld regiert die Welt. Wer aber regiert das Geld?« Wo Geld hinfließt, ist immer auch eine Frage gesellschaftlicher Wertvorstellungen und politischer Weichenstellungen. Und ehe wir bereitwillig in Richtung Politik beteuern, daß auch uns die knapper werdenden finanziellen Ressourcen sehr wohl bewußt sind, sollten wir es uns nicht nehmen lassen, immer mal wieder auf den gesellschaftlich-ökonomischen Kontext dieser Ressourcenknappheit hinzuweisen. Psychiatrie vollzieht sich heute im Kontext immer größer werdender Besitzunterschiede. Wir beobachten das erhebliche Auseinanderdriften von solchen, die sehr viel besitzen, und solchen, die von Sozialhilfe leben.

1996 schätzte die Deutsche Bundesbank 10 Bio. DM Gesamtvermögen der privaten Haushalte – eine Verdreifachung seit 1980 – 1,2 Bio. DM Verbrauchsvermögen und 4 Bio. DM Werte an Immobilien. (Forum Armut, Hg.: Caritas 1997)

Nach OSKAR NEGT befindet sich unsere Wirtschaft seit 15 Jahren in Hochkonjunktur, hat es noch nie eine so reiche deutsche Gesellschaft gegeben wie heute und ist es auch der Industrie noch nie so gut gegangen wie heute. (Vortrag beim Diak. Werk Hannover, 10.04.96)

1994 wagte der Sylter Pastor TRAUGOTT GIESEN folgenden Satz: »Eine Politik, die nicht uns Besitzende einschneidend zur Hilfe zwingt, ist schlecht. Sie untergräbt meine und deine Menschenwürde.«[7]

Politiker, die wieder gewählt werden wollen, riskieren solche Sätze im Zeitalter der Globalisierung nicht mehr. Sie stellen lieber die unbedingt notwendigen Begrenzungen bei den Sozialausgaben in den Vordergrund. Und in der Tat sind diese sehr hoch: 1994 betrugen die Sozialhilfeausgaben 58 Mrd. DM (einschließlich der Hilfe zur Pflege und der Krankenhilfe). Dies hört sich ziemlich gewaltig an, und Tatsache ist, daß längerfristig psychisch kranke Menschen nicht unbeträchtlich an der Verursachung dieser Kosten beteiligt sind. Allerdings sollte man zum Zurechtrücken der Maßstäbe neben den 58 Mrd. DM Sozialhilfekosten auch die ca. 130–160 Mrd. DM, die jedes Jahr durch Steuerhinterziehung verschwinden, nicht unerwähnt lassen. (Nachrichtendienst des Deutschen Vereins, Heft 2, 1996, S. 38)

Es kann nicht schaden, den gesamtgesellschaftlichen Hintergrund im Blick zu behalten, wenn man über die Kosten menschenwürdiger Psychiatrie nachdenkt. In der erwähnten Schrift des Bundesministeriums für Gesundheit wird meines Erachtens Folgendes sachlich richtig festgestellt: »Generell gelten in der Psychiatrie die chronischen psychischen Erkrankungen und insbesondere die schizophrenen Psychosen als die kostenintensivsten Krankheitsformen. Nach internationalen Schätzungen gehen ca. 50% der insgesamt für psychiatrische Versorgungsleistungen aufgewendeten Gesamtmittel zu ihren Lasten.

Dabei entfallen jedoch nur ca. 30% der verursachten gesellschaftlichen Gesamtkosten auf die direkte medizinische und rehabilitative Krankenversorgung, während der Rest indirekte Kosten der Erkrankung darstellen. Diese sind auf Grund des frühen Erkrankungsalters, des hohen Chronifizierungsgrades sowie der damit verbundenen hohen Rate der Ausgliederung von Betroffenen aus dem Erwerbsleben und der starken finanziellen Sekundärbelastung von betreuenden Angehörigen überdurchschnittlich hoch.«[17]

In der Tageszeitung »Die Welt« vom 19.09.1998 wußte man es noch genauer: »Die Schizophrenie ist, bezogen auf die Gesamtkosten, die mit Abstand teuerste Krankheit; 1993 betrugen die Ausgaben 9,4 Mrd. DM.«

Ca. 43% aller anfallenden Kosten werden über die Sozialhilfe, d. h. vorrangig über die Kommunen finanziert.

Da Sozialhilfe nur nach Ausschöpfung aller finanziellen Selbsthilfemöglichkeiten in Anspruch genommen werden kann, folgt daraus, daß jeder, der an einer schweren seelischen Erkrankung leidet, häufig schon in einem relativ jungen Alter ein Bekenntnis zur Armut abliefern muß, bevor er die erforderlichen Leistungen erhält.

Die Sozialhilfeträger stecken ebenfalls in einem Dilemma. In einer Untersuchung zur Finanzierung von Rehabilitationsmaßnahmen konnte SEEWALD 1989 zeigen, daß nahezu die gesamten Sozialhilfeausgaben für Rehabilitation auf Rehabilitanden mit seelischen und geistigen Behinderungen entfallen[17].

Sehr richtig wird in der Veröffentlichung des Bundesministeriums angemerkt:»Chronisch psychisch Kranke stehen deshalb mehr denn je in Gefahr, zwischen die Mühlsteine eines in die Krise geratenen Sozialstaates und eines defizitären Gesundheitssystems zu geraten.«[17]

Vor diesem Hintergrund sind politische Bemühungen, andere Leistungsträger neben der Sozialhilfe stärker an den rehabilitativen Ausgaben zu beteiligen, zu verstehen. Ob dies in absehbarer Zeit gelingen wird, ist mir persönlich allerdings höchst fraglich.

Die Änderung des § 93 BSHG enthält sicher einige positive Elemente. Dennoch ist die Befürchtung nicht von der Hand zu weisen, daß der im Hintergrund stehende deutliche Sparwille sowie die Öffnung für konkurrierendes Marktverhalten der Träger die Gestaltung einer menschenwürdigen Psychiatrie letztendlich erschweren könnte. Überall dort, wo der sogenannte Gemeindepsychiatrische Verbund bereits gut vorbereitet ist und überführt werden kann in verbindliche sektorbezogene Vereinbarungen zwischen unterschiedlichen Trägern, sollte man dies meines Erachtens tun, u. a. um die zu erwartende Konkurrenz durch verbindliche Absprachen im Sinne einer gemeinsamen Versorgungsverantwortung soweit wie möglich einzudämmen und die Kostenträger möglicherweise dazu zu bringen, Mittel an die Einhaltung von Spielregeln in der Versorgung zu binden und nicht dem Spiel der freien Marktkräfte uneingeschränkt Raum zu geben.

5. Gesetzesänderungen und Auswirkungen

Bei der Rede vom »Umbau des Sozialstaates« handelt es sich leider nicht mehr nur um anbahnende Wörter, sondern auch um Kennzeichnung von bereits Umgesetztem oder kurz vor der Umsetzung Stehendem.

Von der Gesetzgebung her gibt es Änderungen und sind Änderungen weiterhin vorgesehen, die ganz eindeutig Folgen für Menschen haben, die unter Behinderungen und Auswirkungen chronischer Erkrankungen leiden: die Novellierung des BSHG, das Pflegeversicherungsgesetz, das Arbeitsförderungsreformgesetz (AFRG), das Zweite Neuordnungsgesetz im Krankenversicherungsrecht (SGB V).

Eindeutig ist, daß hinter all diesen gesetzlichen Initiativen, so viele Vorteile sie auch in einzelnen Elementen haben mögen, das Ziel steht, Kosten für soziale Belange nicht nur zu begrenzen, sondern eindeutig zu senken.

In der Sozialpsychiatrie war es jahrelang unhinterfragter Konsens – ein Konsens, dem letzten Endes zumindest öffentlich auch nicht von der Politik widersprochen wurde –, daß wir zwar ab ca. 1971 schrittweise erhebliche Verbesserungen in der psychiatrischen Versorgung erreichen konnten, daß wir aber längst nicht die anzustrebenden Ziele erreicht haben.

Um von solchen Zielen heutzutage überhaupt noch zu reden, muß man schon ziemlich viel Mut haben. Bestenfalls wird man als Träumer und Utopist abgetan werden. Realisten betonen die Konkurrenz, in der der soziale Bereich im Vergleich zu anderen Aufgaben steht.

Folgendes Zitat aus dem Deutschen Bundestag über die Lage der Behinderten und die Entwicklung der Rehabilitation verdanke ich meinem Kollegen MICHAEL CONTY[3]: »Andererseits sind die Pflichten der Gesellschaft gegenüber behinderten Menschen nicht unbegrenzt, insbesondere, soweit für ihre Rehabilitation und Eingliederung menschliche und finanzielle Ressourcen in Anspruch genommen werden, die dann für andere, ebenfalls wichtige Aufgaben nicht mehr zur Verfügung stehen.« (Deutscher Bundestag, BTDrs 12/7148 S. 3) Das Zitat stammt vom 24.03.1994. Da gab es – um auf das Bild von VIKTOR KLEMPERER zurückzukommen – noch sehr vereinzelte diskrete Flämmchen wie dieses. Wir sollten beginnen, auf sie zu achten und sie ernstzunehmen.

Für sehr viele psychisch kranke Menschen, insbesondere für Menschen, die sehr lange unter den Folgeproblemen ihrer Erkrankung zu leiden haben, ist es die Sozialhilfe, die immer noch die eigentliche Grundlage ihrer Absicherung darstellt, und zwar hinsichtlich ihrer Lebensführung und hinsichtlich ihres Anspruches auf notwendige Hilfen, die sich im Zusammenhang mit einer Behinderung ergeben. Das Rütteln an dieser Absicherung ohne tragfähige Finanzierungsalternativen rückt Armut und chronische Krankheit bzw. Behinderung noch enger zusammen als bisher. Auch bisher schon sichert die Sozialhilfe lediglich das gesellschaftlich vertretbare Minimum. Schon dieses ist Grund genug, sensibel auf Veränderungen in diesem Gesetzesbereich zu achten.

Hinsichtlich der Pflegeversicherung kann ich nicht überprüfen, in wie engem Zusammenhang mit der Wirklichkeit NORBERT BLÜMS – kurz nach der Einführung geäußerte – Einschätzung steht, daß ca. 1,1 Millionen Menschen von der Pflegeversicherung profitieren, daß 53.000 Menschen erstmals einen Zuschuß zu den Kosten der Pflege bekommen und rund 700.000 Menschen mehr, zum Teil erheblich mehr finanzielle Hilfe erhalten als vorher. Ich halte in diesem Zusammenhang jedoch insbesondere drei Aspekte für sehr bedenklich:
1. Eine veränderte Wahrnehmung des Menschen, der Hilfe braucht, und eine veränderte Definition von Hilfe.
2. Versuche der Kostenträger, Kosten auf den jeweils anderen Kostenträger abzuwälzen.
3. Versuche, Eingliederungshilfe entgegen ihrem eigentlichen Sinn umzuinterpretieren, um sich aus bisheriger Zuständigkeit herausziehen zu können.

Zu dem ersten Punkt ist zunächst zu sagen, daß ich mich den erschütternden Berichten sowohl von Betroffenen als auch von Angehörigen darüber, wie wenig das System dafür geeignet ist, denen, die am Ende ihrer Kräfte sind, wirklich gerecht zu werden, nicht entziehen kann. Was mich wundert ist, daß es Menschen gibt, die sich darüber wundern. Die Art, wie in diesem Gesetz versucht wird zu definieren, was Hilfen sein dürfen und wie sie zu erbringen sind, hat ein Menschenbild zur Voraussetzung, das nur schwerlich mit dem Begriff der Würde zu vereinbaren ist. Zu befürchten ist, daß Denkmuster dieses Gesetzes ihrerseits die Wahrnehmung der Menschen, die Hilfe benötigen, verändern werden, falls wir uns an sie gewöhnen sollten. Die erste Voraussetzung an eine solche Gewöhnung, nämlich die Veränderung der Sprache, ist schon überall eingesickert.

Hilfeleistungen nach einem Modulsystem, berechnet nach Minutenzeittakt, Turbopflege von Billiganbietern unter Konkurrenzdruck. Das widerspricht so sehr allem, was wir bisher von fachlicher Seite über den angemessenen Umgang von Menschen, die Hilfe zur Pflege benötigen, wissen, daß die Verwunderung darüber, daß es so nicht funktioniert, mir schon zu den Symptomen des Zeitgeistes zu gehören scheint. Insbesondere mit Blick auf alte psychisch kranke und demente Menschen könnte man versucht sein, in Abwandlung eines viel zitierten Satzes von KARL KRAUS zu sagen: »Die Pflegeversicherung ist das Unglück, für dessen Abschaffung sie sich hält.«

Der zweite bedenkliche Punkt, auf den man in diesem Zusammenhang hinweisen muß, sind die Versuche der Kostenträger, die jeweiligen Kosten dem jeweils anderen Träger zuzuschieben. Dadurch entstehen für die Betroffenen Versorgungslücken und ein für alle daran Beteiligten aufreibendes Zuständigkeitswirrwarr.

Die größte Gefahr sehe ich jedoch drittens darin, daß die Träger der Sozialhilfe versuchen, die Eingliederungshilfe entgegen ihrem eigentlichen Sinn und zum Teil entgegen dem Text des Gesetzes aus Gründen der Kostenverschiebung umzuinterpretieren. Entgegen der bestehenden Gesetzeslage sprach z. B. der Landschaftsverband Westfalen-Lippe in einem Positionspapier von einer zeitlichen Begrenzung der nach BSHG §§ 39/40 individuell zu gewährenden Hilfen. Ferner machte er den Willen deutlich, Fortschritte erstens überhaupt zur Voraussetzung weiterer Zahlungen zu machen und zweitens ziemlich einseitig meßbar am Arbeitsverhalten festzumachen. In geradezu sophistischer Weise wurde in dem erwähnten Papier versucht, subjektiv empfundene Fortschritte von objektiv feststellbaren zu unterscheiden, um nur letztere als eingliederungshilfefähig ansehen zu können (LWL, Positionspapier zur Abgrenzung der Eingliederungshilfe [§ 39] von der Hilfe zur Pflege [§ 68] nach dem BSHG, 1996). Einmal abgesehen davon, daß im sozialen Sektor das Geld knapp ist, ist dieses Verhalten auf dem Hintergrund dessen, was an mechanistischer, linearer und verobjektivierender Hilfegestaltung in der Pflegeversicherung möglich ist, absolut verständlich. Was dem einen recht ist, sollte es dem anderen nicht billig sein? Allerdings kann man zu Recht hoffen, daß diese Manöver auch weiterhin am Gesetzestext selbst und an der bisherigen Tradition der Rechtsprechung zur Eingliederungshilfe scheitern werden.

Noch kurz etwas zur Änderung des § 93 BSHG: bisher war im § 93 BSHG vorgesehen, daß eine »bedarfsgerechte Hilfe« durch den Sozialhilfeträger geleistet werden soll. Diese Formulierung wurde gestrichen. Gemäß der Neufassung des § 93 BSHG müssen die pauschalen Leistungen »ausreichend, zweckmäßig und wirtschaftlich sein, und das Maß des Notwendigen nicht übersteigen«. Zusätzlich zu dieser Bestimmung wurde die Steigerung der Leistungsentgelte insgesamt für die Jahre 1996, 1997 und 1998 auf 1% jährlich begrenzt. Damit wurde unvermeidlich eine Reduzierung der Leistungen in ambulanten, stationären und teilstationären Einrichtungen in Kauf genommen. Schon allein die Personalkosten stiegen weiter kontinuierlich und wurden durch eine Steigerung der Pflegesätze nicht im entferntesten aufgefangen. Damit war vorgezeichnet, daß Träger auch Einsparungen im Personalbereich vornehmen mußten, weil die Einnahmen die Ausgaben nicht mehr deckten.

In Bezug auf diese Veränderungen bereits von einer Aushebelung des Bedarfsdeckungsprinzips des BSHG zu reden, dürfte vermutlich noch als Dramatisierung anzusehen und auch juristisch zweifelhaft sein. Mir als juristischem Laien scheint jedoch ein indirektes Antasten dieses Prinzips durchaus vorzuliegen.

6. Qualitätssicherung als Feigenblatt für Sparpolitik

Das Thema Qualitätssicherung hängt meines Erachtens untrennbar mit der Ökonomisierung des Gesundheitswesens und der sozialen Dienste zusammen.

Insofern ist es natürlich alles andere als Zufall, daß die neue Fassung des §93 BSHG neben Leistungs- und Vergütungsvereinbarungen besonderen Wert auf die Überprüfung der Qualität legt. Da das Stichwort Qualität seit einiger Zeit in geradezu unglaublich inflationärer Weise die Titel der Veröffentlichungen in fast allen Bereichen dominiert, möchte ich im Folgenden etwas genauer untersuchen, worum es da eigentlich geht. Dazu stelle ich vier Fragen.
- Was ist das?
- Woher kommt es?
- Was läßt sich tun?
- Wie wird es ausgehen?

»Bekennende Qualitätssicherer« habe ich wegen dieser Art zu fragen bereits einmal ernstlich gekränkt, weil ich damit das Thema quasi wie eine Krankheitserscheinung, wie einen Virusbefall angehe – Diagnose, Ätiologie, Behandlungsvor-

schlag, Prognose. Diese Analogie ist mir natürlich völlig aus
Versehen unterlaufen bzw. mein Unbewußtes muß mir einen
Streich gespielt haben. Da dies nun einmal passiert ist, lasse
ich mein Unbewußtes die Gliederung weiterhin bestimmen
und beginne mit der ersten Frage.

Qualität, was ist das?

Fest scheint heutzutage vor allem zu stehen, daß Qualität das
ist, was um jeden Preis gesichert werden muß. Suchen wir an
berufener Stelle nach einer Definition, finden wir bei der
Deutschen Gesellschaft für Qualität in Frankfurt a. M. (DGQ)
in der DIN 55350, Teil 11, folgende Formulierung:

Qualität ist »die Gesamtheit von Eigenschaften und Merk-
malen eines Produktes oder einer Tätigkeit, die sich auf deren
Eignung zur Erfüllung gegebener Erfordernisse bezieht«[1] –
alles klar?

Im Bezug auf psychiatrische Arbeit etwas schlichter über-
setzt, könnte dieser Satz vielleicht folgendermaßen heißen:
Meine Arbeit ist dann als gut anzusehen, wenn sie in allen
ihren Dimensionen das bewirkt, was sie bewirken soll. Dieses
»in allen ihren Dimensionen« wird heutzutage mit den Begriffen »Struktur-, Prozeß- und Ergebnisqualität« ausgedrückt. Aber sind wir uns einig – vor allem auch mit den Kostenträgern – was unsere Arbeit bewirken soll?

Ich persönlich bin der ketzerischen und auch irgendwie etwas altmodischen Meinung, daß die Unmengen von Qualitätssicherungsinstrumenten, die neuerdings auf den Markt geworfen werden, einer guten Arbeit bestenfalls nichts schaden.
Sie schaden dann nicht, wenn sie an dem anknüpfen, was wir
früher eine angemessene Grundhaltung nannten und an einem
Menschenbild, das sich nicht nur an dem Vorgang des Waren-
austauschs, an Kauf und Verkauf von Leistungen orientiert.

Quer zum Zeitgeist der linearen Effektivität möchte ich für die psychiatrische Arbeit folgende, eigentlich schlichten und selbstverständlichen Sätze zur Qualitätsgrundlage erklären:

- Ein psychisch kranker Mensch braucht Umwege, die scheinbar zunächst weg vom Ziel führen. Ein solcher Umweg kann z. B. in einer jahrelangen Verweigerung von Arbeit, Kontakten und anderem bestehen. Es ist fatal, solche Zwischenstufen als Status zu interpretieren und Kostenträgern damit Gelegenheit zur Einschränkung der Hilfen zu geben.
- Wenn man Umwege als Status interpretiert, erzeugt man chronisch kranke Menschen.
- Hilfebedarf ist nicht mit zielorientiertem Trainingsbedarf gleichzusetzen. Gerade der bewußte Verzicht auf von außen definierte Erfolge trägt häufig erst dazu bei, schlummernden Selbsthilfekräften die Möglichkeit zur Entfaltung zu geben.
- Für viele psychisch kranke Menschen ist die Festlegung eines Zeitrahmens, innerhalb dessen sie gefälligst Fortschritte zu zeigen haben, völlig kontraindiziert. Er verhindert Entwicklung, da Entwicklung nur mit dem je eigenen Entwicklungstempo stattfinden kann.
- Die Trennung von subjektiv empfundenen und objektiv feststellbaren Fortschritten ist völlig lebensfremd. Beides steht in einem ständigen Wechselprozeß miteinander.
- Gerade die psychisch kranken Menschen, die am meisten Hilfe brauchen, verfügen nicht über Konsumentensouveränität. Als Mitarbeiter habe ich ihnen nachzugehen, auch wenn ich lange Zeit keine »Leistungspakete« bei ihnen landen lassen kann.
- Sprechen und Handeln psychisch kranker Menschen müssen aus ihrem lebensgeschichtlichen und situativen Kontext heraus interpretiert werden. Dies erfordert die Bereit-

schaft zu einer Aufmerksamkeit für das, was hinter Worten und Handlungen steht. Hier folgt nichts einem einfachen Ja- oder Nein-Muster.

- Damit psychisch kranke Menschen Nähe zu besonders wichtigen Freunden und Verwandten leben können, ist ihnen Zeit und Raum für das Experimentieren mit erträglicher Nähe und notwendigem Abstand zu ermöglichen.
- Schnelles, direktes, zugreifendes Helferhandeln bewirkt (nicht immer, aber) häufig das Gegenteil des Intendierten.
- Langsamkeit, das Warten-können auf den rechten Moment und indirektes Drumherum-Reden und Drumherum-Handeln müssen weiterhin zum Handwerkszeug von psychiatrisch tätigen Mitarbeitern gehören.
- Alles dies gilt für alle Menschen, und eben darum besonders auch für psychisch kranke Menschen.
- Wenn man in der psychiatrischen Arbeit beherzigt, was allen Menschen guttut, ist man nahe an der Antwort auf die Frage: Qualität, was ist das?

Diese Art von Qualität läßt sich nicht in den Alltag von Mitarbeitern hineinkontrollieren. Sie ergibt sich weniger aus standardisierten Instrumenten als aus einer Grundhaltung der Beziehungsbereitschaft. Aus dieser vor allem müssen sich die Impulse für die Handlungen des Alltags und die sozialpolitisch notwendigen Ideen ableiten. In diesem Zusammenhang kann ich sogar mit etwas Meßbarem aufwarten: Im Rahmen von Qualitätssicherungsinstrumenten spielt die sogenannte »Nutzerbefragung« eine große Rolle. Es gibt inzwischen eine breite Zufriedenheitsforschung, die höchst widersprüchliche Ergebnisse erbracht hat. Ein Ergebnis kehrt jedoch konsistent immer wieder: Ich zitiere aus einem Aufsatz von LEIMKÜHLER: »Zusammenfassend haben sich als wichtigste Zufriedenheits- bzw. Unzufriedenheitsquelle (per Faktoren- oder Clusteranalyse) die psychosozialen vor den professionellen und materiellen Versorgungsaspekten herausgestellt. Wichtiger als die Leistungen selbst ist den Patienten die Art und Weise, wie die Leistungen erbracht werden.«[13]

»Die bisherigen Ergebnisse weisen aber darauf hin, daß die Qualität klinischer Versorgung im Urteil der Patienten im wesentlichen von den menschlichen Qualitäten der Ärzte und des Pflegepersonals bestimmt wird.«[13]

Woher kommt der Boom des Redens über Qualität?

Über die Qualität von Waren und Produkten hat man schon immer geredet, z. B. erhielten Produkte im Mittelalter sogenannte »Beschauzeichen« als Zeichen einer vorgenommenen Kontrolle der Ergebnisqualität. Das war damals so etwas wie eine Zertifizierung. Auch über die Güte und Angemessenheit sozialer und psychiatrischer Arbeit hat man schon immer geredet. Historisch gesehen gab es immer wieder herausragende Persönlichkeiten, die das, was sie vorfanden, als schlechte Qualität ansahen und die neu definierten, was als gute Qualität anzusehen sei. Der Begriff Qualität ist ja an sich neutral, man kann genauso gut schlechte Qualität wie gute Qualität sichern. Wenn z. B. der englische Psychiater Thomas Willis (Mitte des 17. Jahrhunderts) behauptet, »zur Heilung der Irren« sei »nichts wirksamer und notwendiger als ihre Ehrfurcht denen gegenüber, die sie als ihre Peiniger erleben«, und vorschlägt, man solle sie »hart« behandeln, in enge Räume einsperren sowie ihre »Ernährung dürftig und wenig schmackhaft, die Kleidung leicht, die Betten hart und die Behandlung streng und rigide« halten, so ist dies auch Beschreibung von Qualität, die er gesichert wissen wollte[5]. Anders ein Jahrhundert später, Robert Gardiner Hill: »Als ich merkte, daß mildere Behandlung beständig günstige Wirkung zeitigte, stellte ich mit großer Mühe Statistiken auf, trug darin die Ergebnisse der verschiedenen Behandlungsmethoden ein, verfolgte jeden einzelnen Fall, lebte mitten unter den Patienten, beobachtete ihr Verhalten. Auf die Dauer gab ich meiner Überzeugung Ausdruck, daß unter einem geeigneten Überwachungssystem und in einem adäquaten Gebäude Zwang durch Instrumente in jedem einzelnen Fall überflüssig und schädlich sei. Ich gab diese Erkenntnis [...] bekannt und machte sie zum Prinzip. Ich handelte nach ihr und verifizierte meine Theorie durch ihre Wirkung.«[5] Hier haben wir alle Elemente der heutigen Qualitätsdiskussion beieinander. Insbesondere versucht HILL, nachdem er sich bemüht hat, Struktur- und Prozeßvariablen zu verändern, die Ergebnisqualität zu messen. »Ich verifizierte meine Theorie durch ihre Wirkung.« Und natürlich sind, wenn wir in großen Sprüngen in modernere Zeiten zurückkehren, auch die Enquete und die Empfehlungen der Expertenkommission als Bemühungen, Qualität in der psychiatrischen Arbeit zu definieren und zu verbessern, anzusehen.

Was also ist neu an dem derzeitigen Reden über Qualität? Neu ist, daß es zur Zeit nicht so sehr darum geht, ob etwas eine *gute* Qualität hat, also z. B. ein Produkt oder die psychiatrische Arbeit, die heutzutage ja auch gerne als Produkt bezeichnet wird, sondern
a) ob sich das Produkt verkaufen läßt,
b) ob es hinsichtlich des Preises konkurrenzfähig ist,
c) ob das Qualitätssicherungssystem etwaigen Förderungsrichtlinien standhält.

Bei einem Qualitätssicherungssystem steht nicht die Qualität an sich im Vordergrund. Diese wird z. B. auch bei den berühmten ISO 9.000 ff.-Normen nicht zertifiziert, sondern zertifiziert wird das Qualitätssicherungssystem als solches. D. h., die Organisationsstruktur, die Verantwortlichkeiten und Befugnisse, Verfahren und Prozesse sowie die für die Verwirklichung des Qualitätsmanagements erforderlichen Mittel. Ein Qualitätssicherungssystem sichert zumindest nach außen, z. B. den Kostenträgern gegenüber, den Schein von Qualität. Im Profitbereich spielte spätestens seit Mitte des 19. Jahrhunderts das Begriffspaar Qualität und Konkurrenz eine zunehmende Rolle. So war z. B. das Produktsiegel »Made in Germany« 1887 von den Engländern als Zwangskennzeichnung zur Abwehr deutscher Produkte erfunden worden. Daß der beabsichtigte Makel sich zum Gütesiegel mauserte, ist eine andere Sache. Im Non-Profit-Bereich, also im Gesundheits- und im weiteren sozialen Bereich, wird die Zusammengehörigkeit dieses Begriffspaares etwa ab 1993 deutlicher und damit das Reden von Qualität, Qualitätssicherung, Qualitätsmanagement, Qualitätsgefälle, Qualitätsniveau, Potentialqualität, Qualitätszielen, Qualitätszirkeln, Qualitätsmaßstäben, Qualitätssiegeln, Qualitätsbeauftragten etc. immer inflationärer.

Daß das Thema Qualität heute in den Vordergrund tritt, kommt nicht wie in früheren Zeiten dadurch zustande, daß irgendein besonders human veranlagter Mensch entdeckt hat, wie vieles wir besser machen könnten, sondern durch die von staatlicher Seite auch für den sozialen Bereich gewollte Paarung des Begriffs Qualität mit dem im marktwirtschaftlichen Sinne dazugehörigen Begriff Konkurrenz. Wettbewerb als Steuerungsinstrument, um die Kosten zu senken; dieses Prinzip des Marktes steckt hinter unserer heutigen Qualitätsdiskussion im sozialen Bereich. Preiskonkurrenz erfordert über kurz oder lang, den Preis auf Kosten der Qualität zu senken. Der Boom des Redens über Qualität hat sehr viel, wenn nicht fast alles mit der Angst der Anbieter von sozialen Leistungen zu tun, sich auf dem Markt nicht mehr behaupten zu können. Da ist etwas ins Rollen gekommen, was nicht mehr aufhaltbar scheint.

Was soll man machen?

Träger aller Hilfeangebote sollten verstärkt darauf achten und ihren politischen Einfluß dafür geltend machen, daß das im § 3 BSHG festgesetzte Prinzip der Bedarfsdeckung nicht weiter unterhöhlt wird. In diesem Zusammenhang las ich Ende 1997 in einer Pressemeldung, daß KLAUS DÖRNER die Träger von Behinderteneinrichtungen dazu aufgefordert hat, in Pflegesatzverhandlungen als Basis eine »Würdepauschale« zu fordern für den nicht meßbaren Grundbestand im zwischenmenschlichen Umgang. Er trifft ins Zentrum der Problematik standardisierter Leistungstypen, wenn er formuliert: »Wir dürfen nicht den fiktiven durchschnittlichen Bewohner zugrunde legen, sondern müssen den schwierigsten und schwächsten Menschen zum Maßstab machen.« (epd, 02.12. 97) Was die im Rahmen des § 93 ff festgelegte Überprüfung der Qualität betrifft, wird man sich nüchtern darauf einstellen müssen, die wichtigsten Kriterien, die an ein Qualitätssicherungssystem gelegt werden, zu erfüllen. Ansonsten riskiert man, kein Geld mehr zu erhalten.

Die von Bodelschwinghschen Anstalten Bethel haben Qualitätsgrundsätze formuliert, die ich als Rahmen für alle Alltagsbemühungen hilfreich finde.

In ihnen heißt es unter anderem: »Die Würde jedes Menschen ist unantastbar. Sie ist nicht von seinen Fähigkeiten und Leistungen abzuleiten und wird durch Krankheit und Behinderung nicht gemindert. Zu einem würdigen Umgang mit einem Menschen gehört die unbedingte Wertschätzung und die Achtung

– seiner persönlichen Lebensgeschichte,
– seiner Entwicklungsmöglichkeiten und seiner Einschränkungen,
– der Menschen, die ihm wichtig sind, und
– der Werte, die für ihn Bedeutung haben, ebenso wie die

Zuwendung zur ganzen Person anstelle des Ausübens isolierter Funktionen.«[21]

Ähnlich wie die Aktion Psychisch Kranke in ihrem Qualitätsleitfaden für psychiatrische Kliniken ist in Bethel für die Handhabung im Alltag eine Matrix entwickelt worden, in welcher neun Qualitätsziele definiert werden, die sich auf unterschiedliche Bereiche beziehen.

Bei den Qualitätszielen wird jeweils auf entsprechende Paragraphen des BSHG Bezug genommen.

In einem Schreiben vom 02.10.1996 hatte die BAG der überörtlichen Sozialhilfeträger Qualität definiert als den Grad der Übereinstimmung zwischen den Zielen der Sozialhilfe und der von der Einrichtung erbrachten Leistung.

Wenn diese Qualitätsdefinition wirklich aufrecht erhalten würde, könnte ein Hauch von Optimismus aufkommen. Denn, was die Ziele des Bundessozialhilfegesetzes betrifft, steht man mit einer solchen Definition eigentlich auf solidem Boden. Die Ziele des BSHG spiegeln ein ganzheitliches Menschenbild und entsprechen gemeindepsychiatrischen Grundprinzipien. Qualitätssicherung würde dann nichts anderes heißen als strikte Erfüllung des Gesetzes. Bei entsprechender Zurverfügungstellung von Mitteln wäre dagegen im Prinzip nichts einzuwenden. Was den Umgang der Mitarbeiterschaft mit den nunmehr vorgeschriebenen Qualitätssicherungsverfahren – in meinem Arbeitsfeld zum Glück wenig technokratischen – betrifft, ist der Eifer, mit dem man sich bemüht, die Vorgaben zur Verbesserung der Arbeit zu nutzen, beeindruckend. Allerdings, wenn sich andererseits zeigt, daß Entwicklungsgespräche, Fallkonferenzen, Aktivitäten mit Klienten und Dienstgespräche jetzt bisweilen ausfallen müssen, um der Bearbeitung des neuen Systems bei gleichzeitig gekürztem Personal gerecht zu werden, wenn die Bearbeitung eines Qualitätssicherungssystems nur durch die Vernachlässigung von wichtigen Qualitätselementen der Arbeit möglich ist, kann einen zumindest das Bedürfnis, diese Sache sehr gut im Auge zu behalten, überkommen.

Und noch etwas beschäftigt mich: lange vor den forcierten Qualitätsdebatten hat es in dem Arbeitsfeld, das ich überschaue, in Kooperation mit der psychiatrischen Akutklinik deutlich wahrnehmbare Qualitätsschübe durch folgende Elemente gegeben:

1. durch die Entdeckung der Angehörigen.
Durch Angehörigengruppen und schließlich durch die Gründung des Angehörigenvereins, der vehement mitredet, Routine stört, Rechte einfordert und öffentliche Seminare abhält, sind Sichtweisen erheblich verändert worden und entsprechend auch bisher nicht hinterfragte Handlungs- und Umgangsweisen.
2. Durch Psychoseerfahrungsgruppen, Rückfallprophylaxegruppe, Psychoseminare und schließlich durch die Gründung des Vereins Psychiatrieerfahrener sind Sichtweisen nochmals erheblich ver-rückt, verstört und neu ausgerichtet worden. Unter anderem ist die Bielefelder Behandlungsvereinbarung zustande gekommen und eine paritätisch besetzte Beschwerdestelle Psychiatrie gegründet worden.

Auch haben nicht zuletzt regelmäßige Gespräche zwischen Psychiatrieerfahrenen, Angehörigen und Professionellen erhebliche qualitätsverbessernde Auswirkungen auf die Arbeit. Ich kann mich dem Eindruck nicht entziehen, daß durch die enge Kooperation mit den Betroffenen auf eine viel organischere lebendigere und mehr dialogische Weise Qualität verbessert wurde und fortwährend verbessert wird, als dies durch allein von Profis konstruierte Systeme möglich ist.

Auf die Frage, was soll man tun, würde ich auf jeden Fall sagen: mit Angehörigen und Psychiatrieerfahrenen zusam-

menarbeiten und für die Zusammenarbeit geeignete Strukturen herstellen. (siehe auch VOELZKE[22])

Wie wird es ausgehen?

Bisweilen kann man den Eindruck gewinnen, daß sich auch
die psychiatrische Fachwelt immer weniger einem markt-
konformen »Einheitsdenken«[5a] zu entziehen vermag. Viele
haben bereits das Diktat des Ökonomischen mit dem ganzen
dazugehörigen modischen Sprachumfeld als quasi schick-
salsgegeben, als unausweichlich hingenommen. Das ist verständlich. Denn wir mit unserem bißchen Psychiatrie sind in
komplexe, wirtschaftspolitische und gesellschaftliche Zusammenhänge eingefügt, die schwer durchschaubar sind. Einer, der kräftige Worte gegen die modernen Ökonomisie-
rungsmythen spricht, ist der Jesuitenpater und Sozialethiker
FRIEDHELM HENGSBACH. Ich zitiere: »Daß brutale Vertei-
lungskonflikte von oben nach unten, von den privaten gegen
die öffentlichen Haushalte mit Hilfe der Staatsmacht organisiert werden, gegen die jeweils Schwächeren, ist ein Skan-
dal.« Und weiter: »Wenn nur nach betriebswirtschaftlichen
Kriterien entschieden wird, entlastet sich jeder auf Kosten der
anderen. Die Unternehmen schrumpfen sich gesund, für den
Export, auf Kosten der Arbeitslosenversicherung bzw. des
Staates. Der Staat kommt in finanzielle Schwierigkeiten und
entlastet sich auf Kosten seiner schwächsten Bürger. Das ist
eine permanente Abwärtsspirale, ein, wie der amerikanische
Ökonom Paul Krugmann sagt, ›Wettlauf der Besessenen‹.
Am Ende stehen alle schlechter da – und keines der struktu-
rellen Probleme hochentwickelter Industriegesellschaften ist
auch nur im Ansatz gelöst.«[10]. Darüber, wo die Psychiatrie
insbesondere mit den beschriebenen sehr eigenwilligen Bürgern bei dieser Abwärtsspirale ihren Ort haben wird, sollten
wir uns keine Illusionen machen.

Dennoch möchte ich mit dem polnischen Satiriker JERZY LEC am liebsten sagen: »Ich bin Optimist, ich glaube an den erlösenden Einfluß des Pessimismus.«[12] Letzten Endes können wir nicht wissen, ob dieser »Wettlauf der Besessenen« wirklich so besinnungslos weitergehen wird. Das wird von sehr komplexen gesamtgesellschaftlichen und sozialpolitischen Entwicklungen der nächsten Jahre abhängen.

Und natürlich wäre es absurd, gegen gute Qualität psychiatrischer Arbeit und den Versuch, diese zu sichern, etwas zu haben. Wenn es nur darum ginge und wenn die Vielzahl der Veröffentlichungen zum Thema Qualitätssicherung mit der steten Verbesserung von Qualität Hand in Hand gingen, würden wir den sozialsten aller Zeiten entgegen eilen. Dem widerspricht nun allerdings ziemlich massiv der Augenschein. Bedenklich könnte auch stimmen, daß das Reden über Friedenssicherung historisch gesehen immer dann anfing zu wuchern, wenn die Truppen schon irgendwo heimlich einmarschierten. Ich werde den Eindruck nicht los, daß das Wort Qualitätssicherung einen ähnlichen Tarncharakter hat, wie das Wort Friedenssicherung: Sozialabbau mit schöner Fassade. Wir sollten aufpassen, daß nicht anstelle von lebendigen Dörfern potemkinsche Qualitätsdörfer aufgebaut werden, und vor allem, daß wir noch in der Lage bleiben, diese von jenen zu unterscheiden.

Problematisch ist und bleibt die enge Verknüpfung des Themas Qualität mit der staatlich gewollten Konkurrenz auf dem Sozialmarkt. Die zunehmende Entsolidarisierung ist meines Erachtens das sozialpolitische Hauptthema. Bei den Scharmützeln rund um die Qualitätssicherung geht es demgegenüber eher um einen Nebenschauplatz. Jedoch, so lange es in den sozialen Diensten und Einrichtungen wache Menschen gibt, die sich keinen Sand in die Augen streuen lassen, die es im Alltag weiterhin für selbstverständlich halten, so anständig wie möglich zu handeln, und die sich, am besten gemeinsam mit Psychiatrieerfahrenen und Angehörigen, sozialpolitisch einmischen, wo es geht, besteht meiner Ansicht nach weiterhin Hoffnung. Wie mehrfach angedeutet, wird »mentaler Sand« über Sprache in die geistigen Augen gestreut über mehr oder minder unauffällige Veränderungen des Sprechens und bisweilen fast unmerkliche Umdefinitionen. Mir wurde vor kurzem gesagt, ich sei diesem sprachlichen Phänomenen gegenüber zu sensibel. Das Wichtigste sei doch wohl die Tatsache, daß Milliarden DM in den falschen Löchern verschwänden, Milliarden, die wir an anderen Stellen dringend brauchen. Ich hingegen glaube, daß auch die Verteilung von Milliarden letztendlich von dem Denken und der Grundhaltung einer Gesellschaft abhängig ist. Beides drückt sich aus in Sprache und wird durch Sprache beeinflußt. Da ich diesbezüglich so wenig Unterstützung von deutschen Zeitgenossen bekomme, habe ich mir den Tschechen VACLAV HAVEL zur Hilfe geholt:

»Meine Absicht war, eine andere Erfahrung zu bekennen […], daß es sich immer auszahlt, den Worten gegenüber mißtrauisch zu sein, und gut auf sie achtzugeben, und daß die Vorsicht hier nicht groß genug sein kann. Durch Mißtrauen gegenüber den Worten kann entschieden weniger verdorben werden als durch übertriebenes Vertrauen in sie. Kein Wort […] enthält nur das, was ihm das ethymologische Wörterbuch zuschreibt. Jedes Wort enthält auch die Person, die es ausspricht, die Situation, in der sie es ausspricht, und den Grund, warum sie es ausspricht.«[8]

Auf die Frage, ob die derzeitige Beschwörungsflut zur Qualitätssicherung die Qualität sichert, wäre mit HAVELscher Skepsis folgendermaßen zu antworten: ein Qualitätssicherungssystem kann nicht das sichern, was wir alltagssprachlich unter Qualität verstehen, nämlich die gute, die wünschbare Qualität im Umgang mit Menschen einschließlich der Dimension der Würde. Hinter den meisten Qualitätssicherungssystemen kann sich *jede* Art von Qualität verstecken und gesichert werden. Wenn man in dem Moment, in dem man Mittel streichen möchte, Qualität betont wie nie zuvor, liegt der Verdacht nah, daß Qualitätssicherung zur Tarnung für weiteren Sozialabbau mißbraucht wird und damit nicht mehr die gute, die angemessene Qualität im Blick ist, sondern so etwas wie Rest- oder Minimalqualität.

7. Umwege und die Kunst des Indirekten in der Psychiatrie

»Das Rationale führt in den meisten Fällen zur Beschleunigung, zur Zeitkontrolle und Zeitverdichtung. Das Phantastische, das Irrationale, das Gefühlvolle, das Soziale hingegen tendiert zu Verzögerungen, zu Abschweifungen, zu Umwegen. Wir brauchen beides: Schnelligkeit und Langsamkeit.«[6]
Psychisch kranke Menschen und unter ihnen insbesondere diejenigen, bei denen die psychische Krankheit nicht episodenhaft verläuft, sondern ihr ganzes Leben in charakteristischer Weise einfärbt, sind auf einen langen Atem und die Bereitschaft, Umwege mitzugehen, angewiesen. Sie sind es, die die meiste Unterstützung und Hilfestellung benötigen, diese gleichzeitig aber nur annehmen können, wenn über lange Zeit hinweg ein geduldiger Aufbau von Beziehung zwischen ihnen und entsprechenden Mitarbeitern hat stattfinden können. Auch dann noch bleiben sie Menschen, die sich meist nur locker an Termine, Pläne und Absprachen zu halten pflegen und die dazu neigen, dies alles lange Zeit so beizubehalten. In einer Zeit, in der bereits schlaue Artikel über die Notwendigkeit von »Entschleunigung« geschrieben werden, sollte man eigentlich erkennen, wie dringend wir diese Langsamen, diese Oppositionellen gegen die unausweichlichen Zwänge der Zeit für die eigene Seelenhygiene brauchen. Statt sich Systeme zu überlegen, wie man auch bei diesen

Menschen noch die letzte Betreuungsminute standardisieren könnte, käme man ihrem Zeitempfinden sicher näher, wenn man auf PALMSTRÖMS Uhr zurückgriffe. Eine Uhr, die allen Anforderungen von Subjektorientierung und Personenzentrierung gerecht wird, – eine wahrhaft fortschrittlichen Erfindung. Da sie in psychiatrischen Lehrbüchern ungerechterweise keine Erwähnung findet, will ich ihr hier den Raum geben, der ihr gebührt:

Palmströms Uhr ist anderer Art,
reagiert mimosisch zart.
Wer sie bittet, wird empfangen,
oft schon ist sie so gegangen,
wie man herzlich sie gebeten,
ist zurück- und vorgetreten,
eine Stunde, zwei, drei Stunden,
je nachdem sie mitempfunden.
Selbst als Uhr mit ihren Zeiten,
will sie nicht Prinzipien reiten:
zwar ein Werk wie allerwärts
doch zugleich ein Werk – mit Herz.[14a]

Mir scheint, daß es schon lange nicht so wichtig war wie heute, Menschen, insbesondere psychisch kranken Menschen, zuzuhören, auf ihre Geschichten zu hören, das wahrzunehmen, was zwischen den Worten, zwischen den Gesten steht, was sich nicht ermitteln, messen, fördern, verbessern, ändern, drehen oder wenden läßt, auch nicht mit der allerraffiniertesten Psychoedukation, ausgeklügelten Rückfallprophylaxeprogrammen, zielorientierten Personalbemessungsinstrumenten oder akribischen Standardisierungsbemühungen.

Hiermit möchte ich keineswegs zum Ausdruck bringen, daß dies alles abzulehnen sei. Im Gegenteil: Ich bin der Ansicht, daß dergleichen seinen begrenzten Sinn und Wert hat.

Aber der sich in solchen Methoden fortsetzende Trend zur Versachlichung kompensiert nicht die »Modernisierungsschäden«[14], auf die hinzuweisen ich mir in diesem Beitrag herausgenommen habe. Bei alledem spielt »Zeithaben« mit einer nicht schon vorab festgelegten Begrenzung eine Rolle. Beim Zuhören, beim Sich-Widmen, beim Suchen nach Verstehen geht es nie einseitig um Ermittlung von Hilfebedarf, um psychiatrische Verkäufer und um psychiatrische Kunden. Ein Psychiatriemitarbeiter, der seinen eigenen Hilfebedarf, besser, seine eigene Hilfebedürftigkeit und die täglichen Geschenke, die ihm seine »Kunden« machen (trotz mancher Mühsal in solchen Beziehungen für beide Seiten), noch nicht entdeckt hat, sollte vielleicht doch lieber direkt in die Geschäftsbranche wechseln.

Ich möchte schließen mit dem Auszug aus einer Geschichte, wie ich sie 1992 von der Teilnehmerin einer Gesprächsgruppe zur Psychoseerfahrung hörte, eine Geschichte, in der zum Ausdruck kommt, was entsteht, wenn auf sehr direkte Weise ein sogenannter »Hilfebedarf« eine »Leistungserbringung« auslöst – nämlich bestenfalls ein profundes Mißverständnis dessen, worum es eigentlich geht.

Frau D. erzählt, sie habe einmal während ihres Aufenthaltes in der psychiatrischen Akutklinik das Gefühl gehabt, »ganz nah an der Gesundheit« zu sein. Und zwar hatte sie, begleitet von intensivster Angst, plötzlich das Empfinden, daß vielleicht alles, was sie erlebte (die Inhalte der Psychose) doch nur Einbildung sei. Dies sei für sie so verwirrend gewesen, als wenn jetzt einer zu ihr sagen würde, dieser Tisch stünde hier nicht. Sie sei nah daran gewesen, zu erkennen, daß ihr Erleben irreal sei. Gleichzeitig habe darin aber auch die Erkenntnis gesteckt »ich bin verrückt«, und eben dies habe die furchtbare Angst ausgelöst. Sie habe laut geschrien vor Angst. Schwestern und Ärzte seien zu ihr gerannt, keiner habe gefragt, was los sei, sondern sie habe sofort eine Beruhigungsspritze bekommen. »Ja, und dann war ich noch drei weitere Monate psychotisch. Ich weiß ja nicht, ob ich wirklich hätte gesund werden können, wenn die anders reagiert hätten.«

Bei einer anderen Gelegenheit berichtet Frau D. von den Inhalten ihrer Psychose unter anderem folgendes: »Zeitweilig mußte ich mit dem Teufel kämpfen, aber ich hatte in der Psychose auch die Vorstellung, daß, wenn die Leute sich nur alle ihre Geschichten erzählen würden, dann würde Frieden auf Erden herrschen, wenn die Leute sich eben auf diese Weise freier geben würden.« Ich möchte diese »psychotische Idee« mit einem Zitat des Philosophen ODO MARQUARD aus einem Aufsatz mit dem Titel »Über die Unvermeidlichkeit der Geisteswissenschaften« unterstützen: »Denn die Menschen: das sind ihre Geschichten. Geschichten aber muß man erzählen … Und je mehr versachlicht wird, desto mehr – kompensatorisch – muß erzählt werden: sonst sterben die Menschen an narrativer Atrophie.«[14]

Literatur

0 BREMER, F.: *Klammheimliche Verrückung der Werte*, Soziale Psychiatrie 4/96, S. 32 – 34

1 Bundesministeriun für Familie, Senioren, Frauen und Jugend: QS 4, S. 40 – 45

2 CONTY, M. und PÖLD-KRÄMER, S.: *Recht auf Teilhabe – Eingliederungshilfe für Menschen mit Behinderungen*, Bielefeld 1997

3 CONTY, M.: *Zukunftsorientierte Weiterentwicklung der Eingliederungshilfe für Menschen mit geistigen und mehrfachen Behinderungen unter Berücksichtigung des gesetzlichen Auftrags und Rahmens,* Vortrag anläßlich der VEEMB-Tagung »Qualität bei knappen Kassen« vom 17.03. – 19.03.97 in Lobetal

4 DEPPE, H.-U.: *Die Kostenexplosion im Gesundheitswesen ist eine Erfindung der Politik,* FR, 18.06.1996, Nr. 139

5 DÖRNER, K.: *Bürger und Irre,* Frankfurt 1975, S. 36/37 u. S. 114

5a FORRESTER, V.: *Der Terror der Ökonomie,* München 1998

6 GEIßLER, K. A.: *Laß Dir Zeit,* Hg: WALTER, R., Freiburg 1997

7 GIESEN, T.: *Glaube mit Hand und Fuß,* Stuttgart 1994, S. 64/65

8 HAVEL, V.: *Am Anfang war das Wort,* Texte von 1969 – 1990, Reinbek 1990

9 HEUBEL, F.: *Patienten oder Kunden*, Akademie für Ethik in der Medizin, Marburg 1997 (Workshop in Verbindung mit Jahrestagung)
10 HENGSBACH, F.: *Wettlauf der Besessenen*, Der Spiegel 10/1997
11 KLEMPERER, V.: *Tagebücher 1942–1945*, Berlin 1996, S. 113
12 LEC, JERZY: *Alle unfrisierten Gedanken*, Berlin, 1996, S. 113
13 LEIMKÜHLER, A.M.: *Die Qualität klinischer Versorgung im Urteil der Patienten*, in: GAEBEL, W. (Hg): *Qualitätssicherung im psychiatrischen Krankenhaus*, Wien 1995, S. 167/169
14 MARQUARD, O.: *Über die Unvermeidlichkeit der Geisteswissenschaften*, in: *Apologie des Zufälligen*, Stuttgart 1986
14aMORGENSTERN, CH.: *Alle Galgenlieder*, Wiesbaden 1949
15 PÖRKSEN, U.: *Plastikwörter – die Sprache einer internationalen Diktatur*, Stuttgart, 1988
16 REINHARDT, U.: *Können vom amerikanischen Gesundheitswesen nützliche Impulse für Europa erwartet werden?* in: Das Krankenhaus, 9/1996
17 RÖSSLER, W. / SALIZE, H. J.: *Die psychiatrische Versorung chronisch psychisch Kranker*, Schriftenreihe des Bundesministeriums für Gesundheit, Bd. 77, Bayreuth 1996
18 SCHMUHL, H.-W.: *Die Selbstverständlichkeit des Tötens*, Psychiater im Nationalsozialismus, in: Geschichte und Gesellschaft 16, Göttingen 1990, S. 411 – 439
19 SLOTERDIJK, P.: *Kritik der zynischen Vernunft*, Frankfurt 1983, S. 27
20 THIEMANN, H.: *Clinical pathways*, Instrumente zur Qualitätssicherung, f&w 5/1996, 13. Jhrg.
21 vBA Bethel: *Qualitätsgrundsätze für die Arbeit mit Menschen mit Behinderungen in den von Bodelschwinghschen Anstalten Bethel*, Mai 1997, S. 6
22 VOELZKE, W.: *Qualitätsmanagement in Psychotherapie und Beratung aus Sicht Psychiatrie-Erfahrener*, unveröffentlichter Aufsatz 1999
23 WULFF, E.: *Mehr Qualität durch mehr Kontrolle?* Soziale Psychiatrie, Heft 2/1998

300.000   25 000
           25 000
           25 00
100.000   25 00
100.000

100   70   3000 : 4,3 = 70
60   60   301
70   60   ‾‾‾‾
50   60   0
50   60
‾‾‾‾‾   60
260

Lilla Sachse
Heilsame Erfahrungen
Biotop Mosbach:
Eine Gruppe als Wegbegleiter
durch psychotische Krisen
Nachwort von Ursula Plog

Lilla Sachse

Heilsame Erfahrungen

Biotop Mosbach:
Eine Gruppe als Wegbegleiter
durch psychotische Krisen

Mit einem Nachwort von Ursula Plog

■ Was in diesem Haus völlig unspektakulär und scheinbar beiläufig begonnen wurde, ist ein Stück real gewordene Utopie in der psychiatrischen Versorgungslandschaft und zugleich eine psychiatriepolitische Provokation: Ein Notfallhaus für Menschen in psychotischen Krisen, in dem vor allem »Laien« Dienst tun, die Experten aus eigener Erfahrung sind.
Dieses Konzept ist Idee und Lebenswerk der Psychiaterin Lilla Sachse, darin stecken Engagement, Phantasie und Mut ihrer Patientinnen und Patienten. Es realisiert auf sehr eigene und besondere Weise viele der Ideen und Forderungen, die in der Diskussion zwischen Selbsthilfebewegung und sozialpsychiatrischer Fachwelt in den letzten Jahren im Mittelpunkt standen.

»Gelassenheit und Entwicklung sind Begriffe, die zur Kennzeichnung dieses Biotopes von großer Bedeutung sind, gewissermaßen wichtige Zutaten zu dem Sumpf, in dem diese Blumen wachsen. Diese Gelassenheit ist an erster Stelle Ausdruck des Mutes und der großen Sorgfalt Lilla Sachses. Man wünscht sich, daß ihr Bericht nicht nur Staunen und Bewunderung auslöst, sondern ähnliche Initiativen anregt.« (Ursula Plog)

168 Seiten · ISBN 3-926200-26-X · 19,50 DM
Erhältlich im Buchhandel oder direkt beim Paranus Verlag,
Die Brücke Neumünster gGmbH, Postfach 12 64, 24502 Neumünster,
Telefon (0 43 21) 6 93 87, Fax 6 55 23
eMail: paranus@Neumuenster.com